TRANSICIÓN HACIA LA DEMOCRACIA EN VENEZUELA. BASES CONSTITUCIONALES Y OBSTÁCULOS USURPADORES

Iniciativa Democrática de España y las Américas (IDEA) es un foro internacional no gubernamental de exmandatarios, demócratas respetuosos de la alternabilidad democrática durante sus desempeños, que patrocina la **Fundación IDEA-Democrática** como objeto primordial. Desde la sociedad civil y la opinión pública observa y analiza los procesos y experiencias democráticos iberoamericanos, reflexiona sobre las vías y medios que permitan la instalación de la democracia allí donde no existe o su reconstitución donde se ha deteriorado, así como favorecer su defensa y respeto por los gobiernos donde se encuentra radicada.

IDEA busca reforzar la solidaridad iberoamericana e internacional a favor de la democracia, del Estado de Derecho, y la garantía y tutela efectiva y universal de los derechos humanos. Al efecto diseña y realiza programas y actividades para orientar a las sociedades civiles y políticas de las Américas y España, recomendándoles medidas y soluciones que permitan la modificación de las tendencias que incidan negativamente sobre la citada tríada de la libertad o que sean sus desviaciones. Coopera, en fin, con el fortalecimiento de los elementos esenciales de la misma democracia y los componentes fundamentales de su ejercicio.

Con la firma y presentación de la Declaración de Panamá sobre Venezuela el 9 de abril de 2015, a propósito de la VII Cumbre de las Américas, **IDEA-Democrática** nace, en fin, como iniciativa actual de 38 ex Jefes de Estado y de Gobierno iberoamericanos, a la vez firmantes de la Declaración de Bogotá de 23 de septiembre de 2015.

www.idea-democrática.org

info@idea-democratica.org

FIRMANTES DE LAS DECLARACIONES DE IDEA

Iniciativa Democrática de España
y las Américas

TRANSICIÓN HACIA LA DEMOCRACIA EN VENEZUELA.
BASES CONSTITUCIONALES Y OBSTÁCULOS USURPADORES

ALLAN R. BREWER-CARIAS

Prólogo: ASDRÚBAL AGUIAR
Epílogo: ROMÁN JOSÉ DUQUE CORREDOR

idea

Editorial Jurídica Venezolana International

Miami, 2019

Colección Iniciativa Democrática de España y las Américas (IDEA)

1. *Documentos para el diálogo en Venezuela,* Asdrúbal Aguiar, Caracas / Miami 2016, 150 páginas.
2. *La crisis de la Democracia en Venezuela, la OEA y la Carta Democrática Interamericana*, compilador Allan R. Brewer-Carías, Caracas / Miami, 2016, 262 páginas.
3. *El Referendo Revocatorio Presidencial en Venezuela y el abuso del poder,* José Ignacio Hernández G., Segunda Edición, Caracas / Miami 2017, 152 páginas.
4. *Transición hacia a la democracia en Venezuela. Bases constitucionales y obstáculos usurpadores*, Allan R. Brewer-Carías, Caracas / Miami 2019, 360 páginas.

© Allan R. Brewer-Carías.
IDEA. Iniciativa Democrática de España y las Américas
Email: allanbrewercarias@gmail.com
ISBN Obra Independiente: 978-980-365-463-4
Depósito Legal: DC2019000481
1a edición, 2019

Editado por: Editorial Jurídica Venezolana
Avda. Francisco Solano López, Torre Oasis, P.B., Local 4, Sabana Grande,
Apartado 17.598 – Caracas, 1015, Venezuela
Teléfono 762.25.53, 762.38.42. Fax: 763.5239
http://www.editorialjuridicavenezolana.com.ve
Email fejv@cantv.net

Impreso por: Lightning Source, an INGRAM Content company
para Editorial Jurídica Venezolana International Inc.
Panamá, República de Panamá.
Email: ejvinternational@gmail.com

Diagramación, composición y montaje
por: Francis Gil, en letra Times New Roman, 13
Interlineado: Sencillo, Mancha 11,5 x 18

ÍNDICE GENERAL

17

NOTA DEL AUTOR

Estos estudios se refieren al proceso político y constitucional desarrollado en Venezuela a raíz del desconocimiento, por parte del régimen dictatorial, de la voluntad popular expresada en las elecciones parlamentarias de diciembre de 2015, el cual se materializó con el intento de ahogamiento progresivo de la Asamblea Nacional ejecutado por el Juez Constitucional, y con la ilegítima convocatoria de una Asamblea Constituyente en 2017.

Esta, sin competencia alguna para ello, en mayo 2018, procedió a convocar, en forma totalmente inconstitucional, una elección presidencial anticipada para el período constitucional 2019-2025. Ello condujo a que la Asamblea Nacional, como el único órgano legítimo de representación popular democráticamente electo que existe en el país, a pesar de todos los esfuerzos hechos por el régimen dictatorial para hacerla desaparecer, procediera a desconocer formalmente el resultado de dicha elección y, en particular, a desconocer la supuesta "reelección" de Nicolás Maduro, procediendo formalmente, el mismo mes de mayo de 2018, a declararla nula e inexistente; declaratoria que fue ratificada por la misma Asamblea Nacional mediante Acuerdos que adoptó en noviembre del mismo año 2018 y en enero de 2019.

Todo ello condujo a la situación política que atravesó el país en enero de 2019, de inexistencia de un presidente legítimamente electo para el período presidencial 2019-2025 que pudiera tomar posesión de su cargo ante la Asamblea Nacional el 10 de enero, como lo prescribe la Constitución; situación en la cual la Asamblea Nacional, en su carácter de intérprete primario de la Constitución, consideró que el presidente de la misma, conforme a sus competencia constitucionales, debía encargarse de la Presidencia de la República, asumiendo la propia Asamblea Nacional el proceso de conducción de la transición a la democracia frente a la usurpación; todo, conforme a la interpretación que hizo de los artículos 233, 333 y 350 de la Constitución.

Los trabajos que conforman este volumen los fui escribiendo a medida que los acontecimientos se fueron sucediendo, con el objeto de estudiar y explicar constitucionalmente todo el proceso de transición a la democracia que comenzó a asumir la Asamblea Nacional, con el propósito de lograr el cese de la usurpación, y proceder a la convocatoria de elecciones democráticas; enfrentando todos los obstáculos puestos por la usurpación.

Fueron escritos que estuvieron motivados por mi propio interés académico, político y constitucional, y, además, en cumplimiento del deber ciudadano que todos tenemos de contribuir, con las herramientas e instrumentos que cada uno posee, al restablecimiento de la democracia en el país. Con ellos, quise explicarme a mí mismo y a mis lectores, con la mayor objetividad posible, el proceso constitucional que hemos venido siguiendo en el país. Algunos de estos estudios por lo demás, sirvieron como pase para la preparación de conferencias a las cuales fui invitado a dar en algunos centros universitarios.

Dichos estudios son los siguientes:

Primero, el estudio sobre "Reflexiones sobre la dictadura en Venezuela. Desconocimiento de la voluntad popular y Asamblea Constituyente 2017," Nueva York, 27 de mayo de 2018.

Segundo, el estudio sobre "Reflexiones sobre la ilegítima "reelección" de Nicolás Maduro y sus posibles consecuencias, en mayo de 2018," Nueva York, 27 de mayo de 2018.

Tercero, el estudio sobre "El régimen dictatorial dentro de su propio laberinto, que se construyó a partir de la ilegítima reelección presidencial de 2018, y la Asamblea Nacional al rescate de la democracia," que sirvió para la presentación que hice ante *La Asamblea Ciudadana: desafíos y oportunidades de una transición democrática en Venezuela, Fordham University at Lincoln Center, School of Law,* Nueva York, 2 de febrero de 2019.

Cuarto, el estudio sobre "La ilegítima juramentación de Nicolás Maduro como presidente de la República ante el Tribunal Supremo de Justicia el 10 de enero de 2019 y la actuación dc la Sala Constitucional," Nueva York, 10 de enero de 2019.

Quinto, el estudio sobre "El desconocimiento del régimen de Nicolás Maduro y de su ilegítima "reelección" del 20 de mayo de 2018, expresado por el pueblo a través de sus representantes en la Asamblea Nacional, en 2018 y 2019: un caso elocuente de desobediencia civil en el constitucionalismo contemporáneo," Nueva York, 22 de marzo 2019.

Sexto, el estudio explicando cómo "El presidente de la Asamblea Nacional, Juan Guaidó no se "autoproclamó" presidente encargado de la República, sino que a partir del 10 de enero de 2019, conforme a la Constitución y ante la ausencia de un presidente legítimamente electo, en tal carácter de presidente de la Asamblea quedó encargado de la presidencia de la República para el período 2019-2025," que fue el que sirvió para mi charla en el evento *"Ask a Venezuelan*: On the Current Constitucional Situation of the Country, March 2019," en la *Northwestern Pritzker School of Law, Northwestern University*, New York / Chicago, 8 de marzo de 2019.

Séptimo, el estudio "Sobre la regulación del régimen que rige la transición a la democracia para restablecer la vigencia de la Constitución," Nueva York, 13 de marzo de 2019.

Octavo, el estudio sobre "El inconstitucional allanamiento de la inmunidad parlamentaria del diputado Juan Guaidó. Comentarios en torno a un Voto Disidente a una decisión inexistente del Tribunal Supremo en Sala Plena, supuestamente dictada el 1º de abril de 2019," Nueva York, 12 de abril de 2019.

Y *noveno,* el comentario sobre "El último y desesperado ataque del régimen contra la Asamblea Nacional," al proceder a allanarle la inmunidad parlamentaria a otros diputados, apresando algunos y obligando a otros a buscar protección diplomática o salir del país, y sitiar policialmente su sede, para tratar de impedir su funcionamiento y su rol en la conducción del proceso de transición. Nueva York, 16 de mayo de 2019.

Todos estos trabajos, además de explicar lo que considero son los fundamentos constitucionales del proceso de transición a la democracia asumido por la Asamblea Nacional a partir de enero de 2019, muestran, desde el punto de vista constitucional, por una parte, el colapso definitivo del régimen autoritario que asaltó el poder hace veinte años, producto del desgobierno y de su fracaso al pretender implantar en Venezuela, en medio de la más rampante corrupción, un llamado "socialismo del siglo XXI;" y por la otra, la precaria situación constitucional de un gobierno como el de Nicolás Maduro, a quien nadie reconoce como legítimo.

Todos estos trabajos, a medida que los fui escribiendo, los fui montando en mi página web (www.allanbrewercarias.com) de manera de ponerlos a disposición libre de los lectores; y, además, algunos de ellos fueron incluidos en dos libros míos muy recientes: *Crónica Constitucional de una Venezuela en las Tinieblas 2018-2019* (312 pp.); y, *El derecho constitucional a la desobediencia civil. Estudios. Aplicación e interpreta-*

ción del artículo 350 de la Constitución de Venezuela de 1999 (202 pp.); ambos publicados en la Biblioteca de Derecho Público, Ediciones Olejnik, Santiago de Chile, Buenos Aires, Madrid 2019.

Se recogen ahora en esta publicación que sale bajo los auspicios de IDEA, la Iniciativa Democrática España América, con un Prólogo de su Secretario General, profesor Asdrúbal Aguiar, titulado "*A manera de Introducción: Transición hacia la democracia y responsabilidad de proteger en Venezuela*" (19 de abril de 2019); y un Epílogo del profesor Román José Duque Corredor, sobre "*Comentarios y reflexiones sobre el estatuto de transición de la dictadura a la democracia de Venezuela*" (19 de abril de 2019).

A ambos, mi agradecimiento por la deferencia aceptar incluir esos textos en el libro, que lo enriquecen sobremanera.

New York, 16 de mayo de 2019.

PRÓLOGO:

TRANSICIÓN HACIA LA DEMOCRACIA Y RESPONSABILIDAD DE PROTEGER EN VENEZUELA: Mitos y realidades

por Asdrúbal Aguiar [*]

El estimado académico y catedrático venezolano, Allan R. Brewer-Carías, autor de una detallada memoria jurídica sobre la vida inconstitucional de Venezuela a lo largo de los últimos 20 años, de la que deja constancia en numerosos libros suyos, se ocupa esta vez su proceso de transición hacia la democracia en curso. Ausculta los obstáculos que le opone la usurpación que todavía ejerce la dictadura de Nicolás Maduro Moros, en colusión con los poderes fácticos que controla y sobreviven.

Bajo el título *Transición hacia la democracia en Venezuela. Bases constitucionales y obstáculos usurpadores*, reúne distintos estudios guiados por un propósito común, a saber, mostrar el paralelismo inédito que significan, por una parte, el término de la simulación democrática sostenido por los artesanos del socialismo del siglo XXI y su ruptura abierta con el principio ordenador básico de las elecciones libres y justas, universales

---

(*) Secretario General de IDEA y Miembro de la Real Academia Hispanoamericana de Ciencias, Artes y Letras de España, Cádiz.

y competitivas, y por la otra, la coexistencia espacial y temporal del empeño que realiza a la par la Asamblea Nacional, único órgano que aún conserva cabal legitimidad, a fin de alcanzar el restablecimiento de las libertades a partir de la misma constitución, que ha sido derogada en los hechos.

De modo que, como suerte de introducción o proemio, para subrayar la importancia crucial de estos estudios y de la experiencia política y constitucional a los que se contraen, y como reconocimiento a la meritoria labor del profesor Brewer-Carías, van las siguientes consideraciones nuestras sobre la cuestión que le ocupa.

Desde diciembre de 2015, la Asamblea Nacional de Venezuela impulsa un inédito proceso de transición para el rescate de la democracia y el regreso de Venezuela al Estado de Derecho. Adquiere su concreción, no obstante, a partir del pasado 5 de enero, cuando asume como presidente del cuerpo legislativo el diputado Juan Guaidó y lo hace apegado al orden constitucional que cabe restituir, fracturado por Nicolás Maduro Moros, considerado usurpador del Poder Ejecutivo luego del día 10 de enero siguiente.

Esa experiencia, de tener éxito, sin lugar a duda será objeto de análisis a profundidad en los distintos centros académicos y de estudios estratégicos y políticos del mundo.

La experiencia de las transiciones

El manejo de las transiciones encuentra como foco inaugural a los países de Europa oriental. De ellas se ocupa la ONU refiriéndose a las "democracias nuevas" o restauradas a la caída del comunismo. Como tema es incorporado por la 49° Asamblea General, en 1994, teniendo como antecedentes las distintas Conferencias Internacionales de las Democracias Nuevas o Restauradas, cuya primera edición tiene lugar en Manila, Filipinas, en 1988.

Sucesivamente, a partir de la III Cumbre de las Américas, realizada en la ciudad de Quebec, en 2000, ocurre algo aproximado en nuestra región. Se advierte la emergencia de una inédita crisis democrática que diagnostica el Programa de las Naciones Unidas para el Desarrollo (PNUD) como desencanto con la misma democracia y, de suyo, según éste, la urgencia de fortalecer al Estado. El fenómeno es, antes bien, como lo explica la ex gobernante de Costa Rica, Laura Chinchilla, el desencanto con los actores políticos de la democracia, pero no con ella misma.

Lo que se constata en la región es el desplazamiento de su histórica dualidad: gobiernos militares de facto vs. gobiernos nacidos del voto y que se expresa, concretamente, en la degeneración de la democracia de ejercicio a manos de gobiernos civiles que adquieren legitimidad de origen mediante el sufragio y buscan perpetuarse luego en el ejercicio del poder.

El caso de estudio es, para el momento, la experiencia del gobierno peruano de Alberto Fujimori, reconocido exrector universitario, quien se hace reelegir irregularmente y al término disuelve al parlamento. Se adopta en 2001, así, la Carta Democrática Interamericana sobre su molde, la Declaración de Santiago de Chile de 1959, que adopta la OEA pero yendo más allá, a saber, trasformando el eje de la democracia –forma o medio o procedimiento de organización del poder político– a fin de resituarlo como derecho inherente a la dignidad humana: como comportamiento y estado cotidiano del espíritu ciudadano, como el derecho de todos a todos los derechos, que los gobernantes han de garantizar para lo sucesivo.

La desviación que busca subsanarse para el relanzamiento de la democracia, con vistas al siglo XXI, no toma en cuenta ni puede avizorar, sin embargo, lo que vendrá a ser un fenómeno inédito dentro del mundo occidental, que muestra dos caracas o facetas luego de procurar procesos constituyentes o de cambios constitucionales deliberados, dispuestos para acabar con la democracia desde la democracia y manipulando las formas del Estado de Derecho para vaciar de contenidos a éste y a aquélla.

Una es el fenómeno conocido ahora como «post democracia» –de estirpe intelectual británica– o la relación directa del gobernante con el pueblo sin mediaciones institucionales; auxiliado para ello por la novedosa red de medios globales que son obra de la cuarta revolución industrial y sus manifestaciones: la digital y la biológica, que rompen las fronteras físicas y geográficas o las absorbe y hace dependientes del tiempo y su velocidad, del mundo de lo virtual. El espacio pasa a ser irrelevante en la forja del poder político, y el Derecho y sus jurisdicciones no lo alcanzan más, favoreciéndose de tal modo la impunidad y la prédica del relativismo político, en defecto de entes supranacionales susceptibles de interpretar las nuevas realidades.

La otra, se oculta y no se hace evidente al principio, y es consecuencia de lo anterior, a saber, el secuestro de las estructuras políticas e institucionales residuales –las del Estado formal, ahora vacías– por organizaciones del crimen transnacional: narcotráfico, terrorismo, corrupción, canibalización por aquellas de las riquezas naturales y minerales, y que extienden, sin alcabalas que se lo impidan, sus prácticas disolventes de la legalidad, dando lugar a Estados criminales: "Donde los actos aberrantes y las violaciones de los derechos humanos forman parte del ordenamiento jurídico", según Hannah Arendt. "Lo criminal desde el punto de vista axiológico externo", lo refiere también Hana Fischer (Cato, 24 de mayo de 2017) se convierte en "legal desde el punto de vista interno".

De allí que el fenómeno planteado, que inaugura la experiencia del socialismo del siglo XXI en Hispanoamérica, parte de un quiebre con el pasado, la apelación a mecanismos constituyentes, y el inmediato control, ya no de los parlamentos sino de los jueces, para hacerle decir a la ley lo que no dice y cubrir las perversiones de ese "nuevo orden" con los sacramentos de esta.

Es más, al adquirir visos totalitarios la experiencia en cierne, como lo muestra hoy la realidad paradigmática venezolana, hace privar al "régimen de la mentira". Es "algo más turbio que la mera ilegalidad, es decir, es la simulación de la legalidad, el engaño, legalmente organizado, a la legalidad", según lo diría Piero Calamandrei, comparándola con la del fascismo de mediados del siglo XX.

A partir de 2012, el Consejo de Derechos Humanos de la ONU y la Asamblea General se plantean, a su vez, la transición necesaria, pero hacia un "orden internacional democrático y equitativo". Establecen, así, una Relatoría Independiente con responsabilidad de definir los obstáculos a la promoción y protección de tal orden y determinar las mejores prácticas a escala local, nacional, regional, e internacional para ello, entre otros cometidos.

Es de agregar, por último, que ante los rezagos que deja a su paso la bipolaridad luego de la caída del Muro de Berlín en 1989, ya avanzada la primera década del siglo XXI, y acusadas la crisis contemporánea de la democracia como las amenazas terminales que la acechan, tienen lugar, de suyo y vistos sus efectos devastadores, procesos de apertura política y de pacificación criminal caracterizados por lo insólito.

Se plantea, ahora, una suerte de modelo transición que, en lo sucesivo, propone, dentro de un contexto que trastoca las bases éticas de la democracia, el avenimiento entre las sociedades víctimas de las desviaciones y atentados varios que sufre la práctica de la libertad, y los victimarios, protagonistas de la narco-corrupción y el terror contemporáneas que dominan en algunos espacios públicos y políticos.

Allí están, en escorzo, los procesos transicionales planteados en Cuba y Colombia, que algunos observadores internacionales sugieren para la solución del caso de Venezuela mediante la coexistencia de realidades antagónicas –no expresiones de la pluralidad en las ideas o políticas –y bajo los principios de tolerancia, progresismo, corrección política, y administración de una Justicia transicional que suscita muchas polémicas. En el primer caso, promoviéndola como nueva sede constructora de la paz: la Ginebra latinoamericana, y en el segundo, subordinando los crímenes de lesa humanidad y de terrorismo ejecutados por décadas a las razones de orden político.

Caso distinto viene a ser, de allí su relevancia y complejidad práctica, el que plantea el Estatuto que rige la Transición a la Democracia para Restablecer la Vigencia de la Constitución de la República Bolivariana de Venezuela, sancionado el 5 de febrero de 2019, cuyo ejecútese lo suscribe el mismo Guaidó Márquez, en su dual condición de presidente de la Asamblea Nacional y como encargado –por disposición constitucional– de la presidencia de la República.

El mismo, por una parte, establece un eje de poder legítimo y real, capaz de oponerse y no servir más o medrar condicionado al eje dominante de estirpe criminal que se sobrepone en la coyuntura mediante el ejercicio del terror, el de Maduro Moros.

Busca el Estatuto, así, superar la oposición irresoluble democracia vs. Estado criminal, desplazando a éste y sobreponiendo aquélla; purificando la misma desviación criminal a través del restablecimiento del Estado de Derecho y alcanzando su objetivo mediante fórmulas prácticas de amnistía que no signifiquen impunidad, menos transacción con el crimen organizado; pero se dice realista y capaz de devolverle al pueblo sus potestades soberanas secuestradas o usurpadas, lo que es, justamente, el desafío que habrá de superar con apoyo de la comunidad internacional.

Los antecedentes del caso venezolano

Huelga referir los antecedes remotos que abonan al proceso de transición que interesa a estas páginas, cuyas normas constan en el Estatuto arriba mencionado.

Sea pertinente destacar que, en el curso de los tres lustros transcurridos entre 1999, cuando se inicia la llamada Revolución Bolivariana, y 2015, punto de inflexión en el proceso histórico que ella despliega hasta ahora para la destrucción humana, material y democrática de Venezuela y para su sujeción final y totalitaria, éste no alcanza revertirse o al menos abrir posibilidades para ello –a pesar de todos los esfuerzos colectivos y modalidades de lucha política legítima y democrática puestas en marcha– hasta cuando la oposición organizada logra situarse en el nivel central del poder de la república.

En las elecciones de diciembre de 2015 alcanza una mayoría calificada dentro de la Asamblea Nacional –112 diputados– que logra salvar por la sorpresiva acción de cobertura tecnológica de los centros de votación por la misma oposición y el respaldo, en el momento crítico, de la observación internacional ad hoc que instala su Mesa de la Unidad Democrática, en la que participan una misión de seis ex jefes de Estado y de Gobierno de la Iniciativa Democrática de España y las Américas (IDEA); misma que se contrapone a la oficial observación internacional de la UNASUR, próxima al régimen de Maduro Moros e integrada por dos expresidentes latinoamericanos y uno español.

Bajo una estructura constitucional personalista, militarista, centralizadora de los poderes y de la administración fiscal y de sobreposición del Estado por sobre la persona, como constantes y líneas transversales de la Constitución de 1999 –que predica la participación ciudadana sólo en lo nominal– las victorias electorales que hasta entonces se le permiten a la oposición tienen lugar en los niveles municipales y regionales, o en número de diputados al parlamento que no afecta el control dictatorial, sea el de Hugo Chávez Frías, sea el de Maduro Moros, su causahabiente.

Tanto que, en los espacios locales donde pierden poder éstos se ocupan de neutralizar a la oposición, reduciéndoles los aportes fiscales o drenándoselos a cuenta gotas, o creándoles estructuras paralelas del poder nacional en los sitios en donde alcaldes y gobernadores no son afectos al gobierno nacional.

Pero, la simulación del juego democrático y constitucional llevado a cabo –vs. el avance en paralelo hacia el socialismo totalitario del siglo XXI– a lo largo del señalado período y para también disimular la configuración paulatina de una verdadera república criminal y autocrática, apuntalada por la violencia oficial y los dineros del Tesoro público, se debilita súbitamente al mermar estos. Es cuando la oposición ingresa, con inédita fuerza electoral y representativa, en los espacios y escribanías en los que, hasta el día precedente, domina un Estado central mafioso.

Se explica de tal modo la reacción intempestiva y violenta de este, de los poderes públicos cooptados por el crimen, al punto que opta, desembozadamente, por el camino dictatorial abierto, el de la usurpación de las competencias constitucionales que pierde.

Es imprescindible, por ende, relacionar los hitos normativos más importantes que se fijan dentro de la Asamblea Nacional, la que fenece, la oficial, y la que se inaugura, la opositora, con vistas a lo anterior y para la cabal comprensión del proceso transicional que se inicia en Venezuela.

La estrategia decanta con el tiempo y tiene remoto origen nicaragüense

El Estatuto que rige la Transición a la Democracia, es sancionado mediante el procedimiento de una ley, de suyo de rango constitucional y por ser un desarrollo de los artículos 7 y 333 de la Constitución.

Estos artículos, sucesivamente, disponen la supremacía del orden constitucional y la imposibilidad de pérdida de su vigencia, a cuyo efecto todo ciudadano, con autoridad o no, está obligado al restablecimiento de esta en caso de no ser observada o derogada por medios distintos a los previstos.

El texto en cuestión ordena un proceso acaso ideal pero inevitable, prudente, muy complejo por las adversidades presentes e intereses cruzados, tanto en lo internacional como en lo interno. Se pretende alcanzar, a la luz de sus normas, un plano de civilidad libertaria y democrática que deje atrás la destrucción moral y material de que ha sido víctima la nación, más que la república, y cuyo tejido se relaja y rompe como parte de la estrategia de dominio y subyugación criminal, oculta tras una alegada racionalidad política de estirpe marxista.

Leer el Estatuto, por ende, es obligante. Cura contra la improvisación, deslinda responsabilidades, sosiega el voluntarismo, a saber, el inevitable dibujo libre que surge en toda comunidad humana que sufre y padece bajo la línea de la supervivencia humanitaria.

No obvia este, mal podría hacerlo, lo que es la realidad que se le opone e hipoteca en su decurso.

El Estatuto, en su lectura, es la síntesis de los hitos y antecedentes previamente mencionados, y en lo particular, de los establecidos por la Asamblea Nacional a partir de 2016 con su composición mayoritaria de oposición democrática (*Véase anexo al final del libro*). Cuenta con un respaldo internacional sin precedentes (OEA, Grupo de Lima, Unión Europea), pero bajo ópticas y expectativas diversas en la misma comunidad de los Estados capaz de neutralizarlo y debilitarlo (Grupo de Lima, Grupo de Contacto europeo, USA, Brasil, Colombia, Grupo de Montevideo, ONU y Alta Comisionado para los

DDHH). No todos, a uno, asumen lo vertebral, es decir, que Venezuela, además de ser un escenario de choque de intereses políticos y económicos naturales, es un territorio militarmente intervenido por cubanos, rusos y chinos. Y, por si fuese poco, se encuentra bajo el dominio de organizaciones terroristas, criminales, y paramilitares, que se dedican al negocio de la droga, del oro, los diamantes, las armas y el lavado de dineros ensangrentados, en los que participan activamente los primeros.

Hablar de los 30.000 miembros de los CDR's cubanos instalados, o del control por el ELN del sur de Venezuela o de las FARC en la frontera occidental, o de militantes de Hezbollah en el Zulia e Isla de Margarita, es moneda de curso corriente.

Podría creerse que el Estatuto nace, pues, de un hecho concreto, a saber, la falta de un presidente electo de la república que acudiese a juramentarse ante la Asamblea el pasado 10 de enero, como en efecto ello ocurre y explica la figura del Encargado del Poder Ejecutivo a manos de Guaidó; fecha establecida, en efecto, para el inicio de otro período constitucional (2019-2025) y al cesar Maduro Moros en el ejercicio de su cuestionado mandato "constitucional". No ha sido reelecto legítimamente, y usurpa a partir de ese mismo instante, el gobierno venezolano. "Carece de legitimidad", declara la OEA, y las elecciones realizadas "son inexistentes", según lo acordado por la Asamblea Nacional.

Lo cierto es que, mucho antes de cristalizar las hipótesis anteriores –sea la falta de un presidente electo, sea la usurpación consumada de la presidencia y previamente advertida por la Asamblea Nacional– el 10 de mayo de 2016 se declara ya, por la Asamblea Nacional, la "ruptura del orden constitucional y democrático".

Las competencias del poder legislativo se han visto confiscadas por el Tribunal Supremo de Justicia y el mismo presidente Maduro, quien dicta el Decreto 2.309 del 2 de mayo anterior, en el que proscribe las interpelaciones y votos de censura a sus ministros y al vicepresidente.

Lo que es más relevante, a saber, el 13 de octubre del mismo año la Asamblea anuncia un *Acuerdo sobre el Rescate de la Democracia y la Constitución*, prefigurando ya la apertura de una transición.

Desconoce la validez de todos los actos del Poder Ejecutivo y las sentencias del Tribunal Supremo de Justicia que contraríen los valores, principios y garantías democráticos y lesionen los derechos fundamentales, en una suerte de aplicación, sin decirlo expresamente, del artículo 350 constitucional. El mismo manda desconocer "cualquier régimen, legislación o autoridad que contraríe los valores, principios y garantías democráticos o menoscabe los derechos humanos." Al efecto, la Asamblea le encomienda a su Junta Directiva "liderar un proceso de consulta y organización de la sociedad venezolana para favorecer un gran movimiento cívico nacional en defensa de la Constitución, la democracia y el voto".

El día 23, eleva la escala. Invoca el artículo 333 de la Constitución en su *Acuerdo para la Restitución del Orden Constitucional en Venezuela*, reiterándose en "la ruptura del orden constitucional" y señalando "la existencia de un golpe de Estado continuado". Pide el auxilio de la comunidad internacional y se dispone a "determinar la situación constitucional de la Presidencia de la República".

Una "comisión especial de alto nivel parlamentario" se encargaría, al efecto, de desarrollar y definir las decisiones emanadas de este acuerdo para restituir el orden constitucional, según se lee en su dispositivo séptimo.

El 13 de diciembre, en hilo con lo anterior, pronuncia la responsabilidad política de Maduro e instruye solicitar su antejuicio de mérito por "acciones encaminadas a la destrucción de la forma política republicana que se ha dado a la Nación"; seguido a lo cual, el 9 de enero de 2017, antes de ratificar que se guiará por el artículo 333 para la "restitución del orden constitucional", declara que aquel ha abandonado "las funciones constitucionales inherentes al cargo de Presidente de la República, especialmente la referida a la obligación de cumplir y hacer cumplir el ordenamiento constitucional y las leyes, establecida en el numeral 1 del artículo 236 de la Constitución". Le abre espacio, así, a la aplicación de los artículos 232 y 233 de la Constitución, conducentes a su remoción.

El 5 de abril de 2017, al rechazar el golpe de Estado continuado y sistemático a que ha lugar, por colusión de Maduro con el TSJ y el Ministerio Público, la Asamblea vuelve a invocar el 333 de la Constitución en el dispositivo quinto de su acuerdo, a objeto de que el restablecimiento del orden democrático y del Estado de Derecho cuente con el soporte ciudadano debido; no sin advertir que el restablecimiento o rescate señalado transita por "el respeto de las atribuciones constitucionales de la Asamblea y su ejercicio" y la "realización de elecciones oportunas y libres", según se lee en el dispositivo mencionado y en el tercero.

El desconocimiento de la legitimidad de Maduro, el anclaje del proceso de transición en sede parlamentaria, el reclamo de elecciones presidenciales anticipadas, son, en esencia, los ejes de la construcción política final de la transición, tal y como se evidencia del Acuerdo que "como vocera del pueblo soberano" adopta la Asamblea Nacional el 30 de mayo de 2017 y tiene como destinataria a la misma comunidad internacional.

La transición se elabora contrastando con la experiencia, consciente la Asamblea de que, al cabo, ha de volver a su fuente, a la soberanía popular: el llamado rescate de la constitucionalidad desde la Constitución. Aquélla, es verdad, se ha expresado como "vocera del pueblo soberano" el 30 de mayo, pero llegado el 5 de julio de 2017 ordena realizar una Consulta

Popular para darle vida y contenido cierto al rescate por los mismos ciudadanos de la vida constitucional, según al artículo 333.

El 16 de julio, así las cosas, el pueblo, en consulta pública, con su voto rechaza la constituyente dictatorial convocada; exige de la Fuerza Armada defender a la Constitución y respaldar las decisiones de la Asamblea; y manda "la renovación de los Poderes Públicos de acuerdo con lo establecido en la Constitución y la realización de elecciones libres y transparentes, así como la conformación de un Gobierno de Unión Nacional para restituir el orden constitucional".

A. *La mesa queda servida*

El 13 de noviembre de 2018, pasado un año, llega así la oportunidad. La estrategia, cuyos particulares quedan luego definidos en el Estatuto para la Transición, se completa.

> "Apelar a la comunidad internacional para que, ante esta tragedia sin precedentes, con claras repercusiones regionales, sea posible fortalecer su solidaridad con las fuerzas democráticas y el pueblo de Venezuela, constatar la creciente ilegitimidad del régimen y sus consecuencias, y mantener de manera efectiva y progresiva la presión legítima sobre el mismo. Todo ello en procura de una solución a la crisis y la construcción de una transición democrática ordenada e inmediata, sin las cuales ninguno de los problemas que sufre Venezuela tendrá solución; esos problemas sólo tendrán solución a partir de una transición democrática, que debemos alcanzar urgente y preferiblemente tras una solución política que conlleve una transición ordenada", reza el acuerdo.

A pesar de haber perdido su legitimidad de origen, una vez como desafía a la soberanía popular, primero desconociendo en la práctica la elección de un nuevo parlamento en 2015 al que le confisca sus competencias constitucionales; y, luego, en paralelo, conforme su vieja práctica dentro de los niveles locales de poder y esta vez prostituyendo el voto universal y directo, al instalarle un Parlamento Comunal y una Asamblea Nacional Constituyente corporativa, Maduro, no obstante, obtiene el beneficio de un plazo. La comunidad internacional le mantiene su reconocimiento como gobernante legítimo, pero sólo hasta la medianoche del día anterior al 10 de enero de 2019. Y él lo sabe. La propuesta la hace pública el presidente de Panamá, Juan Carlos Varela.

La transición, en suma, es política y es constitucional, lo que implica un régimen transicional de naturaleza política, que le asegure su efectividad, y de asidero constitucional, pues se trata, en la medida en que lo permitan las realidades, de volver a la constitucionalidad democrática desde la Constitución y democráticamente, a través de unas elecciones libres, justas, transparentes, competitivas, observadas internacionalmente. En el interregno, por ende, se aplican las normas constitucionales ordinarias factibles de efectividad y, en su defecto, el estatuto, como un régimen constitucional provisorio.

B. *No hay improvisaciones*

El decurso demuestra, pues, que Venezuela se ha curado de improvisaciones. No debe tener paciencia, pero si conciencia en lo inmediato. Salvarnos como nación es lo primero, luego volver a la república.

Sin embargo, el ejercicio situacional en el marco de lo jurídico constitucional y sus señaladas hipotecas, choca, lo repetimos, contra realidades paralelas: la invasión militar extranjera y el secuestro criminal del territorio; lo que indica, como parece, que la vuelta al redil de la democracia y el Estado de Derecho reclama, sí, de un cese de la usurpación como lo plantea el Estatuto venezolano y como se lo planteara, casualmente, Nicaragua, el 23 de junio de 1979, pero que se hará posible si tal condición implica asimismo la independencia de Venezuela.

La OEA, en efecto, por primera y única vez abandona el carácter pétreo y aislado del principio de la No intervención y lo interpreta contextualmente, para sobreponer la norma de orden público internacional que manda el cese de las violaciones sistemáticas y generalizadas de derechos humanos. Y en una nación sumida en una situación bélica tradicional, aun cuando media la lucha irregular entre sus propios ciudadanos, el Sistema Interamericano se decide por la misma fórmula (Resolución de la 17° Reunión de Consulta de Cancilleres) que hoy se busca aplicar en Venezuela desde la Asamblea Nacional:

(1) Reemplazo inmediato y definitivo del régimen,

(2) instalación de un gobierno de unidad nacional formado sólo por las fuerzas de oposición, y

(3) realización de elecciones libres a la brevedad, hasta alcanzar "un gobierno auténticamente democrático"

El Estatuto que rige la Transición

El Estatuto, como lo explica su exposición de motivos, lo dicta la Asamblea en ejecución directa del artículo 333 de la Constitución. Esta, lo repetimos y como premisa, en modo alguno pierde su vigencia si dejare de observarse, y obliga a todo ciudadano al restablecimiento de su efectividad, esté o no investido de autoridad. De modo que se trata de un acto legislativo de rango constitucional o es, cuando menos, la interpretación auténtica de la misma Constitución, por ende, de imperativo acatamiento bajo el principio de la supremacía constitucional: "es un acto normativo en ejecución directa e inmediata del artículo 333 de la Constitución", reza el artículo 3 del señalado Estatuto.

Se afirman en este, por ende, los mismos valores superiores que consagra el texto de 1999, en su artículo 2, a saber: "la vida, la libertad, la justicia, la igualdad, la solidaridad, la democracia, la responsabilidad social, la supremacía constitucional y, en general, la preeminencia de los derechos humanos, la ética y el pluralismo político".

Sus supuestos fácticos son, en estricto sentido, la simulación de un proceso electoral presidencial, el 20 de mayo de 2018 y la usurpación consumada del poder por Nicolás Maduro Moros a partir del 10 de enero de 2019; si bien, se aclara, que en la fecha lo que ocurre es que "continúa la usurpación de la presidencia", dado que, según lo ya explicado, ese día 10 se habría consumado, acaso, la ilicitud constitucional continuada que se inaugurara, bajo el supuesto de la usurpación, el 24 de octubre de 2017, cuando la Asamblea habla de la usurpación de la soberanía popular por la írrita Asamblea Nacional Constituyente convocada e instalada por Maduro. Luego, al adquirir contornos precisos tal usurpación, con la igualmente írrita elección presidencial de éste y a cuyo efecto el órgano parlamentario declara el 22 de mayo de 2018 que la proclamación de Maduro como presidente electo lo sitúa en el plano de la usurpación; por falta de títulos para ejercer el poder, que se reputa ineficaz, y cuyos actos se consideran nulos de toda nulidad conforme al artículo 138 constitucional.

La transición planteada, por ende, en los 7 capítulos y 39 artículos que conforman el Estatuto, se fija como propósito el mismo que consta en los acuerdos previos de la Asamblea Nacional, "la restitución del orden constitucional" desde la misma constitución, en aplicación del señalado artículo 333.

A. *Dinámica de la transición*

El capítulo primero y segundo del Estatuto, por consiguiente, configuran una secuencia lógica y racional. Al consumarse la usurpación del Poder Ejecutivo y al no existir un presidente electo para el día 10 enero de 2019, ipso iure se dispara desde ese mismo instante la disposición constitucional contenida en el artículo 233, a saber, que el presidente del órgano legislativo, sin más, dentro de las atribuciones que le son propias y constan en la misma Constitución, asume como Encargado de la Presidencia de la República hasta que tenga lugar la elección regular y constitucional del presidente.

Lo cierto, ello no debe pasarse por alto, es que la realidad constitucional queda fracturada por los actos de usurpación; de donde, la implementación cabal de la normativa constitucional vigente y vinculante sufre de una inevitable moratoria, justamente por la misma fractura sufrida por el orden constitucional y hasta que cese la usurpación conforme al artículo 333 constitucional.

De modo que, si bien resulta automático realizar la competencia constitucional del presidente de la Asamblea como Encargado del Poder Ejecutivo, la obligación que tiene de convocar y realizar elecciones libres dentro del término prescrito –treinta días consecutivos siguientes a su encargo– se frustra en los hechos. Resulta imposible plantearse elecciones democráticas bajo un clima de usurpación constitucional y menos aún de falta de independencia de la nación.

No por azar, al disponerse los fines de la transición, entendida como proceso, según el artículo 3 del Estatuto, se habla del "pleno restablecimiento del orden constitucional" para "el rescate de la soberanía popular a través de elecciones libres". Pero el restablecimiento de la Constitución, como se entiende, requiere de condiciones materiales que la hagan posible. Es de repetirlo hasta la saciedad.

No se olvide que el Secretario General de la ONU, en informe al Consejo de Seguridad y al tratar sobre "El Estado de derecho y la justicia de transición en las sociedades que sufren o han sufrido conflictos" (3 de agosto de 2004), recuerda bien que "no es posible consolidar la paz en el período inmediatamente posterior al conflicto ni mantenerla a largo plazo a menos que la población confíe en que se podrá obtener la reparación de las injusticias sufridas a través de estructuras legítimas encargadas del arreglo pacífico de las controversias y la correcta administración de justicia".

De allí que el Estatuto entienda que se trata de lo dicho, de un proceso que ha de estar orientado a regular una transición institucional, incluida de modo especial la militar, a favorecer una transición económica, a tutelar los derechos del Estado y el pueblo ante la comunidad internacional, a avanzar en la reconciliación nacional, a establecer un gobierno de unidad nacional que haga cesar la "encargaduría" y favorezca todo lo anterior, para alcanzar el objetivo, la democratización a partir de "elecciones libres, competitivas y transparentes".

Se trata de un Estatuto anclado, en suma, sobre el principio de la progresividad y de la interdependencia, en un proceso que si bien fija las etapas mismas que rigieran en la experiencia nicaragüense citada: liberación del régimen dictatorial, conformación de un gobierno provisional, y restablecimiento del Estado democrático, como reza el artículo 7, el que estén ordenadas como vagones de un mismo ferrocarril no predica que ha de cerrarse una para que la otra comience. Los actos preparatorios de todo el proceso, según el Estatuto, han de irse desarrollando interactivamente y en paralelo. "El cese de la autoridad usurpada… y la conformación de un gobierno provisional de unidad nacional constituyen los elementos concurrentes", explica el artículo 12.

B. *El gobierno parlamentario*

Cabe observar, no obstante, lo que resulta evidente en el Estatuto, el Encargado de la presidencia de la República es el presidente de la Asamblea Nacional, mientras no se alcance a elegir a su titular y en una situación de progresivo "restablecimiento constitucional". En la actualidad lo es el diputado Juan

Guaidó Márquez, quien conduce la legislatura actual, cuyo término –el de ésta– es el 4 de enero de 2021, límite temporal de sus funciones constitucionales. Guaidó Márquez, además, bien puede ser sustituido por la cabeza de otra directiva al concluir el año de su gestión y conforme al mismo pacto institucional que lo lleva a dicho destino.

Lo que cabe tener presente y es de no olvidar, es que la transición es un proceso, sujeto a los principios de la progresividad y de la interdependencia entre sus fases, como cabe reiterarlo.

Es de señalar, además, lo que resulta inédito en la transición planteada y a la luz de la misma tradición constitucional venezolana, salvo durante la experiencia de la Primera República en 1811 y hasta 1812. El proceso, en su primera etapa, hasta el cese de la usurpación, reposa en las manos de la propia Asamblea Nacional y de sus decisiones, tanto más cuanto que, es el presidente de dicho cuerpo –el que sea en la circunstancia y hasta alcanzado el objetivo transicional– el Encargado del Poder Ejecutivo.

Así las cosas, la Asamblea le sujeta y se le sobrepone al presidente encargado, a su arbitrio; quien en condiciones de normalidad constitucional y democrática sería el competente para el manejo, a manera de ejemplo, de las relaciones internacionales de la república, sin perjuicio de las competencias concurrentes que tiene toda legislatura en el constitucionalismo contemporáneo y en la materia a la hora de formarse la voluntad concurrente de los poderes de la república en el campo de las obligaciones bilaterales o multilaterales.

Las normas sobre los actos previos de autorización para la "defensa de los derechos del pueblo y Estado venezolanos ante la comunidad internacional", contenidas en el artículo 15; la contemplada en el inciso 7 del artículo 16, a cuyo tenor puede hacer propias "las demás atribuciones que… asuma de conformidad con el artículo 333 de la Constitución", son más que ilustrativas del inmenso poder del parlamento, como órgano colegiado y deliberante.

Tanto es así que el artículo 17 es concluyente: "la actuación de la Asamblea Nacional se orientará a reinsertar a la mayor brevedad al Estado venezolano en el concierto de las naciones libres".

Los mecanismos garantistas de la transición son, en suma, la creación de incentivos jurídicos que animen al desacato de quien ejerce la "usurpación" y establecer un sistema de "justicia transicional", que implique, alcanzado el cese de la usurpación, el establecimiento de una Comisión de la Verdad Independiente.

La relegitimación de todos los poderes del Estado, antes del 2021 cuando cesa su mandato, queda también en manos de la Asamblea y de acuerdo con las condiciones y plazos que establezca con vistas a las realidades. Eso lo indica el Capítulo IV del Estatuto.

En fin, a propósito de la creación de las condiciones que permitan la realización, en mora inevitable, de las elecciones que prevé el artículo 233 de la Constitución, cesada la usurpación el Estatuto prevé la existencia de un Gobierno Provisional de Unidad Nacional.

A diferencia de lo prescrito en dicha norma y por aplicación del artículo 333 de la Constitución, cesada la usurpación, quien ejerza como Encargado del Poder Ejecutivo como cabeza del órgano parlamentario, durante los 30 días continuos establecidos por aquella, debe conformar el susodicho gobierno de unidad y favorecer la "adopción de medidas que sean necesarias para la realización de elecciones presidenciales libres y competitivas", según lo dispone el artículo 25 del Estatuto.

Como se aprecia, cabe subrayarlo, mal puede el Encargado formar gobierno sin el cese previo de la usurpación, por mandato del Estatuto, a menos que se aleguen los referidos principios de la progresividad y la interdependencia.

Aún más, designado un presidente provisional que encabece el gobierno de unidad nacional y que puede ser, eventualmente, el mismo Encargado de la presidencia de la república para el momento, el tiempo de duración de su mandato es el requerido para realizar las indicadas elecciones; en un plazo que no puede traspasar el límite de los doce (12) meses, conforme al artículo 26.

Aquí sí, el gobernante provisional –no más el encargado– rescata sus atribuciones como director de las relaciones internacionales de la república, para la cooperación internacional y el rescate de la soberanía territorial (artículo 28 y 29); pero la Asamblea Nacional le amarra desde el primer día con unas "reglas de gobernabilidad y las directrices del programa mínimo que, dentro de los principios de la economía social de mercado" disponga en consulta con la sociedad civil.

C. *El rescate de la soberanía territorial*

En este breve *excurso*, cabe, entonces, referir por último algo vertebral del Estatuto, que obvia enfrentarlo durante el cese de la usurpación y determina, como lo indica el título de estas páginas, la complejidad de la transición planteada, a saber "el rescate de la soberanía estatal en el territorio de la república" planteado por el mencionado artículo 29. Se trata de una iniciativa que se le reserva al Gobierno provisional y que resulta posterior, como etapa, a la llamada "liberación del régimen dictatorial" del que habla el inciso 1 del artículo 7.

Textualmente, aquella disposición dice que "El gobierno provisional podrá solicitar la ayuda de la comunidad internacional a los fines de restablecer la soberanía estatal en el territorio de la República, previa autorización de la Asamblea Nacional de conformidad con las competencias establecidas en el artículo 187 de la Constitución".

Huelga mencionar que la norma en cuestión, si bien el Estatuto omite mencionarla, no es otra que la del inciso 11: "Autorizar el empleo de misiones militares venezolanas en el exterior o extranjeras en el país".

Es evidente, lo recuerda el mismo informe de la ONU citado supra, que "dentro de un contexto marcado por unas instituciones devastadas y unos recursos agotados, y con una seguridad debilitada y una población traumatizada y dividida, es difícil cuando no abrumadora" la tarea de "restablecer el Estado de derecho y superar abusos pasados cometidos a gran escala".

En efecto, como lo dice el mismo informe "la responsabilidad por los hechos pasados, la construcción del Estado de derecho y el fomento de la democracia son procesos a largo plazo. Como tal, la planificación estratégica debería tener en cuenta desde un primer momento la necesidad de establecer fases sucesivas y de obtener apoyo internacional en estos ámbitos"; lo que incluye el diálogo que, como lo previene la misma ONU, tiene como propósito alcanzar el "apoyo a la reforma [que] debe cultivarse entre todos los grupos de la sociedad, incluidas las elites, los excombatientes y los elementos (no delictivos) de los regímenes anteriores, todos los cuales deben recibir garantías de protección frente a represalias ilegítimas o injustas y una oportunidad real de reinsertarse en la sociedad".

En su complejidad y su naturaleza procesal, no obstante, cabe preguntarse si ¿es posible el cese de la usurpación, la liberación del régimen dictatorial, como tarea de la Asamblea Nacional y del Encargado de la Presidencia de la República, bajo el supuesto o hipótesis verificada por la experiencia, es decir, la de un territorio que ha perdido su soberanía y cuyo rescate se le niega al presidente encargado y se difiere hasta que este alcance organizar un Gobierno de Unidad Nacional?. En principio, lo indicado predica un galimatías.

En efecto, se aspira al cese de la usurpación, dentro de un contexto que es presa de dos obstáculos transcendentales, la invasión militar del Venezuela por fuerzas extranjeras y la confiscación de su territorio, para su canibalización, por organizaciones terroristas y criminales coludidas con las primeras y dedicadas a la explotación irracional de sus riquezas minerales en el Sur de Venezuela.

El apoyo de la comunidad internacional

El proceso de transición hacia la democracia en Venezuela ha alcanzado un apoyo por parte de la comunidad internacional que, a primera vista, se presenta sólido y dispuesto para favorecer la vuelta del país hacia el campo de las libertades y el imperio constitucional.

Cabe decir, a todo evento, que el mismo se le hace propicio a las fuerzas de la oposición –en actual ejercicio legítimo del gobierno desde la Asamblea Nacional– cuando, salvo en el caso del liderazgo asumido con tenacidad por Luis Almagro, Secretario General de la OEA y no pocas veces atacado desde el frente interno venezolano como por gobiernos miembros de la organización, se hacen evidente dos factores que se relacionan y hacen crisis a nivel regional: (a) la quiebra económica y social de Venezuela, por obra de su modelo político y de Estado criminal, y (b) la diáspora que causa y alcanza a más de 3.600.000 venezolanos.

Ni siquiera la abierta violación de la Carta Democrática Interamericana por el régimen de Maduro o la denuncia de sus crímenes de lesa humanidad ante la Corte Penal Internacional, han sido tan determinantes como lo anterior.

Las rupturas graves al orden constitucional y democrático, motivo de muchos debates en sede internacional, no han cristalizado, en efecto, en decisiones útiles que pudiesen darle piso a algún mecanismo de «seguridad colectiva» democrática para enfrentar la grave cuestión venezolana.

Ya en 2015, el 9 de abril, 33 ex jefes de Estado y de Gobierno, quienes forman ese día la Iniciativa Democrática de España y las Américas (IDEA), mediante un esfuerzo inédito de diplomacia hemisférica no institucional, firman la Declaración de Panamá, dirigida a la VII Cumbre de las Américas. En ella reseñan los cuatro aspectos centrales: a) Una crisis multidimensional que mal puede reducirse al choque de Maduro Moros con USA y a la caída de los ingresos petroleros, pero que debe resolverse mediante soluciones negociadas; b) La urgencia de equilibrar, a través de una observación internacional independiente, el desbalance de unos comicios parlamentarios planteados en un ambiente de persecución y de cárceles para los opositores como de violaciones sistemáticas de derechos humanos, y la ausencia de separación de los poderes públicos; c) La urgencia de renovar el liderazgo democrático y producir consensos que permitan corregir los severos desequilibrios económicos mediante la implementación de un plan de ajustes, con soporte social; y d) El cambio radical del modelo político y económico imperante.

La Asamblea Nacional electa a finales del mismo año, era considerada, así, el centro adecuado para una gran concertación nacional que frustra, de manera violenta, el régimen de Maduro, por las razones conocidas y su vocación totalitaria. De modo que, antes que avanzar por el sendero de un diálogo con éste, que es burlado en distintas oportunidades –el último en República Dominicana– por parte del mismo, el empeño sucedáneo se sitúa en lograr una visión compartida entre los venezolanos que pudiese alcanzar eco en la comunidad hemisférica.

Llegada la VIII Cumbre de las Américas, en Lima, previo diálogo entre las mismas fuerzas principales de la oposición venezolana, IDEA presenta una evaluación y proposiciones a nombre de éstas, que se resumen así y constan en su Declaración del 11 de abril de 2018: a) Desconocer a Maduro Moros y sus írritas elecciones presidenciales; b) Sancionar a su régimen como Estado criminal coludido con el narcotráfico y el terrorismo; c) Investigar los crímenes de lesa humanidad ejecutados por este, por parte de la Corte Penal Internacional; d) Proveer a la asistencia humanitaria internacional y la protección de la diáspora venezolana; e) Rescatar el derecho del pueblo venezolano a tener elecciones libres, democráticas y transparentes, asegurando a la Asamblea Nacional como el único órgano democrático legítimo de Venezuela.

En ese contexto, haciéndose complejo el proceso de decisiones dentro de la OEA, de su seno sale el Grupo de Lima, que se compromete, en líneas generales con predicados idénticos a los anteriores, y que luego de avances y retrocesos, acompaña el propio Estado Vaticano. Son evidentes las contradicciones dentro del seno de la primera, entre quienes abogan por el respecto del principio de la No Intervención, y lo absolutizan por razones políticas –ideológicas o económicas– y quienes, afectados por la crisis migratoria, entienden de urgente ponerle término al modelo que la produce; pero que se mueven con cautela para no verse relacionados con el interés de la Casa Blanca, que se propone frenar en seco al Estado criminal y cooperar en la reconstrucción de Venezuela.

En el campo de las sanciones al régimen, por ende, se da una asimetría de comportamientos, y también por la forma de abordaje del llamado cese de la usurpación a que alude el Estatuto de la transición. Unos lo ven –así los europeos, de modo particular, y los gobernantes o exgobernantes del núcleo socialista democrático en la región, sea en el Grupo de Lima o en el llamado Grupo Internacional de Contacto– como el producto de un entendimiento entre el régimen de Maduro y los actores del parlamento nacional, con vistas a unas elecciones libres y observadas; pero negándose, todos a uno, incluso los Estados Unidos, en lo inmediato y sin dejar todas las opciones extremas abiertas, al recurso de la fuerza militar.

La cuestión, por lo demás, se hace cada vez más compleja, al insertarse dentro del panorama la actuación ahora repetida pero dividida del Consejo de Seguridad de la ONU, en el que Rusia y China, fundamentalmente, abogan por la estabilidad de Maduro y denuncian la reclamada asistencia humanitaria a Venezuela como un instrumento de perturbación política.

USA, Rusia y China, han elevado el tono y las últimas potencias, es probable, se sienten cómodas con los eventuales buenos oficios del Secretario General, Antonio Guterres; no obstante que, éste, encuentra reservas en los militares venezolanos y también en la Asamblea Nacional, después de su comportamiento en la Reclamación del Territorio Esequibo, contrario a los intereses de Venezuela.

El reconocimiento al Encargado de la presidencia de Venezuela, Guaidó Márquez, por 60 países del mundo occidental, muestra, con todo y ello, que difícilmente podrá dejarse fuera de la agenda global el proceso de transición, así algunos actores externos e internos intenten ralentizarlo. La OEA y los Estados Unidos han reconocido, formalmente, a los representantes diplomáticos designados por aquél, previa autorización de la Asamblea Nacional.

Al caso, es lo que cabe subrayar, si la experiencia recorrida vale, los hechos –la quiebra económica y la diáspora– han sido los factores determinantes de la dinámica global y regional en curso, tomada por el asunto en cuestión. Por lo visto y en lo inmediato, esas variables no cambiarán y tienden, antes bien, a agravarse severamente; con lo que, al término, la aparente neutralización que provoca la división de perspectivas políticas internacionales sobre el asunto de Venezuela –que también influye en el comportamiento interno y en el seno de la misma Asamblea Nacional– se resolverá en el plano de las urgencias y las realidades.

El uso prodemocrático de la fuerza en el Derecho internacional y la responsabilidad de proteger

Salvar la contradicción, deliberada o no, del Estatuto de la Transición, que se propone, sucesivamente, "la liberación del régimen dictatorial" y "el rescate de la soberanía estatal en el territorio de la república", cuya pérdida explica y justifica a la dictadura, exige considerar dos aspectos centrales: Uno es el relativo a las posibilidades políticas y constitucionales internas de una injerencia "humanitaria" de rescate, de suyo respaldada por un uso legítimo de la fuerza internacional; y el otro, la de alcanzarse o procurarse ésta, más allá de los deseos y emergencias, legítimamente, conforme al Derecho internacional: "hacer cesar las situaciones que ponen en peligro derechos humanos fundamentales" (*Resolución del Instituto de Derecho Internacional sobre la Asistencia Humanitaria*, Brujas, 2 de septiembre de 2003).

A. *El empleo de misiones militares en la tradición constitucional de Venezuela*

El empleo de misiones militares extranjeras en Venezuela es cuestión debatida a lo largo de su historia política y constitucional.

La Constitución de Angostura, desde 1819, acepta el paso de tropas no nacionales sobre el territorio previa aprobación del parlamento, como para la estación o no de escuadras navales en los puertos de Venezuela. Hasta le reconoce ciudadanía activa, como premio, a los extranjeros que sirvan como militares a favor de la causa de la independencia.

Al aprobar la ley sobre repartimiento de los bienes nacionales entre los hombres de armas, dicho congreso, además, reconoce a los extranjeros que marchan bajo las banderas de la república derechos sobre aquéllos. Al célebre coronel británico Juan D. Needhan, en lo particular, le entregan en propiedad 3.000 fanegadas de tierras continuas.

Realizada la independencia, separada Venezuela de Colombia, el Congreso de 1830 mantiene su atribución de aceptar extranjeros al servicio de las armas; pero entonces se sugiere su carácter excepcional, al punto de fijársele al presidente una prohibición en la materia.

Superado el siglo XIX y en vías de clausurarse la República militar que emerge desde los inicios del siglo XX, se opera un giro en la tradición anterior.

El constituyente de 1947, como petición de principio, declara a los Estados Unidos de Venezuela libre e independiente de toda "protección extranjera". Y al referirse a los Estados formantes de la unión, advierte que "jamás podrán romper la unidad nacional ni se aliarán con potencia extranjera, ni solicitarán su protección, ni podrán cederle porción alguna de su territorio, sino que se defenderán y defenderán a la Nación de cualquier violencia contra la soberanía nacional".

La línea discursiva última se sostiene durante la dictadura militar siguiente.

En 1953 la constitución que se aprueba –al igual que la anterior, ambas raizalmente nacionalistas– prohíbe a los venezolanos, incluso, hasta aceptar honores oficiales extranjeros salvo que los autorice expresamente el parlamento.

La Constitución de 1961, que inaugura la República civil y democrática, si bien mantiene las premisas señaladas de modo general, dispone, por vez primera, matizada por el orden internacional inscrito en la Carta de San Francisco de 1945, que, previa solicitud del Ejecutivo, el Senado de la República puede "autorizar el empleo de misiones militares venezolanas en el exterior o extranjeras en el país". La cooperación militar internacional ya no se discute como en el pasado, pero tiene un nuevo acento. Tanto es así que, en la norma original debatida y correspondiente al inciso 2, actual inciso 4 del artículo 150 constitucional, se formula un agregado que después se omite, acaso por resultar tautológico: "siempre que de ello no resulte o pudiere resultar peligro o amenaza para Venezuela".

Existe, en efecto, una prohibición del uso de la fuerza –como la agresión militar– que establece el estatuto citado de la ONU; pero su sana interpretación reclama de sincronía con las otras normas de igual rango y de orden público que ella establece, como las que admiten el uso legítimo de la fuerza individual para la legítima defensa, y su uso colectivo para asegurar y sostener la solución pacífica de las controversias entre los Estados así como el respeto universal de los derechos humanos, a la luz del Derecho internacional humanitario.

La norma de 1961 la reitera el constituyente de 1999, llegada la revolución bolivariana. Mas omite como premisa el requerimiento previo del gobierno al respecto. La disposición activa o pasiva de misiones militares, en lo adelante, queda a juicio y decisión del órgano parlamentario.

La vigente Constitución, es verdad, declara en el artículo 13 que "el espacio venezolano es una zona de paz" y prescribe que "no se podrán establecer en él bases militares extranjeras o instalaciones que tengan de alguna manera propósitos militares, por parte de ninguna potencia o coalición de potencias". Mas en el artículo 187, numeral 11, acepta el empleo de misiones militares extranjeras en el país, a saber y conforme a lo ya indicado, únicamente cuando respondan a la idea de "la cooperación pacífica entre las naciones" y para asegurar la paz y ofrecer protección humanitaria.

La distorsión o confusión deliberada de esos postulados, sea por atavismos fundados en historias de agresiones, sea por quienes los manipulan cuando les sirven a sus propósitos geopolíticos y que luego les permiten encontrar espacios de inmunidad para la violación de derechos fundamentales ocurridos dentro de sus territorios, han impedido que aquéllos desplieguen en la práctica lo que predican sus desarrollos normativos dentro del Derecho internacional.

B. *La responsabilidad de proteger (R2P)*

La protección de las poblaciones bajo riesgo, desde 1945, es el desiderátum normativo de las Naciones Unidas, a pesar de su posterior secuestro por el principio *status pro* o soberanista. La doctrina que, a su vez, ha sido llamada de la "intervención democrática", esgrimida por el presidente de los Estados Unidos en 2003 antes de su intervención militar a Irak, analizada cuidadosamente por Jean d'Aspremont (*L'etat non democratique en droit international*, Paris, Pedone, 2008), viene de antigua data. Es de origen revolucionario francés y la anima la idea medieval y escolástica de la «causa justa».

a. *Desde la injerencia humanitaria hasta la responsabilidad de proteger*

No obstante, proscrito como fue el uso de la fuerza por el Derecho internacional sucesivo a la 2ª gran guerra del siglo XX, y admitido sólo en los supuestos de legítima defensa o cuando lo autoriza el Consejo de Seguridad de la ONU con apego a las normas que rigen sus competencias, la admisión de la «intervención prodemocrática» sigue siendo motivo de un acre debate. Son severas las reservas por parte de la comunidad internacional y la doctrina al respecto.

De modo que, en corrección de ese camino y mirando el propósito final legítimo esbozado: "la protección de las poblaciones en riesgo", como lo explica Roberto Garretón, quien fue relator de la ONU para el Congo, surge luego otra idea que toma mejor espacio, a saber, la de la «intervención o injerencia de Humanidad o humanitaria», que en la práctica no es totalmente extraña a la precedente; pero que pone el énfasis en lo esencial, a saber, que más allá de la ocurrencia de una violación al principio de la democracia –en vías de cristalizar aún a nivel universal y ya cristalizado a nivel regional interamericano– atiende más a las consecuencias, es decir, a la violación generalizada y sistemática de derechos humanos por estados que, de suyo, no son democráticos.

El choque de perspectivas fue sostenido hasta la caída del Muro de Berlín, cuando los Estados fundamentalmente socialistas se apalancaban sobre el principio de No intervención en los asuntos internos de cada Estado, incluyendo dentro de éstos sus particulares visiones acerca de la democracia y los derechos humanos. No ha cedido totalmente, incluso con apoyo de la Cruz Roja Internacional, pero se ha abierto un camino prometedor y en elaboración, luego de que el fundador de Médicos sin Frontera y canciller francés, Bernard Kouchner, denunciase la "teoría arcaica de la soberanía de los Estados, sacralizada en la protección de matanzas" (De Garretón, "Il concetto de la responsabilità di proteggere", en *Dialogo interculturale e diritti umani*, IIJM, Bologna, 2008, pp. 501 y ss.).

Tal distinción, sin embargo, comienza a ser admitida en el mundo occidental, no obstante que la polémica continúa; pues se critican las intervenciones, incluso las autorizadas por el Consejo de Seguridad en Somalia o en Bosnia, o sin su autorización, en Kosovo por la OTAN, ahora por sus resultados prácticos, pero también, cuando se decide no intervenir como en Rwanda y ocurre lo peor: "los responsables de que la ONU no haya impedido ni detenido el genocidio son, en particular, el Secretario General, la Secretaría, el Consejo de Seguridad, la UNAMIR y el conjunto de los Estados miembros", reseña el Informe de la Comisión Independiente que investigo dicho genocidio en 1994.

Mas grave lo será, más tarde, la titulada primera guerra mundial en África, cuando Rwanda y Uganda agreden al Zaire y después al Congo. El pueblo y sus autoridades no entendieron nunca que la ONU no protegiese a su población en 1996 y 1998, recuerda Garretón.

Koffi Annam, por lo mismo, en 1999 se pregunta: Si la intervención humanitaria es, en realidad, un ataque inaceptable a la soberanía ¿cómo deberíamos responder a situaciones con las de Rwanda y Srebrenica, y a las violaciones graves y sistemáticas de derechos humanos que transgreden todos los principios de nuestra humanidad común? Hoy se trata de Siria y de Venezuela.

Aun así, las justificaciones de las intervenciones ocurridas abundan en razones políticas y morales, pero no todavía en las jurídicas, que siguen siendo huidizas, como en los casos de la invasión a Panamá (1989), o en los de Haití (1994) y Sierra Leona (1997), orientados a restablecer gobiernos democráticamente elegidos. Por cierto, como hecho relevante para el asunto que nos ocupa, media en el último una autorización del respectivo gobierno reconocido internacionalmente como legítimo y la del Consejo de Seguridad para Haití.

La resolución in comento, la 940 de 31 de julio de 1994, es concluyente, respecto de la intervención prodemocracia:

"Actuando con arreglo al Capítulo VII de la Carta de las Naciones Unidas, autoriza a los Estados Miembros a integrar una fuerza multinacional bajo mando y control unificados y, dentro de ese marco, a recurrir a todos los medios necesarios para facilitar la partida de Haití de los dirigentes militares, de conformidad con el Acuerdo de Governors Island, el pronto regreso del Presidente legítimamente electo y el restablecimiento de las autoridades legítimas del Gobierno de Haití, así como a establecer y mantener un entorno seguro y estable que permita la aplicación del Acuerdo de Governors Island, en la inteligencia de que el costo de esta operación temporaria será sufragado por los Estados Miembros que participen en ella".

Pero como lo plantea, de modo pertinente, el otro autor a quien cito, D'Aspremont, sólo los casos de Panamá y de Irak, suscitan aún la controversia, al mediar en los demás una fuente de legitimidad indiscutible.

Sea lo que fuere, cabe tener presente que, incluso sosteniéndose el debate en la doctrina, la norma de orden público internacional que prohíbe el uso de la fuerza la relaciona con supuestos específicos, a saber, como atentado contra la integridad [o inviolabilidad] territorial o la independencia política de un Estado; de donde se colige que una intervención – obviemos la democrática– como la relativa a la protección humanitaria sin fines de anexión territorial o en un país carente de toda independencia política y material, cuyo territorio se encuentra violentado, puede adquirir, sin lugar a dudas, visos de legitimidad y de legalidad. Cosa diferente es el debate político y oportunista al respecto.

b. *Los trabajos de la ICISS y su adopción por la ONU*

Es la Comisión Internacional sobre Intervención y Soberanía de los Estados (ICISS), en 2001, copresidida por el ex canciller de Australia Gareth Evans y el asesor del secretario de la ONU, Mohamed Sahnoun, la que deja atrás el debate sobre la intervención y la injerencia, con sus implicaciones, sean democratizadoras o humanitarias, fijando un parteaguas, consagrando como principio, luego acogido por la ONU en 2005, a saber, el de la Responsabilidad de Proteger.

En el citado documento de 2005, adoptado por la Cumbre Mundial (Doc. A/RES/60/1, 24 de octubre de 2005), textualmente dice en sus párrafos 138 y 139:

138. Cada Estado es responsable de proteger a su población del genocidio, los crímenes de guerra, la depuración étnica y los crímenes de lesa humanidad. Esa responsabilidad conlleva la prevención de dichos crímenes, incluida la incitación a su comisión, mediante la adopción de las medidas apropiadas y necesarias. Aceptamos esa responsabilidad y convenimos en obrar en consecuencia. La comunidad internacional debe, según proceda, alentar y ayudar a los Estados a ejercer esa responsabilidad y ayudar a las Naciones Unidas a establecer una capacidad de alerta temprana.

139. La comunidad internacional, por medio de las Naciones Unidas, tiene también la responsabilidad de utilizar los medios diplomáticos, humanitarios y otros medios pacíficos apropiados, de conformidad con los Capítulos VI y VIII de la Carta, para ayudar a proteger a las poblaciones del genocidio, los crímenes de guerra, la depuración étnica y los crímenes de lesa humanidad. En este contexto, estamos dispuestos a adoptar medidas colectivas, de manera oportuna y decisiva, por medio del Consejo de Seguridad, de conformidad con la Carta, incluido su Capítulo VII, en cada caso concreto y en colaboración con las organizaciones regionales pertinentes cuando proceda, si los medios pacíficos resultan inadecuados y es evidente que las autoridades nacionales no protegen a su población del genocidio, los crímenes de guerra, la depuración étnica y los crímenes de lesa humanidad. Destacamos la necesidad de que la Asamblea General siga examinando la responsabilidad de proteger a las poblaciones del genocidio, los crímenes de guerra, la depuración étnica y los crímenes de lesa humanidad, así como sus consecuencias, teniendo en cuenta los principios de la Carta y el derecho internacional. También tenemos intención de comprometernos, cuando sea necesario y apropiado, a ayudar a los Estados a crear capacidad para proteger a su población del genocidio, los crímenes de guerra, la depuración étnica y los crímenes de lesa humanidad, y a prestar asistencia a los que se encuentren en situaciones de tensión antes de que estallen las crisis y los conflictos.

Tales previsiones, téngase ello muy presente, fueron validadas por el propio Consejo de Seguridad de la ONU en 2006, al acoger el Informe del Secretario General de 2005 y cuando "4. Reafirma las disposiciones de los párrafos 138 y 139 del Documento Final de la Cumbre Mundial 2005 respecto de la responsabilidad de proteger a las poblaciones del genocidio, los crímenes de guerra, la depuración étnica y los crímenes de lesa humanidad" (Resolución 1674).

Las propuestas de uso de la fuerza que tienen lugar con relación a Sudán (2006), Myanmar (2008) y Zimbabwe (2008), son antecedentes claves respecto de la nueva e innovadora perspectiva.

Sanamente interpretada la norma, según la especialista Cecilia Añaños Meza ("La responsabilidad de proteger en Naciones Unidas y la doctrina de la responsabilidad de proteger", Anuario Mexicano de Derecho Internacional, vol. 10, 2010, pp. 199-244), "de acuerdo a la letra del párrafo citado arriba, la "responsabilidad de proteger" es el reconocimiento de los Estados de su deber primario de proteger a su propia población frente al genocidio, crímenes de guerra, depuración étnica y crímenes de lesa humanidad, y del deber subsidiario de la comunidad internacional para evitar o impedir su realización. La misma se irradia en tres áreas de responsabilidad: de prevenir, reaccionar, y reconstruir".

Se trata, en suma, de una obligación de prevención y detención de los crímenes señalados, no tanto como la de fijar las responsabilidades que conforme al derecho internacional sobre responsabilidades de los Estados o la penal internacional puedan colegirse, como de facilitar la acción preventiva, es decir, la acción multilateral; que, obliga a la comunidad internacional, cabe también precisarlo, no a la acción militar o de fuerza legítima en lo inmediato y como única alternativa, sino al agotamiento de todas las vías que permite el mismo Derecho internacional antes de optar por el medio último, el de la reacción.

c. *La soberanía como deber y obligación: Un proceso por etapas*

Lo que sí es del todo claro es que la noción adoptada por la Asamblea General y ratificada por el Consejo de Seguridad, plantea una revisión de la idea de la soberanía, más acorde con el orden público internacional "onusiano" –como lo confirma la autora– y al entendérsela, para lo sucesivo, como deber y obligación, la de proteger; y como derecho condicional, sujeto al respeto de los derechos humanos y del que depende la responsabilidad colectiva de protección, reacción, y reconstrucción.

Es la línea de interpretación que, en cuanto a la soberanía, como cabe recordarlo, inaugura la OEA con el caso de Nicaragua en 1979 mencionado y cristaliza casi tres décadas más tarde.

Dos perspectivas acerca del R2P, en su fase de reacción –la que todavía plantea tesis encontradas para su realización– se encuentran sobre la mesa. Dos exégesis buscan fijar sus límites. Una, la adoptada por la Asamblea General, que acepta la intervención militar humanitaria dentro de los cánones ortodoxos de la Carta de San Francisco, es decir, remitiéndola al Consejo de Seguridad, y la otra, la planteada por la CIISE, fuente de la primera, pero que afirman, de *lege ferenda*, "la responsabilidad internacional colectiva de proteger", incluso y en especial cuando se paraliza la acción del Consejo de Seguridad.

El asunto clave y a resolver, prima facie, necesariamente, es la de definir lo que se entiende como presupuesto para la reacción, a saber, la de la situación extrema, y acerca de quien la evalúa o no para hacer posible, como solución extrema, la reacción en defecto o por agotamiento de la responsabilidad preventiva.

El Informe de ICISS, del que hace recensión Garretón, fija varios criterios, que habrán de ser considerados, al término, en el caso de Venezuela que nos ocupa.

1) Las causas o la causa justa que demanda la reacción.

2) La intención correcta en el eventual interventor, la coalición internacional.

3) La efectividad de la acción militar como último recurso y agotados los otros.

4) La proporcionalidad de los medios a ser empleados.

5) La posibilidad cierta de alcanzar el objetivo planteado.

6) La legitimidad del órgano que adopta la decisión.

En cuanto al último aspecto, cabe discernir acerca de lo siguiente, que la actuación reactiva del caso puede encontrar su legitimidad –apartando las alternativas de decisión foránea antes explicadas– en la misma fuente de la soberanía que, dicho ello en términos coloquiales, requiere ser intervenida: sea porque lo demanda su gobierno legítimo conforme a las normas constitucionales que lo obligan, sea porque lo pide la misma población expresándose mediante consulta.

Al fin y al cabo, lo que puede concluirse es que la Responsabilidad de Proteger, no es ya una herejía para el Derecho internacional dada su corrección y evolución conceptual a partir de la idea inicial de la intervención o injerencia democrática o humanitaria. La protección de humanidad no puede situarse más como asunto exclusivo de la jurisdicción doméstica. La línea de controversia que subsiste es netamente política, con pretensiones de fisurar el ámbito de lo normativo, y se reduce al choque entre quienes, inspirados en el ideario liberal, fundamentan sus argumentos en la idea *pro homine et libertatis*, base del régimen internacional de derechos humanos, y quienes, en otra banda, sostienen la premisa *Status pro*. Éstos, en lo particular, siguen mirando al orden jurídico internacional en términos clásicos y propios del tiempo anterior a la Segunda Gran Guerra del siglo XX, que predica la exclusividad del Estado como su sujeto y destinatario por excelencia; misma que intentan sacar de sus cenizas el socialismo del siglo XXI en plena era de la globalización.

C. *La hipótesis aún no trabajada, la del Estado criminal*

Venezuela, en suma, es el laboratorio en el que las tensiones anteriores habrán de resolverse, en uno u otro sentido, con vistas a la transición democrática que se plantea desde su Asamblea Nacional y enfrenta dos grandes obstáculos que hoy la retrasan o impiden, previamente mencionados.

Un aspecto sí resulta innovador, cabe tenerlo muy presente, pues desborda las consideraciones anteriores y acaso obligue a un replanteamiento distinto desde la óptica del Derecho internacional y constitucional explicada.

El peculado o el robo de los dineros públicos o sus desviaciones o la comisión de delitos comunes por funcionarios del Estado, que abusan de sus posiciones y perturban la función pública trasvasando los marcos de la legalidad, han estado allí, desde el tiempo secular. Esta vez, sin embargo, es lo que cabe destacar, el Estado y su organización pública, de un modo general y en colusión entre los poderes constituidos ahora se ven secuestrados para la ejecución de crímenes por una novedosa razón de Estado: la del Estado criminal; ello, dentro de un contexto de relajamiento, a la vez, de los espacios jurisdiccionales del mismo Estado con relación a los otros Estados, desdibujándose las fronteras y sus límites.

Desde el tiempo de las guerras o intervenciones militares localizadas, estadales, unas veces con propósitos territoriales y de expansión o de mera agresión o como respuesta a agresiones de terceros Estados, ahora pasamos a la lucha contra las fuerzas del terror y la criminalidad organizada y deslocalizada, que amenazan con inusitada impunidad.

Los delincuentes se sientan ahora en las escribanías del Estado para delinquir desde ellas, sin pudor, usando y abusando de los resortes de la globalización. Deliberan en el territorio del Estado soberano, abiertamente, con las leyes en la mano, para organizar y decidir desde este sobre sus crímenes trasnacionales y a la vista de todos. No es necesario citar ejemplos. Se conocen y se padecen en América Latina. Venezuela es el emblema.

¿Cabe, entonces, el debate, de suyo novedoso, sobre la intervención prodemocrática o la de Responsabilidad de Proteger (R2P), por oposición al principio de la No intervención, sujetos ambos a una racionalidad política espacial, territorial, soberana, ante agresiones típicamente criminales, deslocalizadas territorialmente y más propias de una racionalidad policial?

¿Cómo enfrentar, es la pregunta, a los fenómenos criminales del terrorismo y el narcotráfico o de la trata de personas, auxiliados estos por los espacios abiertos y cuyos responsables luego se cubren tras el manto de Estados narcos o mafiosos?

A manera de síntesis

A guisa de lo antes expuesto, cabe concluir en lo siguiente:

1. El presidente de la Asamblea Nacional, diputado Juan Guaidó Márquez, asume las competencias como Encargado de la Presidencia de la República, ante el supuesto constitucional normativo y fáctico de la ausencia de un presidente electo que pudiese juramentarse como tal el 10 de enero de 2018; aquello, por aplicación y en exégesis extensiva del artículo 233 constitucional, mientras se convocan a elecciones en condiciones de libertad.

2. El Estatuto para Transición en Venezuela, adoptado el 5 de febrero de 2019, pasadas casi dos semanas desde el mo-

mento en que el imperativo constitucional del Encargado del Poder Ejecutivo se dispara automáticamente e *ipso iure*, es la consecuencia no de tal hecho, en lo particular, sino de un ejercicio declarativo y un ensamblaje de piezas estratégicas a lo largo del proceso parlamentario que cubre los años 2016 hasta el 2018, en hitos como los siguientes:

a. La ruptura declarada del orden constitucional y democrático, y el compromiso para su rescate: la "restitución del orden constitucional en Venezuela";

b. el abandono declarado del cargo de presidente por Nicolás Maduro Moros y el carácter sostenido de su golpe de Estado en Venezuela;

c. el fracaso de las vías de diálogo y los atentados subsiguientes al voto universal, directo y secreto, con la instalación de una inconstitucional Asamblea Constituyente y la realización de comicios presidenciales ilegítimos; lo que obliga al mismo parlamento pronunciarse por "una solución política... que conlleve una transición ordenada".

3. Ante el quiebre manifiesto de la constitucionalidad y la ocurrencia de una usurpación del gobierno de la república por Nicolás Maduro Moros, por ende, se busca restablecerla desde la misma Constitución, en aplicación del artículo 333 y con fundamento en el señalado Estatuto transicional, que es de carácter provisorio y rango constitucional; lo que hace evidente, de suyo, la imposibilidad de que el Poder Ejecutivo a manos del presidente de la Asamblea Nacional, sea susceptible de desplegar sus efectos constitucionales preferentes e inmediatos, a saber, la convocatoria de las elecciones presidenciales pendientes.

4. El Estatuto construye, así, un proceso signado por las reglas de la progresividad y la interacción entre sus fases distintas, pero deslindándolas con claridad y al modo de vagones de un mismo ferrocarril, a saber, el cese de la usurpación consti-

tucional, la conformación de un gobierno provisional de unidad nacional, y la celebración de elecciones libres y competitivas.

5. Cada fase, según el Estatuto, tiene características propias:

a. La condición de Encargado de la Presidencia de la República que ejerce la cabeza del parlamento plantea un sistema temporal de gobierno colegiado y asambleario, hasta el cese de la usurpación; tanto que la Asamblea Nacional se reserva, entre otras competencias, el manejo directo de las relaciones internacionales de la república, con vistas al fortalecimiento de las alianzas que ayuden en sus propósitos a la transición y la hagan posible, por vías cooperativas o de prevención.

b. Ocurrido el cese de la usurpación y conformado el gobierno provisional de unidad nacional, este rescata la plenitud de las competencias propias del Poder Ejecutivo y de la Jefatura del Estado, aun cuando el parlamento le sujeta, por virtud del Estatuto transicional, en el ámbito programático y bajo su control. Es al gobierno provisorio, por ende, a quien le corresponde, de ser necesario, solicitar la presencia de misiones militares extranjeras, previa aprobación parlamentaria, que le permitan el rescate de la soberanía territorial mediante apoyos reactivos (¿militares o policiales?), por disposición del artículo 29.

c. Las elecciones libres y competitivas, previstas por el artículo 233 constitucional, en mora para su convocatoria por parte del Encargado de la Presidencia, debido al quiebre constitucional ocurrido y confirmada parlamentariamente la usurpación del poder que le sobreviene, se realizarán alcanzadas las condiciones necesarias, según el Estatuto. Abren ellas la posibilidad de la asistencia internacional reconstructiva.

6. Una suerte de galimatías salta a la vista, revisado el Estatuto para la Transición, a saber, que la posibilidad de invocar la responsabilidad de proteger, contemplada, entre otras hipótesis, en el inciso 11 del artículo constitucional 187, es diferida hasta el momento en que se conforme el gobierno provisional, según lo indicado; sin prevenir en cuanto a que, lo que sostiene

la usurpación e impide despejar los obstáculos para la puesta en marcha de la transición, son causas diversas que hipotecan la soberanía territorial y política en Venezuela y reclaman, justamente, de ser previamente despejadas mediante el ejercicio por la comunidad internacional de la Responsabilidad de Proteger o R2P, u otra alternativa de seguridad criminal.

7. La comunidad internacional, incluso así, en la circunstancia y como conjunto se encuentra parcelada en sus comportamientos con relación a la cuestión de Venezuela, pero se mantiene unida, en cuanto a que la responsabilidad de proteger no debe alcanzar al medio más extremo, la solución militar. Entre el sostenimiento de las sanciones, para provocar el quiebre del régimen y la eventualidad de una negociación con éste, con vistas a una elección presidencial observada, se debaten las opciones reales en la actualidad.

8. Todo lo anterior, sin embargo, queda sujeto a un elemento de temporalidad y en avance, que condiciona la implementación del Estatuto y las conductas de los gobiernos extranjeros, a saber, la crisis social terminal de Venezuela y la ampliación de su diáspora.

Así las cosas, Iniciativa Democrática de España y las Américas (IDEA), honrando al profesor doctor Allan R. Brewer-Carías se honra en incorporar su novísimo libro sobre la materia comentada a su Colección. Las reflexiones anteriores expresan un homenaje a su autor.

Condado de Broward, Florida, 19 de abril de 2019.

I

REFLEXIONES SOBRE LA DICTADURA EN VENEZUELA: DESCONOCIMIENTO DE LA VOLUNTAD POPULAR Y ASAMBLEA CONSTITUYENTE 2017 [*]

La "reelección" del presidente Nicolás Maduro en las elecciones presidenciales anticipadas dispuestas por la fraudulenta e inconstitucional Asamblea Nacional Constituyente instalada en 2017, y que se celebraron el 20 de mayo de 2018,[1] aparte de

---

[*] Este estudio es parte del texto del documento "Reflexiones sobre la dictadura en Venezuela después de la fraudulenta "reelección de Nicolás Maduro en mayo 2018, que se publicó en http://allan-brewercarias.com/wp-content/uploads/2018/05/184.-Brewer.-doc.-SOBRE-LA-DICTADURA.-VENEZUELA.-5-2018..pdf New York, 27 de mayo de 2018. Este estudio se incluyó en el libro: Allan R. Brewer-Carías, *Cónica Constitucional de una Venezuela en las Tinieblas*, Ediciones Olejnik, Santiago, Buenos Aires, Madrid, 2019.

[1] Como lo resumió Margarita López Maya, "Fueron unas presidenciales convocadas anticipadamente por un cuerpo institucional ilegítimo, la Asamblea Nacional Constituyente. Desde que se abriera el proceso y aún antes, estuvo plagado de irregularidades, bajo la mirada impasible de un CNE controlado por Nicolás Maduro y al servicio de los intereses de su cúpula militar y civil," calificándolas como "un episodio más en la continuada marcha del gobierno hacia su meta, que es la estabilización de un régimen autoritario de vocación

poner en evidencia el absoluto rechazo popular contra dicho funcionario y contra el régimen que presidía, buscaron abrir la puerta para la solidificación de la dictadura en Venezuela,[2] evaporando toda posibilidad de que el régimen pudiera ser desplazado solo por vía electoral, pacífica y democrática.

Desde 2000, en efecto, y en fraude a lo establecido en la Constitución de 1999, Venezuela vivió un proceso deliberado de perversión del Estado de derecho, llevado a cabo por todos los órganos del Estado, con la consecuente consolidación paulatina de una dictadura que destruyó todos los valores y principios democráticos y jurídicos de la Nación.

Un factor fundamental en ese proceso fue la actuación de la Sala Constitucional del Tribunal Supremo de Justicia la cual, desde 2000, se convirtió en el agente más artero al servicio del autoritarismo, lo que se evidenció más gravemente después del triunfo de la oposición democrática en las elecciones parlamentarias de diciembre de 2015, cuando la misma, abierta-

---

totalitaria." Véase Margarita López Maya, "¿Qué esperar luego del 20M?" en *Prodavinci*, 25 de mayo de 2018, en https://prodavinci.com/que-esperar-luego-del-20m-b/?platform= hootsuite.

2 La palabra "dictadura" definida en el *Diccionario de la Lengua Española*, como "Régimen político que, por la fuerza o violencia, concentra todo el poder en una persona o en un grupo u organización y reprime los derechos humanos y las libertades individuales." Lech Walesa, sin embargo, ha apreciado que "el caso de Venezuela es único y jamás se había parecido a nadie [...] es un caso a estudiar en la historia a futuro, es un país que está secuestrado por un grupo de neo-traficantes y terroristas [...] A mi parecer, no es una dictadura porque no está regida por un solo líder, una sola persona." Véase en Ana Ramos, "Caso "Venezuela: Similar a los nazis," en *ACN, Agencia Carabobeña de Noticias*, 25 de mayo de 2018, en http://acn.com.ve/lech-walesa-venezuela-parece-caso-nazis/

mente, actuó como un Juez Constitucional sometido al control político por parte del Poder Ejecutivo.[3]

Con ello, el sistema de Justicia Constitucional en Venezuela, que tantos años costó para desarrollar durante el siglo pasado, se convirtió muy rápidamente en un sistema de "in" justicia inconstitucional,[4] que distorsionó la propia función de la Jurisdicción Constitucional,[5] abandonando su carácter de guardián de la Constitución y pasando a convertirse en el principal instrumento para destruir la democracia.[6]

---

3   Véase sobre ello Allan R. Brewer-Carías, "El juez constitucional al servicio del autoritarismo y la ilegítima mutación de la Constitución: el caso de la Sala Constitucional del Tribunal Supremo de Justicia de Venezuela (1999-2009)", en *Revista de Administración Pública*, Nº 180, Madrid 2009, pp. 383-418; y en *IUSTEL, Revista General de Derecho Administrativo*, Nº 21, Madrid, junio 2009.

4   Véase Allan R. Brewer-Carías, *Crónica sobre la "In" Justicia Constitucional. La Sala Constitucional y el autoritarismo en Venezuela*, Colección Instituto de Derecho Público. Universidad Central de Venezuela, Nº 2, Editorial Jurídica Venezolana, Caracas 2007.

5   Véase Allan R. Brewer-Carías, *Práctica y distorsión de la justicia constitucional en Venezuela (2008-2012)*, Colección Justicia Nº 3, Acceso a la Justicia, Academia de Ciencias Políticas y Sociales, Universidad Metropolitana, Editorial Jurídica Venezolana, Caracas 2012; La patología de la Justicia Constitucional, Editorial Jurídica Venezolana, tercera edición, Caracas, 2015.

6   Véase Allan R. Brewer-Carías, *El golpe a la democracia dado por la Sala Constitucional (De cómo la Sala Constitucional del Tribunal Supremo de Justicia de Venezuela impuso un gobierno sin legitimidad democrática, revocó mandatos populares de diputada y alcaldes, impidió el derecho a ser electo, restringió el derecho a manifestar, y eliminó el derecho a la participación política, todo en contra de la Constitución)*, Colección Estudios Políticos Nº 8, Editorial Jurídica Venezolana, segunda edición, (Con prólogo de Francisco Fernández Segado), Caracas, 2015.

En Venezuela se comenzó a seguir la "peligrosa doctrina" que advirtió Thomas Jefferson hace más de doscientos años, de que un país podía llegar a estar "bajo el despotismo de una oligarquía"[7] si se concebía "a los jueces como los últimos árbitros de todas las cuestiones constitucionales"–refiriéndose a la Suprema Corte de los Estados Unidos–, pero se elegía para ello a hombres que no fueran lo suficientemente honestos, justos y con los valores cívicos necesarios; que es lo que precisamente ocurrió en el país con el grupo de jueces - no tan capaces, por cierto -, que desde la Sala Constitucional llegaron a implantar una dictadura judicial que funcionó en el marco de la fachada de un "Estado de derecho," el cual fue vaciado totalmente de contenido democrático.[8]

Esa aberración institucional, incluso, llevó a uno de los conspicuos representantes de la dictadura, antiguo miembro de la Asamblea Constituyente, de la cual fue vicepresidente, antiguo vicepresidente de la República y antiguo Fiscal General de la Republica, a afirmar irresponsablemente, y por supuesto sin fundamento alguno e ignorando lo que establece la Constitución, que el sistema de gobierno en Venezuela "no es parlamentario, [ni…] es presidencialista, es semi-presidencialista, porque en nuestro régimen *todo el poder está en la Sala Constitucional.*"[9]

---

7 Véase Thomas Jefferson, "Letter to William Jarvis." Sept. 28. 1820. en Dr. Robert A. J. Gagnon, "Thomas Jefferson on Judicial Tyranny," en http://www.robgagnon.net/JeffersonOnJudicialTyranny.htm

8 Véanse Allan R. Brewer-Carías, *Dictadura Judicial y perversión del Estado de derecho. La Sala Constitucional y la destrucción de la democracia en Venezuela*, segunda edición: Caracas / New York 2016, 488 pp.

9 Véase Isaías Rodríguez, "Sala Constitucional tiene poder absoluto sobre la AN," en *Últimas Noticias*, Caracas 4 de agosto de 2016, en

Aparte de que la afirmación lo que demuestra es una ignorancia total de los principios más elementales del derecho constitucional, lo cierto es que, de hecho, y dando un golpe de Estado, la Sala Constitucional del Tribunal Supremo, estando siempre controlada por el Poder Ejecutivo, efectivamente se arrogó todo el poder en Venezuela, ejerciéndolo arbitrariamente y sin control.

Esta actuación se acrecentó después del triunfo de la oposición en las elecciones parlamentarias de diciembre de 2015, como consecuencia de las cuales el partido de gobierno perdió el control de la mayoría que había detentado desde 2005 en la Asamblea Nacional, al asumir la Sala Constitucional la misión de impedir que la nueva representación popular encarnada en la Asamblea Nacional pudiera ejercer sus funciones constitucionales, y así terminar de destruir lo que quedaba de democracia.

1. *La perversión del Estado de derecho por el Juez Constitucional y la reacción de la Asamblea Nacional en 2016*

Esa acción sistemática e inconstitucional asumida por las Salas del Tribunal Supremo, quedó expresada en una multitud de sentencias dictadas desde enero de 2016 hasta 2017,[10] hasta que la Asamblea Nacional Constituyente inconstitucionalmen-

---

http://www.ulti-masnoticias.com.ve/noticias/politica/isaias-rodriguez-afirma-la-sala-constitucional-poder-absoluto-la-an/.

10 Véase el análisis de las sentencias en Allan R. Brewer-Carías, Allan R. Brewer-Carías, *Dictadura Judicial y perversión del Estado de derecho. La Sala Constitucional y la destrucción de la democracia en Venezuela*, segunda edición: Caracas / New York 2016, 488 pp.; *La consolidación de la tiranía judicial. El Juez Constitucional controlado por el Poder Ejecutivo, asumiendo el poder absoluto*, Colección Estudios Políticos, N° 15, Editorial Jurídica Venezolana International. Caracas / New York 2017.

te convocada e instalada en agosto de ese año 2017, asumiera el poder total, parcialmente desplazando en el ejercicio exclusivo de la arbitrariedad al propio Tribunal Supremo,[11] y pretendiera sustituir incluso a la Asamblea Nacional.

Todo aquel proceso, por supuesto, fue denunciado por ésta última en un histórico Acuerdo adoptado el 10 de mayo de 2016,[12] en el cual la representación popular advirtió sobre la ruptura del orden constitucional y democrático que había ocurrido en el país, precisamente por obra del Juez Constitucional y del Poder Ejecutivo, al desconocerse la elección parlamentaria como genuina expresión de la soberanía popular.

El Acuerdo de la Asamblea Nacional fue analizado, entre otros, por los 22 expresidentes latinoamericanos que integran la *Iniciativa Democrática de España y las Américas (IDEA)*, habiendo emitido una importante Declaración de fecha 13 de mayo de 2016, indicando:

Primero, que el presidente de la República en Venezuela gobernaba "por decreto, haciendo valer un estado de emergencia que no ha autorizado el Poder Legislativo como lo manda la Constitución, y el Tribunal Supremo de Justicia, además de declarar inconstitucionales todas las leyes dictadas por la

---

11 Véase Allan R. Brewer-Carías, *Usurpación Constituyente 1999, 2017. La historia se repite: una vez como farsa y la otra como tragedia,* Colección Estudios Jurídicos, N° 121, Editorial Jurídica Venezolana International Caracas/ New York 2018.

12 Véase "Acuerdo exhortando al cumplimiento de la Constitución, y sobre la responsabilidad del Poder Ejecutivo Nacional, del Tribunal Supremo de Justicia y del Consejo Nacional Electoral para la preservación de la paz y ante el cambio democrático en Venezuela," 10 de mayo de 2016, disponible en http://www.asamblea-nacional.gob.ve/uploads/documentos/doc_d75ab-47932d0de48f142a739ce13b8c43a236c9b.pdf

Asamblea desde su instalación el pasado 5 de enero, pretende imponerle reglas para deliberar y sujeta la labor legislativa a la previa iniciativa del gobierno."

Segundo, que el presidente de Venezuela debía respetar "sin restricciones el mandato de cambio democrático y constitucional que decidió la mayoría del pueblo de Venezuela el 6 de diciembre de 2015" exhortándolo "a que no utilice a los demás poderes del Estado para impedir u obstaculizar las acciones que adelanta constitucionalmente la Asamblea Nacional para resolver la grave crisis que aqueja al país."

Tercero, que rechazaban "el activismo político partidista del Tribunal Supremo de Justicia, que pretende desconocer la autoridad del Poder Legislativo mediante limitaciones y condiciones al ejercicio de sus funciones, entre otras las amenazas de acciones penales contra los diputados que han acudido ante las organizaciones internacionales a denunciar las violaciones al Estado de derecho, a quienes el gobierno ha tildado de "traidores a la patria."

Cuarto, que exigían al Consejo Nacional Electoral, que asumiera "su obligación constitucional de generar condiciones favorables para el ejercicio del derecho fundamental a la participación política de los venezolanos, a través de los mecanismos constitucionales del referendo, consulta popular y revocatoria de mandato, pero por sobre todo, que actúe como un órgano imparcial de modo que, en 2016, el pueblo de Venezuela pueda expresar libremente su voluntad de cambio democrático a través de un referéndum revocatorio presidencial."

Quinto, que llamaban a las instituciones internacionales para que se pronunciasen al respecto y adoptasen "las medidas tendientes a exigir al gobierno y los poderes públicos a su servicio, garantizar la vigencia efectiva de los derechos fundamentales en Venezuela, recordándoles que la separación de poderes constituye un principio fundamental de funcionamiento del Estado y que las reglas del buen gobierno democrático les imponen la obligación de respetar las decisiones que la Asamblea Nacional adopte en el ámbito de sus competencias."

Y *sexto*, que denunciaban "el desconocimiento por el Ejecutivo Nacional y por el Tribunal Supremo de Justicia, de la autoridad de la Asamblea Nacional, cuerpo representativo del pueblo venezolano, cuya legitimidad deriva de la expresión mayoritaria del electorado y de la soberanía popular."[13]

Unas semanas después, sin embargo, la Sala Constitucional del Tribunal Supremo, lejos de acatar los principios del Acuerdo legislativo que comentaron los expresidentes en el marco de IDEA, suspendió "los efectos jurídicos" de dicho Acuerdo, al dictar una medida cautelar en un disparatado juicio de amparo constitucional iniciado nada menos que por el Procurador General de la República, es decir, por el abogado de la República.

Al intentar éste una demanda contra el propio órgano legislativo de la República (la Asamblea Nacional), la Sala mediante sentencia N° 478 de 14 de mayo de 2016,[14] resolvió suspender de oficio "los efectos jurídicos" del Acuerdo cuestionado, lo que de por sí era otro disparate y una violación flagrante de la libertad de expresión del pensamiento de los diputados que les garantizaba la Constitución (art. 57), pues "los efectos" de una declaración política se producen de inmediato, al emitirla, y no hay forma jurídica de "suspenderlos."

---

13 Véase IDEA, "Declaración sobre la ruptura del orden constitucional y democrático en Venezuela," 13 de mayo de 2016, disponible en http://www.fundacionfaes.org/es/preview/noticias/45578.

14 Véase en http://historico.tsj.gob.ve/decisiones/scon/junio/188339-478-146-16-2016-16-0524.HTML.

2. *La reacción internacional ante la ruptura del hilo constitucional*

En todo caso, fue con base en lo expresado públicamente por la Asamblea Nacional en su Acuerdo, que IDEA y los ex presidentes iberoamericanos hicieron constar "que Venezuela atraviesa la peor crisis económica, social y de gobernabilidad de su historia republicana," todo lo cual coincidió con la iniciativa del Secretario General de la Organización de Estados Americanos, Luis Almagro, unos días después, el 30 de mayo de 2016, de dirigirse al presidente del Consejo Permanente de la Organización[15] solicitando la convocatoria del mismo conforme al procedimiento previsto en el artículo 20 de la Carta Democrática Interamericana, considerando que en Venezuela se había producido una alteración del orden constitucional que afectaba gravemente su orden democrático.[16]

En la comunicación, Almagro expresó que "en la situación actual que vive Venezuela, no se puede más que concluir que

---

15 Véase la comunicación del Secretario General de la OEA de 30 de mayo de 2016 con el *Informe sobre la situación en Venezuela en relación con el cumplimiento de la Carta Democrática Interamericana*, en oas.org/docu-ments/spa/press/OSG-243.es.pdf. Véase el documento en el libro: *La Crisis de la democracia en Venezuela, la OEA y la Carta Democrática Interamericana. Documentos de Luis Almagro*, Iniciativa Democrática de España y las Américas (IDEA), Editorial Jurídica Venezolana International, 2016.

16 Ello, por supuesto no es nada nuevo, como lo observamos ya en 2002: Allan R. Brewer-Carías, *La crisis de la democracia venezolana. La Carta Democrática Interamericana y los sucesos de abril de 2002*, Los Libros de El Nacional, Colección Ares, Caracas 2002. Véase además un resumen de las violaciones a la Carta Democrática hasta 2012 en Allan R. Brewer-Carías y Asdrúbal Aguiar, en *Historia Inconstitucional de Venezuela. 1999-2012*, Editorial Jurídica Venezolana, Caracas 2012, pp. 511-534.

estamos ante alteraciones graves al orden democrático tal como se ha definido en numerosos instrumentos regionales y subregionales,"[17] de manera que después de constatar, entre múltiples hechos, por ejemplo, que "no existe en Venezuela una clara separación e independencia de los poderes públicos, donde se registra uno de los casos más claros de cooptación del Poder Judicial por el Poder Ejecutivo," [18] presentó un amplio *Informe* con una serie de propuestas con el objeto:

"de devolver a la normalidad algunas situaciones que, analizadas del modo más objetivo, *no resultan compatibles* con lo previsto en la Carta de la OEA, en la Convención Americana de Derechos del Hombre y Convenciones Interamericanas de Derechos Humanos, así como en la Carta Democrática Interamericana.

El funcionamiento democrático normal debe ser subsanado de modo urgente y en forma consistente con los elementos esenciales y los componentes fundamentales de la democracia representativa expresada en los artículos 3 y 4 de la Carta Democrática Interamericana. Sin la solución de estos principales asuntos no hay solución institucional posible para Venezuela."[19]

Por ello, en particular, el Secretario General de la Organización de Estados Americanos, en su *Informe* expresó específicamente que:

---

17 Véase la comunicación del Secretario General de la OEA de 30 de mayo de 2016 con el *Informe sobre la situación en Venezuela en relación con el cumplimiento de la Carta Democrática Interamericana*, p. 125. Disponible en oas.org/documents/spa/press/ OSG-243.es.pdf.

18 *Idem*. p. 73. Disponible en oas.org/documents/spa/press/OSG-243.es.pdf.

19 *Idem*, pp. 125-126. Disponible en oas.org/documents/spa/press/OSG-243.es.pdf.

"La continuidad de las violaciones de la Constitución, especialmente en lo que se refiere a equilibrio de poderes, funcionamiento e integración del Poder Judicial, violaciones de derechos humanos, procedimiento para el referéndum revocatorio y su falta de capacidad de respuesta respecto a la grave crisis humanitaria que vive el país lo cual afecta el pleno goce de los derechos sociales de la población, todo ello implica que la responsabilidad de la comunidad hemisférica es asumir el compromiso de seguir adelante con el procedimiento del artículo 20 de una manera progresiva y gradual que no descarte ninguna hipótesis de resolución, ni las más constructivas ni las más severas."[20]

Y con base en ello, fue que el Secretario General, luego de analizar la situación institucional y constitucional del país, expresó que:

"5. Exhortamos al Poder Ejecutivo de la República Bolivariana de Venezuela a eliminar toda forma de incumplimiento de los preceptos constitucionales y políticos respecto al equilibrio de poderes del Estado. En ese sentido se solicita se detenga inmediatamente el ejercicio de bloqueo permanente del Poder Ejecutivo respecto de las leyes aprobadas por la Asamblea Nacional. Así como asegurar la vigencia de las leyes que han sido aprobadas hasta ahora.

6. Solicitamos una nueva integración del Tribunal Supremo de Justicia [...] dado que la actual integración está completamente viciada tanto en el procedimiento de designación como por la parcialidad política de prácticamente todos sus integrantes."[21]

La situación de la democracia en Venezuela, ciertamente era y continuaba siendo absolutamente precaria, tal como lo

---

20 *Idem*, p. 128. Disponible en oas.org/documents/spa/press/OSG-243.es.pdf.

21 *Idem*, p. 127. Disponible en oas.org/documents/spa/press/OSG-243.es.pdf.

fuimos denunciado y analizado desde hace años,[22] la cual como hemos dicho fue progresivamente desmantelada y demolida desde que se sancionó la Constitución de 1999, precisamente utilizando los instrumentos de la democracia previstos en la misma,[23] con el objeto final de establecer de un régimen autoritario de gobierno en el marco de un Estado totalitario en desprecio de la Constitución y de la ley.[24]

Con tal propósito, el instrumento más artero utilizado para la perversión del Estado de derecho y la destrucción de la democracia fue, precisamente, la Sala Constitucional del Tribunal Supremo de Justicia sometida al Poder Ejecutivo,[25] la cual lejos de garantizar la vigencia de la Constitución, lo que ase-

---

22 Véase Allan R. Brewer-Carías, *La ruina de la democracia. Algunas consecuencias. Venezuela 2015,* (Prólogo de Asdrúbal Aguiar), Colección Estudios Políticos, N° 12, Editorial Jurídica Venezolana, Caracas 2015.

23 Véase Allan R. Brewer-Carías, *Dismantling Democracy. The Chávez Authoritarian Experiment,* Cambridge University Press, New York 2010.

24 Véase Allan R. Brewer-Carías, *Estado totalitario y desprecio a la ley. La desconstitucionalización, desjuridificación, desjudicialización y desdemo-cratización de Venezuela,* Fundación de Derecho Público, Editorial Jurídica Venezolana, segunda edición, (Con prólogo de José Ignacio Hernández), Caracas 2015; *Authoritarian Government v. The Rule Of Law. Lectures and Essays (1999-2014) on the Venezuelan Authoritarian Regime Established in Contempt of the Constitution,* Fundación de Derecho Público, Editorial *Jurídica Venezolana,* Caracas 2014.

25 Véase Allan R. Brewer-Carías, *La patología de la justicia constitucional,* Tercera edición ampliada, Fundación de Derecho Público, Editorial Jurídica Venezolana, 2014.

guró fue su violación impune,[26] destruyendo y golpeando los principios y valores de la democracia.[27]

Por ello no podía extrañar que el 23 de junio de 2016, el Secretario General de la OEA Luis Almagro hubiera expresado ante el Consejo Permanente de la Organización en relación con la situación de la "alteración del orden constitucional que trastoca el orden democrático" de Venezuela, al resumir su *Informe* del 30 de mayo de 2016, que:

"Lo que hemos atestiguado en Venezuela es la pérdida del propósito moral y ético de la política. El Gobierno se ha olvidado defender el bien mayor, el bien colectivo […].

El pueblo venezolano se enfrenta a un Gobierno que ya no le rinde cuentas. Un Gobierno que ya no protege los derechos de los ciudadanos. Un Gobierno que ya no es democrático […]

En Venezuela hemos sido testigos de un esfuerzo constante por parte de los poderes ejecutivo y judicial para impedir e incluso invalidar el funcionamiento normal de la Asamblea Nacional. El Ejecutivo repetidamente ha empleado intervenciones inconsti-

---

26 Véase Allan R. Brewer-Carías, *Crónica sobre la "in" justicia constitucional. La Sala Constitucional y el autoritarismo en Venezuela*, Colección Instituto de Derecho Público, Universidad Central de Venezuela, N° 2, Caracas 2007; *Práctica y distorsión de la justicia constitucional en Venezuela (2008-2012)*, Colección Justicia N° 3, Acceso a la Justicia, Academia de Ciencias Políticas y Sociales, Universidad Metropolitana, Editorial Jurídica Venezolana, Caracas 2012.

27 Véase Allan R. Brewer-Carías, *El Golpe a la democracia dado por la Sala Constitucional (De cómo la Sala Constitucional del Tribunal Supremo de Justicia de Venezuela impuso un gobierno sin legitimidad democrática, revocó mandatos populares de diputada y alcaldes, impidió el derecho a ser electo, restringió el derecho a manifestar, y eliminó el derecho a la participación política, todo en contra de la Constitución)*, Colección Estudios Políticos N° 8, Editorial Jurídica Venezolana, Caracas 2014.

tucionales en contra de la legislatura, con la connivencia de la Sala Constitucional del Tribunal Supremo de Justicia. Las evidencias son claras [...]

Estos ejemplos demuestran claramente la falta de independencia del poder judicial. El sistema tripartito de la democracia ha fracasado y el poder judicial ha sido cooptado por el ejecutivo [...][28]

Todavía más expresivo y trágico fue lo que expresó el Secretario General Almagro en la Carta abierta que envió a Leopoldo López el día 22 de agosto de 2016, luego de la injusta sentencia que lo condenó a prisión sin prueba alguna, como preso político,[29] en la cual refiriéndose al "horror político" que vive el país, le dijo que, en su criterio, dicha:

"sentencia que reafirma tu injusta condena marca un hito, *el lamentable final de la democracia en Venezuela*. Párrafo a párrafo es, asimismo, la *terminación del Estado de Derecho*. En esa sentencia queda claramente establecido que en Venezuela hoy no rige ninguna libertad fundamental y ningún derecho civil o político y que estos han expresamente quedado sin efecto en la conducción de los asuntos de gobierno."

En la misma carta abierta, Luis Almagro al constatar que en Venezuela "se ha traspasado un umbral, que significa que es *el fin mismo de la democracia*," expresó que:

---

28 Véase el texto de la exposición del Secretario General Luis Almagro ante el Consejo Permanente de la OEA, 23 de junio de 2016, en:http://www.el-nacional.com/politica/PresentacindelSecretarioGeneraldelaOEAante_NACFIL20160623_0001.pdf.

29 Véase Allan R. Brewer-Carías, "La condena contra Leopoldo López por el "delito de opinión". O de como los jueces del horror están obligando al pueblo a la rebelión popular," en *Revista de Derecho Público*, Nº 143-144, (julio-diciembre 2015, Editorial Jurídica Venezolana, Caracas 2015, pp. 438-459.

"Ningún foro regional o subregional puede desconocer la realidad de que *hoy en Venezuela no hay democracia ni Estado de Derecho*. El MERCOSUR, constituye hoy el mejor ejemplo a seguir y la aplicación de las cláusulas internacionales que condenan actos de ruptura del orden constitucional y del sistema democrático se hace cada vez más necesaria." [30]

Finalmente, refiriéndose al procedimiento iniciado por la oposición, conforme a la Constitución, para la realización del referendo revocatorio del mandato del presidente de la República que solo podía tener logar hasta 2016, indicó que:

"Seguir un procedimiento previsto en la Constitución no es un golpe de Estado; por el contrario, negar, postergar u obstruir este proceso por cualquier vía es un abuso de poder y un trastorno patente del orden democrático [...]

La celebración del referendo revocatorio en 2016 es la única manera constitucional de resolver la crisis política en Venezuela [...]"[31]

Lo importante de estas apreciaciones, que resumen la trágica realidad política y constitucional del país que tanto se había denunciado en los últimos años, fue que fueron expresadas oficialmente por el Secretario General de la OEA ante los representantes permanentes de los Estados americanos miembros

---

30 Véase el texto de la carta abierta del Secretario General Luis Almagro a Leopoldo López, de 22 de agosto de 2016, en *Lapatilla.com*, 23 de agosto de 2016, en http://www.lapatilla.com/site/2016/08/22/almagro-a-leopoldo-lopez-tu-injusta-sentencia-marca-un-hito-el-lamentable-final-de-la-democracia-carta/.

31 Véase el texto de la exposición del Secretario General Luis Almagro ante el Consejo Permanente de la OEA, de 23 de junio de 2016, en http://www.el-nacional.com/politica/PresentacindelSecretarioGeneraldelaOEAante_NACFIL20160623_0001.pdf.

de la Organización,[32] quienes rechazando las pretensiones del representante de Venezuela,[33] con el voto de 20 Estados Miembros entraron a considerar el *Informe* que describía la grave situación de la democracia Venezuela.

En dicho Informe quedó evidenciada la situación de *golpe de Estado permanente y continuo* que en Venezuela ha dado el Poder Ejecutivo en colusión con el Tribunal Supremo, contra la Constitución y contra la Asamblea Nacional como la legítima representación popular electa en diciembre de 2016.

En este caso, en Venezuela, quienes fueron los golpistas que desconocieron la Constitución, alteraron el orden constitucional, trastocaron el orden democrático del país, y destruyeron el Estado de derecho, fueron quienes han ejercido la Presi-

---

32 Como lo expresó José Miguel Vivancos de Human Rights Watch: "Tras la histórica sesión del Consejo Permanente de hoy, donde una mayoría de países rechazó el intento de Venezuela para cerrar la discusión internacional sobre la situación en el país, el presidente Maduro quedó bajo la mira de la OEA. El secretario general sobresalió con una valiente y honesta intervención sobre la gravísima crisis que aqueja a Venezuela, legitimando a la OEA como foro para fiscalizar el cumplimiento de Venezuela con sus obligaciones jurídicas internacionales en materia de derechos humanos y democracia. Maduro deberá ahora corregir sus prácticas y mostrar resultados concretos en el marco del proceso de la Carta Democrática." Véase en @HRW_Venezuela; y en "Human Rights Watch celebró votación en la OEA sobre Venezuela," en *Diario de la Américas*, 24 de junio de 2016, en http://www.diariolasamericas.com/-4848_venezuela/3896835_human-rights-watch-celebro-votacion-en-oea-sobre-venezuela.html.

33 Véase la carta de 20 de junio de 2016 del entonces y ahora fallecido Embajador de Venezuela Bernardo Álvarez al Consejo Permanente de la OEA, en https://www.scribd.com/doc/316-293813/Carta-del-Gobierno-de-Venezuela-a-la-OEA.

dencia de la República desde 1999, en colusión con los magistrados del Tribunal Supremo.

3. *La procura de la demolición de la Asamblea Nacional por parte del gobierno*

En efecto, un Estado de derecho existe cuando la organización política de una sociedad está regida por una Constitución como ley suprema; que ha sido adoptada por el pueblo como pacto político en ejercicio de su soberanía a través de sus representantes electos; quienes tienen que gobernar sometidos a los límites y controles constitucionales derivados del sistema de separación de poderes previsto en la Constitución; conforme al cual se define el sistema de gobierno y la relación entre los diversos poderes públicos autónomos e independientes; en un marco en el cual todos deben actuar con sujeción al derecho, prevalezca la primacía de la dignidad humana y la garantía de los derechos del hombre, y los ciudadanos siempre tengan la posibilidad de controlar judicialmente el ejercicio del poder, mediante un Juez Constitucional autónomo e independiente.[34]

En ese contexto, por tanto, las declaraciones formales en las Constituciones no bastan para que quede un Estado configurado como Estado de derecho, siendo lo primero que tiene que existir para caracterizarlo, el hecho de que tiene que estar efectivamente regido por una Constitución, que como ley suprema contenga normas de aplicación directa e inmediata tanto para las autoridades como para los ciudadanos; a las cuales tienen

---

34 Véase Allan R. Brewer-Carías, *Principios del Estado de derecho. Aproximación histórica,* Cuadernos de la Cátedra Mezerhane sobre democracia, Estado de derecho y derechos humanos, Miami Dade College, Programa Goberna Las Américas, Editorial Jurídica Venezolana International, Miami-Caracas, 2016.

que estar sujetos y la deben aplicar, el Congreso o Asamblea Legislativa cuando sanciona una ley; el presidente de la República cuando dicta un acto de gobierno; el propio presidente y todos los funcionarios públicos cuando dictan actos administrativos; y el Tribunal Supremo y todos los jueces al decidir las causas en sus sentencias, en estos dos últimos casos aplicando también todas las leyes y reglamentos que rigen su actuación.

Es inconcebible por tanto, en ese esquema, que un Juez Constitucional pueda llegar a ser el instrumento para lograr lo contrario de aquello para lo cual fue concebido (que es la defensa de la Constitución), y pueda despreciar la Constitución en sus decisiones, y configurarse, arrogándose todo el poder del Estado, como el instrumento para garantizar su violación impune por parte de los otros órganos del Estado, asegurando así la destrucción del Estado de derecho o el desmantelamiento de la democracia, o incluso para convertirse en el instrumento para implementar y sostener un régimen autoritario, como precisamente ocurrió en Venezuela.

Como lo observó atinadamente en Secretario General de la OEA, Luis Almagro, al dirigirse al presidente del Consejo Permanente de la Organización el 30 de mayo de 2016:

> "Hoy en día, a cada ley aprobada por el Parlamento, el Gobierno opone su mayoría en la Sala Constitucional, la cual se ha convertido en la instancia que puede desactivar los efectos de cualquier instrumento jurídico emanado del Congreso contrario a sus intereses."[35]

---

35 Véase la comunicación del Secretario General de la OEA de 30 de mayo de 2016 con el Informe sobre la situación en Venezuela en relación con el cumplimiento de la Carta Democrática Interamericana, p. 125. Disponible en oas.org/documents/spa/press/OSG-243.es.pdf.

Quedó claro, por tanto, cómo fue a partir de 2016 que se produjo la alteración del orden constitucional que trastocó el orden democrático en el país, y quiénes fueron sus causantes y responsables, todo lo cual, a pesar de la política de mentiras, no se puede ignorar.[36]

Y tan ello fue así que después de la presentación del Informe del Secretario General ante la OEA, la Sala Constitucional del Tribunal Supremo continuó dictando sentencias, coartando las funciones de la Asamblea Nacional, tarea a la cual se sumó la Sala Electoral, coartando el ejercicio de los derechos electorales y de votación. Ello, entre otros factores, motivó la realización de la manifestación denominada "Toma de Caracas" el 1 de septiembre de 2016,[37] la cual sin duda fue la concentra-

---

36 Véase Allan R. Brewer-Carías, *La mentira como política de Estado. Crónica de una crisis política permanente. Venezuela 1999-2015*, Editorial Jurídica Venezolana, (Con prólogo de Manuel Rachadell), Caracas 2015. Así, por ejemplo, después de más de seis meses de sistemático ataque desarrollado entre enero y agosto de 2016 por el Poder Ejecutivo y el Poder Judicial contra la Asamblea Nacional, al punto de ahogarla y eliminarle sus competencias, el vicepresidente Ejecutivo, Aristóbulo Istúriz, llegó a afirmar sin ningún rubor y con mucho cinismo que: "En Venezuela no hay una confrontación de poderes, sino un Poder [refiriéndose a la Asamblea Nacional] que está alzado frente al resto. Nosotros hacemos un llamado patriótico a funcionar dentro de la Constitución, con la colaboración de poderes que se armonicen y respeten unos a otros, respetemos la autonomía de cada uno y podamos, juntos, en un juego democrático, trabajar en función de los intereses de la patria y unir esfuerzos todos." Véase en (@VTVcanal8 /) "Istúriz: En Venezuela hay un Poder que está alzado," Caracas, agosto 11 / Mariela Vázquez.

37 Véase Nicholas Casey y Patricia Torres, "Thousands of Venezuelans March for President's Ouster," en *The New York Times*, New York, 2 de septiembre d 2016, p. A 4.; "Multitudinaria marcha en Venezuela a favor del referendo," en *El Nuevo Herald*, Miami, 1º de septiembre de 2016, disponible en http://www.el-nuevoherald.com/noticias/mun-

ción política o manifestación de fuerza popular de oposición pacífica al gobierno más multitudinaria que en una sola cuidad hubiera ocurrido hasta entonces en todo el Continente; buscando exigir el cumplimiento de los lapsos para la efectiva realización del referendo revocatorio del mandato de Nicolás Maduro[38] con el objeto de sacarlo a él y a su régimen del poder;[39] así como para exigir del Consejo Nacional Electoral la

do/article99222082.html; "Más de medio millón de venezolanos protestaron contra Nicolás Maduro en la "Toma de Caracas", en *La Nación*, Buenos Aires, 1° de septiembre de 2016, en http://www.lanacion.com.ar/1933646-toma-de-caracas-oposicion-marcha-nicolas-maduro.

38 La movilización popular convocada por la oposición fue calificada por el presidente de la República como nuevo "plan golpista" contra su gobierno. Véase "Maduro denuncia planes de derrocamiento contra gobiernos de izquierda en América Latina," en spanish.peopledaily.com, 28 de agosto de 2016 en http://spanish.peopledaily.com.cn/n3/2016/0828/c316179106554.html; y por el vicepresidente Ejecutivo, igualmente, conforme al mismo *script* como "un plan desestabilizador, golpista para buscar tumbar a Maduro." Véase "Aristóbulo Istúriz denunció que la oposición intenta derrocar al presidente Nicolás Maduro," Noticiero Venevisión, 28 de agosto de 2016 en http://www.noticierovenevision.net/politica/2016/agosto/28/-167263=aristobulo-isturiz-denuncio-que-la-oposicion-intenta-derrocar-al-presidente-nicolas-maduro-. No sin antes haber deportado a la candidata a la presidencia de Ecuador, diputada Cynthia Viteri, y su comitiva que estaban de visita en el país, acusándola de realizar "actividades proselitistas y desestabilizadoras" Véase el "Comunicado" del Gobierno venezolano en "Gobierno venezolano ordenó deportación de Viteri por actividades desestabilizadoras (Comunicado),"en *La patilla.com*, Caracas 27 de agosto de 2016, en http://www.lapatilla.com/site/2016/08/27/gobierno-venezolano-ordeno-deportacion-de-viteri-por-actividades-desestabilizadoras-comunicado/.

39 Como lo expresó Enrique Aristiguieta Gramcko: "el objetivo no debe limitarse a exigir una fecha para el referendo revocatorio, sino a lograr un cambio de gobierno." Véase "Aristiguieta Gramcko: La Toma de Caracas debe ser un nuevo 23 de enero," en *Lapatilla.com*,

realización de las votaciones para elegir gobernadores y miembros de los Consejos Legislativos de los Estados que correspondía realizar en 2016; y que el régimen le había secuestrado a los venezolanos.

En la víspera de dicha convocatoria, el Gobierno formuló toda suerte de amenazas represivas imaginables contra la oposición, apresando a líderes políticos sin motivo, o con motivos falsos, y trasladado presos políticos arbitrariamente de sus lugares de detención, al punto de que ante la negativa del Estado de aceptar una misión de observación y acompañamiento que le formuló la Secretaria General de la OEA al gobierno, el Dr. Luis Almagro tuvo que advertirle al Gobierno en comunicación del 30 de agosto de 2016 que hacía "responsable al Gobierno de Venezuela de asegurar al pueblo su derecho a manifestarse pacíficamente, su derecho de asociación y su derecho de libre expresión sin sufrir ningún tipo de violencia e intimidación," manifestándole:

> "su preocupación por lo ocurrido estos días previos al llamado de la oposición democrática venezolana del 1° de septiembre, donde se han recibido denuncias que demuestran el recrudecimiento de la represión y de las violaciones de Derechos Humanos. Se pretende criminalizar la protesta, se amenaza con inhabilitar a partidos políticos, y se criminaliza la actuación de diputados de la Asamblea Nacional y activistas de la sociedad civil, acciones que dejan serias dudas de que al gobierno venezolano le interese un diálogo serio y constructivo para salir de la crisis en la que ha sumergido a Venezuela."[40]

---

21 de agosto en https://www.lapa-tilla.com/site/2016/08/21/ariste-guieta-gramcko-la-toma-de-caracas-debe-ser-un-nuevo-23-de-enero/.

40 Véase en: *Mensaje de la Secretaría General de la OEA en ocasión de las manifestaciones del 1 de septiembre*, Luis Almagro, 30 de agosto

En las semanas anteriores a estos acontecimientos, la conducta del Tribunal Supremo para desmantelar la democracia y el Estado de derecho, imponiendo la "dictadura judicial" no se detuvo, procediendo su Sala Electoral a dictar la sentencia N° 108 de 1° de agosto de 2016,[41] mediante la cual se preparó el camino para la adopción del acto más irresponsable y definitivo en la confrontación de los poderes del Estado,[42] consistente en la búsqueda de la "disolución" de hecho de la Asamblea Nacional, al declarar no sólo que la nueva juramentación de los diputados electos por el Estado Amazonas efectuada ante la Asamblea el 28 de julio de 2016, carecía "de validez, existencia y no produce efecto jurídico alguno" por haber sido la proclamación de los mismos "suspendida" judicialmente desde el 30 de diciembre de 2015; sino que a partir de dicho día 1° de agosto de 2016, también decidió la Sala que carecían "de validez, existencia y no producían efecto jurídico alguno" todos los "actos o actuaciones *que en el futuro* dictare la Asamblea Nacional" con la participación de los diputados juramentados.

Se trató, así, de una nulidad declarada respecto de actos inexistentes y desconocidos, por ser futuros e inciertos, lo cual fue un soberano, arbitrario y peligroso disparate. Ello, además, fue ratificado por la Sala Constitucional en sentencia N° 808 de 2 de septiembre de 2016, que declaró la nulidad de la Ley que Reserva al Estado las Actividades de Exploración y Ex-

---

de 2016, en http://www.oas.org/es/centro_noticias/comunicado_prensa.asp?sCodigo=C-090/16.

41 Véase en http://www.tsj.gov.ve/decisiones/scon/marzo/162025-138-17314-2014-14-0205.HTML.

42 Véase sobre este proceso lo expuesto por Ernesto Estévez León, "El enfrentamiento de poderes," en *La Caja de Pandora*, 5 de agosto de 2016, en https://cajadepandora49.wordpress.com/2016/08/05/el-enfrentamiento-de-poderes/.

plotación de Oro sancionada unas semanas antes,[43] todo lo cual fue sucesivamente ratificado en múltiples sentencias dictadas posteriormente, por ejemplo, las sentencias N° 810 de septiembre de 2016, N° 952 de 21 de noviembre de 2016, Nos. 1012, 1013 y 1014 de 25 de noviembre de 2016 y N° 1086 de 13 de diciembre de 2016.[44]

Y así siguió la situación hasta que la Sala Constitucional dictó la sentencia N° 3 de 11 de enero de 2017,[45] mediante la cual se le cercenó definitivamente al pueblo su derecho más elemental en un Estado de derecho, como es el de ejercer la soberanía mediante sus representantes.

Es decir, si los diputados habían sido electos y juramentados era para que participaran en las labores legislativas. Pero no, bajo el criterio de la Sala, a partir del 1° de agosto de 2016 todo lo que había decidido la Asamblea Nacional carecía de validez y existencia, y no producía efecto jurídico alguno. Y como la decisión se adoptó en el marco de un amparo cautelar –aun cuando sin identificarse el supuesto derecho fundamental lesionado ni citarse a los supuestos agraviantes–, entonces, con la misma también se abrió la puerta para que la Sala Constitucional procediera sucesivamente a avocarse al conocimiento de los asuntos por simple "notoriedad judicial," y preparara el camino para poder proceder a aplicar la inconstitucional doctrina que sentó en 2014, en el caso de los Alcaldes de los Mu-

---

43 Véase en http://historico.tsj.gob.ve/decisiones/scon/septiembre/-190395-808-2916-2016-16-0831.HTML.

44 Véanse los comentarios a esas sentencias en Allan R. Brewer-Carías, *Dictadura Judicial y perversión del Estado de derecho. La Sala Constitucional y la destrucción de la democracia en Venezuela*, segunda edición: Caracas / New York 2016, 488 pp.

45 Véase en http://historico.tsj.gob.ve/decisiones/scon/enero/194892-03-11117-2017-17-0002.HTML.

nicipios San Diego del Estado Carabobo y San Cristóbal del Estado Táchira,[46] pudiendo terminar entonces decretando la "cesación" de las funciones de los diputados que incurrieran en desacato, y con ello proceder a "disolver" de hecho la Asamblea, como se fue anunciando en forma desvariada.[47]

La decisión de la Sala Constitucional también abrió la puerta para que otros órganos depredadores del poder público pudieran también contribuir a cerrar la Asamblea Nacional, como fue lo anunciado del Poder Ejecutivo, de proceder a ahogarla presupuestariamente para, de hecho, tratar de impedir que funcionara,[48] lo que efectivamente comenzó a ocurrir al terminar las sesiones ordinarias de la Asamblea el 15 de agosto de 2016.[49]

---

46 Véase sobre esas sentencias los comentarios en Allan R. Brewer-Carías, *El golpe a la democracia dado por la Sala Constitucional* (*De cómo la Sala Constitucional del Tribunal Supremo de Justicia de Venezuela impuso un gobierno sin legitimidad democrática, revocó mandatos populares de diputada y alcaldes, impidió el derecho a ser electo, restringió el derecho a manifestar, y eliminó el derecho a la participación política, todo en contra de la Constitución*), Colección Estudios Políticos N° 8, Editorial Jurídica venezolana, segunda edición, Caracas 2015, pp. 115 ss.

47 La única posibilidad constitucional que existe en la Constitución para que el presidente de la República pueda disolver la Asamblea Nacional es cuando en un mismo período constitucional se remueva al vicepresidente Ejecutivo tres veces como consecuencia de la aprobación por la Asamblea de tres mociones de censura (art. 240). Por tanto, para que ese supuesto se pueda llegar a producir, es porque la voluntad de la Asamblea de que la disuelvan.

48 Véase Yelesza Zavala, "Maduro: Si la AN está fuera de ley yo no puedo depositarle recursos," en *NoticieroDigital.com*, 2 de agosto de 2016, en http://www.noticierodigital.com/forum/viewtopic.php?t=38621.

49 Véase las declaraciones del presidente de la Asamblea: "Ramos Allup: Gobierno suspendió salario a diputados opositores," en *El*

En fin, de lo que se trataba en lo que ya era una "dictadura judicial" que se había instalado en el país, fue de desplazar a los representantes de la voluntad popular del marco institucional del Estado, como la culminación del proceso de demolición de la democracia, lo que incluso fue formalmente "anunciado" por el presidente de la República en respuesta a la multitudinaria manifestación popular de rechazo a su Gobierno del 1° de septiembre de 2016, al declarar que:

"Le he pedido a un grupo de juristas, al Procurador General, que en el marco del Decreto de Emergencia Económica y Estado de Excepción, me preparen un decreto constitucional para consultarle a la Sala Constitucional para levantar la inmunidad a todos los cargos públicos, empezando por la inmunidad parlamentaria en Venezuela, si fuese necesario." [50]

Como bien lo observó José Ignacio Hernández:

"Esta amenaza podría ser preludio de un nuevo episodio del conflicto contra la Asamblea Nacional, que incorporaría un elemento sumamente peligroso para el orden democrático y constitucional: desconocer la inmunidad parlamentaria con base en argumentos jurídicos bastante primitivos, permitiendo no sólo el

---

Tiempo, Puerto La Cruz, 24 de agosto de 2016, disponible en *El Tiempo.com.ve,* en http://eltiempo.com.ve/venezuela/gobierno/ramos-allup-gobierno-suspendio-salario-a-diputados-opositores/227363.

50 Véase "Maduro pide evaluar levantamiento de inmunidad a parlamentarios en Venezuela," en *El Espectador*, Bogotá, 1 de septiembre de 2016, disponible en http://www.elespectador.com/noticias/el-mundo/maduro-pide-evaluar-levantamiento-de-inmunidad-parlamen-artículo-652327. El primer vicepresidente de la Asamblea Nacional Enrique Márquez consideró con razón que "Es un golpe de Estado que Maduro pretenda levantar la inmunidad a los parlamentarios," Caracas 1° de septiembre de 2016. Véase en http://unidadvenezuela.org/2016/09/42810/.

enjuiciamiento sino, además, la privación de libertad de diputados, como consecuencia de una acción de retaliación política."[51]

Ello por supuesto era absolutamente inconstitucional pues conforme al artículo 200 de la Constitución la inmunidad parlamentaria como privilegio de los diputados solo puede ser allanada por el Tribunal Supremo de Justicia en los casos de comisión de delitos, siendo el Tribunal la "única autoridad que podrá ordenar, previa autorización de la Asamblea Nacional, su detención y continuar su enjuiciamiento," luego de realizado el antejuicio de méritos correspondiente (art. 266.3). Como lo observó María Alejandra Correa Martín:

> "La Constitución no confiere al presidente de la República atribución alguna para instar al Tribunal Supremo de Justicia para allanar la inmunidad parlamentaria, ni para dictar decretos que la condicionen o excluyan. Ni siquiera en el marco de un Estado de Excepción, porque durante la vigencia de éstos no se afecta el funcionamiento de los demás Poderes Públicos (artículo 339, último aparte de la Constitución)."[52]

Sin embargo, lo que era evidente era la intención del Gobierno en conjunción con la Sala Constitucional del Tribunal Supremo de acabar definitivamente con la Asamblea Nacional y la representación popular, buscando la expresada inconstitu-

---

51 Véase José Ignacio Hernández, "¿Qué puede pasar con la inmunidad parlamentaria, tras el anuncio de Maduro?", en *Prodavinci*, 1° de septiembre de 2016, en http://prodavinci.com/blogs/que-puede-pasar-con-la-inmunidad-parlamentaria-tras-el-anuncio-de-maduro-por-jose-i-hernandez/.

52 Véase María Alejandra Correa Martin, "Inmunidad parlamentaria incomoda al Ejecutivo Nacional," 1° de septiembre de 2016, disponible en http://www.allanbrewercarias.com/Content/449725d9-f1cb-474b-8ab2-41efb849fec2/Content/MAC..%20Inmunidad%20-parlamentaria.pdf.

cional y tortuosa vía para, alegando el desacato de los diputados a cumplir con las inconstitucionales sentencias del Tribunal Supremo de Justicia que le fueron cercenado las facultades constitucionales a la Asamblea, proceder a "allanarle" la inmunidad parlamentaria a los diputados con la sola intervención de dicho Tribunal Supremo. Es decir, al considerar que la "autorización" que la Constitución exige que deba dar la propia Asamblea Nacional para allanar la inmunidad no era posible que pudiera ser emitida, ya que las Salas del Tribunal habían decidido en sentencias, como la N° 108 de 1° de agosto de 2016 de la Sala Electoral, y la N° 808 de 2 de septiembre de 2016 y todas las posteriores de 2016 de la Sala Constitucional, que todos los actos de la Asamblea carecían "de validez, existencia y no producían efecto jurídico alguno;" entonces era simple y burdo que la misma no podía autorizar el allanamiento de la inmunidad parlamentaria de los diputados como lo exigía la Constitución, pudiendo entonces directamente el Tribunal Supremo hacerlo, usurpando dicha función legislativa de control.

Pero antes de llegar a eso, el Tribunal Supremo siguió emitiendo nuevas decisiones a través de sus Salas, buscando clausurar de hecho a la Asamblea Nacional, como fue la sentencia de la Sala Constitucional N° 814 de 11 de octubre de 2016,[53] dictada con motivo de "ampliar" supuestamente lo resuelto en una sentencia anterior, mediante la cual la propia Sala asumió directamente las competencias de la Asamblea Nacional esta vez en materia presupuestaria, en una evidente usurpación de autoridad, llegando a aprobar un decreto-ley en sustitución de la Ley de Presupuesto para 2017.

---

53 Véase en http://historico.tsj.gob.ve/decisiones/scon/octubre/190792-814-111016-2016-2016-897.HTML.

La Sala Electoral del Tribunal Supremo por su parte, además, dictó la sentencia N° 417 del 17 de octubre de 2016,[54] mediante la cual secuestró de nuevo el derecho ciudadano a la revocatoria de mandatos presidenciales para la realización del referendo revocatorio que debía haberse realizado en 2016, "interpretando" en forma inconstitucional que el respaldo de firmas que se necesitaba para convocar dicho referendo era del 20% de los electores inscritos en el Registro Electoral *en cada una* de las circunscripciones de cada uno de los Estados de la República y del Distrito Capital, y no en la circunscripción nacional.

La consecuencia fue que la oposición democrática se preparó para una nueva recolección de firmas para los días 26 al 28 de octubre de 2016, conforme a lo dispuesto por el Consejo Nacional Electoral, lo cual fue frustrado por la acción conjunta de cinco gobernadores de Estado y sendos jueces penales de los Estados "dejado sin **efecto** la recolección de firmas del 1% del padrón electoral," que se había realizado cuatro meses antes por la Mesa de la Unidad Democrática (MUD) para promover el referendo."[55]

Ello condujo al Consejo Nacional Electoral, el mismo día 20 de octubre, a paralizar "hasta nueva orden judicial, del proceso de recolección de 20% de las manifestaciones de voluntad, que estaba previsto para el 26, 27 y 28 de octubre de 2016," posponiendo "el proceso de recolección hasta nueva instrucción judicial"[56] (es decir, en la práctica *sine die*), con lo

---

54 Véase en http://historico.tsj.gob.ve/decisiones/selec/octubre/190852-147-171016-2016-2016-000074.HTML.

55 Véase la información en CNN. Español, 20 de octubre de 2016, en http://cnnespanol.cnn.com/2016/10/20/anulan-firmas-de-la-primera-fase-del-revocatorio-en-varios-estados-de-venezuela/#0.

56 Véase en: http://www.cne.gov.ve/web/sala_prensa/noticia_detalla-da.php?-id=3483.

cual se acabó la posibilidad de que el pueblo venezolano pudiera ejercer su derecho constitucional al referendo revocatorio presidencial, que debió haber ocurrido en 2016. Una nueva manifestación de la dictadura judicial lo impidió.

El balance de las actuaciones y decisiones adoptadas por la Sala Constitucional del Tribunal Supremo de Justicia durante todo el año 2016, fue en definitiva, que absolutamente todas las leyes y actos parlamentarios sancionados y adoptados por la Asamblea Nacional fueron declarados nulos, concluyendo el proceso a principios de 2017, al disponer la misma Sala Constitucional la cesación definitiva, de hecho, de la Asamblea Nacional al disponer mediante sentencia N° 2 de 11 de enero de 2017,[57] que declaró nulo tanto el acto de instalación de la Asamblea para su segundo período anual del 5 de enero de 2017, como el Acuerdo de 9 de enero de 2017 que declaró la falta absoluta del presidente de la República, que:

"Cualquier actuación de la Asamblea Nacional y de cualquier órgano o individuo en contra de lo aquí decidido será nula y carente de toda validez y eficacia jurídica, sin menoscabo de la responsabilidad a que hubiere lugar."

En esta forma, mediante un sablazo final de la "Justicia," que se ratificó en la sentencia de la misma Sala Constitucional N° 3 de 11 de enero de 2017,[58] se le cercenó definitivamente al pueblo su derecho más elemental en un Estado de derecho, que es el de ejercer la soberanía mediante sus representantes; y posteriormente, mediante sentencia N° 7 de 26 de enero de 2017, en la cual si bien se declaró inadmisible la acción inten-

---

57 Véase en http://historico.tsj.gob.ve/decisiones/scon/enero/194891-02-11117-2017-17-0001.HTML.

58 http://historico.tsj.gob.ve/decisiones/scon/enero/194892-03-11117-2017-17-0002.HTML.

tada, de oficio, en un supuesto *Obiter Dictun,* la Sala procedió a darle la estocada final a la Asamblea, al ratificar la declaratoria de nulidad absoluta e de inconstitucionalidad de todas las actuaciones de la misma, pero dando inicio al procedimiento para proceder a enjuiciar a los diputados de la Asamblea por desacato, revocarle su mandato popular y encarcelarlos.[59]

Con posterioridad, y con ocasión de la adopción por la Asamblea Nacional de un nuevo Acuerdo, esta vez *sobre la Reactivación del Proceso de Aplicación de la Carta Interamericana de la OEA* como mecanismo de resolución pacífica de conflictos para restituir el orden constitucional en Venezuela,[60] la Sala Constitucional dictó la muy conocida sentencia N° 155 de 27 de marzo de 2017, con la cual consolidó definitivamente la dictadura judicial, en la cual, violando las reglas más elementales del debido proceso, dictó una serie de medidas cautelares de oficio.

En ella, la Sala le ordenó al presidente de la República que gobernara violando abiertamente la Constitución, "decretando" para ello un inconstitucional estado de excepción, iniciando a la vez un juicio para el "control innominado de la constitucionalidad" de no se sabe qué actos, y como se había anunciado amenazadoramente, eliminando la inmunidad parlamentaria de la mayoría de los diputados electos en diciembre de 2015.

Dos días después, mediante sentencia N° 156 de fecha 29 de marzo de 2017,[61] la misma Sala decidió un recurso de interpre-

---

59 Véase   en   historico.tsj.gob.ve/decisiones/scon/enero/195578-07-26117-2017-17-0010.HTML.

60 Sentencia N° 155 de 27 de marzo de 2017, en http://historico.tsj.gob.ve/decisiones/scon/marzo/197285-155-28317-2017-17-0323.HTML.

61 Véase en http://historico.tsj.gob.ve/decisiones/scon/marzo/197364-156-29317-2017-17-0325.HTML.

tación intentado el día antes por los representantes de una empresa del Estado del sector hidrocarburos, disponiendo que como la Asamblea Nacional no podía funcionar por estar la mayoría de los diputados que la componen en situación de desacato de sentencias anteriores, considerando ello como una supuesta *omisión inconstitucional legislativa*, entonces la propia Sala Constitucional procedió a sustituirse en la Asamblea Nacional y "de pleno derecho" asumir directamente sus funciones, y ejercer *de facto* las competencias parlamentarias; atribuyéndose incluso hasta la potestad de "delegarlas" en "el órgano que ella disponga;" y finalmente atribuyendo inconstitucionalmente al presidente de la República la potestad de legislar en materia de hidrocarburos.

La gravísima alteración del orden constitucional que ocurrió con estas dos sentencias, que no fue otra cosa que otro golpe de Estado, fue advertida de inmediato por el Secretario General de la OEA, Luis Almagro, quien apenas conoció de las sentencias denunció, con razón, el día 30 de marzo de 2017, "el autogolpe de Estado perpetrado por el régimen venezolano contra la Asamblea Nacional, último poder del Estado legitimado por el voto popular," afirmando que lo que tanto había "advertido, lamentablemente se ha concretado." El Secretario General fue también preciso al destacar los aspectos medulares de las dos sentencias indicando que:

"El Tribunal Supremo de Justicia (TSJ) ha dictado dos decisiones por las que despoja de sus inmunidades parlamentarias a los diputados de la Asamblea Nacional y, contrariando toda disposición constitucional, se atribuye las funciones de dicho Poder del Estado, en un procedimiento que no conoce de ninguna de las más elementales garantías de un debido proceso.

Por la primera de ellas, del 27 de marzo de 2017, el TSJ declara la inconstitucionalidad de acuerdos legislativos calificando como actos de traición a la patria el respaldo a la Carta Democrática Interamericana, instrumento jurídico al cual Venezuela ha dado su voto al tiempo de aprobarlo y fue el primer país en solicitar su aplicación en el año 2002.

Por el segundo fallo, del 29 de marzo, este tribunal declara la "situación de desacato y de invalidez de las actuaciones de la Asamblea Nacional", en forma que no conoce respaldo constitucional ni en las atribuciones de la Asamblea (art. 187 de la Constitución), ni mucho menos en la de la Sala Constitucional del TSJ (art. 336 de la Constitución) y que viola la separación de poderes que la propia Constitución exige sea respetada por todos los jueces los que deben "asegurar su integridad" (art. 334)."

Dichas sentencias, a juicio del Secretario General, al "despojar de las inmunidades parlamentarias a los diputados de la Asamblea Nacional y de asumir el Poder Legislativo en forma completamente inconstitucional son los últimos golpes con los cuales el régimen subvirtió el orden constitucional." Con ello coincidió la Fiscal General de la República, en contraste con la posición del presidente de la República que celebró las sentencias considerándolas como "históricas."

La Fiscal General, en efecto –y dejando de lado que durante más de tres lustros ella había sido la principal cómplice de la dictadura–, indicó que de dichas sentencias se evidenciaban "varias violaciones del orden constitucional y desconocimiento del modelo de Estado consagrado en nuestra Constitución," considerando que ello constituía "una ruptura del orden constitucional." [62]

---

62 Véase el texto en la reseña "Fiscal general de Venezuela, Luisa Ortega Díaz, dice que sentencias del Tribunal Supremo sobre la Asamblea Nacional violan el orden constitucional," en Redacción BBC Mundo, *BBC Mundo*, 31 de marzo de 2017, en http://www.bbc.com/mundo/noticias-america-latina-39459905 Véase el video del acto en https://www.youtube.com/-watch?v=GohPIrveXFE.

Luego de todas esas reacciones generalizadas, el presidente de la República, considerando que lo que había ocurrido era un simple "impasse" entre la Sala Constitucional y la Fiscal General de la República, convocó una reunión del Consejo (consultivo) de Defensa de la Nación,[63] el cual exhortó, por supuesto, ilegalmente al Tribunal Supremo que modificara sus decisiones, a lo cual, sumisa, accedió la Sala Constitucional, anunciando el 1° de abril de 2017,[64] que procedería de oficio a *reformar y revocar* parcialmente las mencionadas sentencias N° 155[65] y 156[66] de 27 y 29 de marzo de 2017.

---

63 La propia Sala confesó en un Comunicado de 3 de abril de 2017 publicado en *Gaceta Oficial* que "El Tribunal Supremo de Justicia en consideración al exhorto efectuado por el Consejo de Defensa de la Nación ha procedido a revisar las decisiones 155 y 156, mediante los recursos contemplados en el ordenamiento jurídico venezolano, y en tal sentido, hoy son públicas y notorias sendas sentencias aclaratorias que permiten sumar en lo didáctico y expresar cabalmente el espíritu democrático constitucional que sirve de fundamento a las decisiones de este Máximo Tribunal." Véase en la *Gaceta Oficial* N° 41.127 de 3 de abril de 2017.

64 Véase sobre el anuncio de las aclaratorias, los comentarios en Allan. Brewer-Carías: "El golpe de Estado judicial continuado, la no creíble defensa de la constitución por parte de quien la despreció desde siempre, y el anuncio de una bizarra "revisión y corrección" de sentencias por el juez constitucional por órdenes del poder ejecutivo. (Secuelas de las sentencias N° 155 y 156 de 27 y 29 de marzo de 2017), New York, 2 de abril de 2017, en http://allanbrewercarias.net/-site/wp-content/uploads/2017/04/150.-doc.-BREWER.-EL-GOLPE-DE-ESTADO-Y-LA-BIZARRA-REFORMA-DE-SENTENCIAS.-2-4-2017.pdf.

65 Véase sentencia N° 155 de 27 de marzo de 2017, en http://historico.tsj.gob.ve/decisiones/scon/marzo/197285-155-28317-2017-17-0323.HTML.

Ello, por supuesto, no era posible de acuerdo con el ordenamiento jurídico venezolano; sin embargo, la Sala dictó las sentencias Nos. 157[67] y 158[68] de fecha 1° de abril de 2017 (cuyo texto sin embargo solo fue conocido cerca de las 11 am del día 4 de abril de 2017) para complacer al Poder Ejecutivo, modificando sus sentencias anteriores en violación de los principios más elementales del debido proceso; pero irónicamente invocando como motivación fundamental, la "garantía de la tutela judicial efectiva consagrada en el artículo 26 constitucional."

Con dichas sentencias, como lo precisó Román José Duque Corredor, los magistrados de la Sala Constitucional cometieron "fraude procesal por falseamiento de la verdad, la adulteración del proceso, y fraude a la ley."[69]

4. *El inconstitucional aval dado por el Juez Constitucional a la inconstitucional convocatoria de la Asamblea Constituyente*

La labor destructiva del Juez Constitucional en todo caso, no concluyó allí, siendo otra manifestación de ello, su actuación ante la definitiva manifestación de desprecio a la Constitución que se produjo en el país, como fue la inconstitucional

---

66 Véase la sentencia N° 156 de 29 de marzo de 2017 en http://historico.tsj.gob.ve/decisiones/scon/marzo/197364-156-29317-2017-17-0325.HTML.

67 Véase en http://historico.tsj.gob.ve/decisiones/scon/abril/197399-157-1417-2017-17-0323.HTML.

68 Véase en http://Historico.Tsj.Gob.Ve/Decisiones/Scon/Abril/197-400-158-1417-2017-17-0325.Html.

69 Véase Román José Duque Corredor, "Fraude procesal de los magistrados de la Sala Constitucional," 4 de abril de 2017, en http://justiciayecologia-integral.blogspot.com/2017/04/fraude-procesal-de-los-magistrados-de.html?spref=fb&m=1.

convocatoria de una Asamblea Nacional Constituyente, sin consultar al pueblo, que se realizó por decreto N° 2.830 de 1° de mayo de 2017.[70]

De acuerdo con el texto de la Constitución, el cual supuestamente está montado sobre el concepto de "democracia participativa," cualquier reforma constitucional exigía la participación del pueblo mediante referendo en cualquier de los tres mecanismos previstos (la enmienda constitucional, la reforma constitucional y la asamblea constituyente), en forma tal que en la enmienda y la reforma constitucional el pueblo debe aprobarlas mediante referendo aprobatorio, una vez que ha sido sancionada, (arts. 341.3, y 344); y en el caso de la Asamblea Nacional Constituyente el pueblo es el que puede convocarla mediante referendo de convocatoria (art. 347).[71]

No es posible concebir que para cambiar una coma de un artículo (enmienda constitucional), o para reformar un artículo fundamental (la reforma constitucional) se requiera de la participación del pueblo mediante referendo; y ello no se requiera, en cambio, para cambiar toda la Constitución y dictar una nueva (asamblea constituyente).

---

70 Véase *Gaceta Oficial* N° 6295 Extraordinario de 1 de mayo de 2017. Véase sobre ello Allan R. Brewer-Carías, *La inconstitucional convocatoria de una Asamblea Nacional Constituyente en mayo de 2017. Un nuevo fraude a la Constitución y a la voluntad popular,* Colección Textos Legislativos, N° 56, Editorial Jurídica Venezolana, Caracas 2017.

71 Véase sobre ello lo que hemos expuesto en Allan R. Brewer-Carías, *Reforma constitucional y fraude a la Constitución (1999-2009),* Academia de Ciencias Políticas y Sociales, Caracas 2009, p. 64-66; y en *La Constitución de 1999 y la Enmienda constitucional N° 1 de 2009,* Editorial Jurídica Venezolana, Caracas 2011, pp. 299-300.

Por ello, la Constitución exige que sea el pueblo el que pueda convocar una Asamblea Constituyente, pudiendo manifestarse sólo mediante referendo, debiendo votar en el mismo también las bases comiciales sobre la asamblea constituyente que deben garantizar el funcionamiento de la misma conforme a los valores, principios y garantías democráticas (art. 350), y entre ellas, el derecho a la democracia representativa. Ello implicaba que los constituyentes se tenían que elegir exclusivamente mediante sufragio universal, directo y secreto (art. 63), quedando proscrita toda otra forma de representación grupal, sectorial, de clase o territorial.

Esa convocatoria necesariamente popular de la Asamblea Nacional Constituyente (mediante referendo) era distinta a la *iniciativa* para que dicha convocatoria la pudiera realizar el pueblo, que la Constitución le atribuye al presidente en Consejo de ministros, a la Asamblea Nacional con voto calificado, a los dos tercios de los Concejos Municipales, o a un quince por ciento de los electores (art. 348).

Por tanto, el hecho de poder tener la iniciativa para que se convocase la Asamblea Nacional Constituyente no podía implicar que se pudiera usurpar el carácter del pueblo como depositario del poder constituyente originario, y que el presidente de la República pudiera convocar directamente una Constituyente sin el voto popular expresado en un referendo.[72]

Pero ninguno de estos argumentos tuvo valor alguno para la Sala Constitucional del Tribunal Supremo y para la forma

---

72 Véase los estudios sobre ello en Allan R. Brewer-Carías y Carlos García Soto (compiladores), *Estudios sobre la Asamblea Nacional Constituyente y su inconstitucional convocatoria en 2017,* Colección Estudios Jurídicos N° 119, Editorial Jurídica Venezolana, Caracas 2017, 778 pp. y Editorial Temis, Editorial Jurídica Venezolana, Bogotá 2017

cómo ha "interpretado" la Constitución *a la medida* conforme a lo que le fuera requerido o exigiera el presidente de la República, razón por la cual al decidir un recurso de interpretación interpuesto por un ciudadano respecto de los artículos 357 y 358 de la Constitución que regula la figura de la Asamblea Nacional Constituyente como instrumento para la reforma total e integral de la Constitución, dictó la sentencia Nº 378 de 31 de mayo de 2017 para permitirle al presidente usurpar la voluntad popular para su convocatoria.

La sentencia simplemente concluyó indicando que como dichas normas constitucionales no preveían expresamente que debía haber un referendo popular para convocar dicha Asamblea, ignorando que es el pueblo el que solo puede convocarla, usurpando la voluntad popular indicó que el presidente de la República sí podía hace la convocatoria sin consultar al pueblo.

Como lo observó Ramón Escobar León, en la sentencia, la Sala Constitucional:

> "afirmó a los cuatro vientos que no había que consultar al pueblo para realizar una asamblea nacional constituyente originaria, porque –según dice la "ponencia conjunta"– la Constitución no lo establecía expresamente. Los "jueces" que integran la Sala Constitucional no interpretaron la Constitución relacionando una norma con otra, sino que tomaron el artículo 347 y extrajeron de él un significado contrario al que la misma Constitución, la doctrina y la experiencia enseñan." [73]

Es decir, ni más ni menos, lo que decidió la Sala Constitucional equivalió a indicar, como se dijo, que para cambiar una

---

73 Véase Ramón Escobar León, "Activismo y originalísmo constitucional versus tiranía judicial," en *Prodavinci*, 20 de junio de 2017, en http://prodavinci.com/blogs/activismo-y-originalismo-constitucional-versus-tirania-judicial-por-ramon-escovar-leon/?platform=hootsuite

simple "coma" en una frase de un artículo en la Constitución mediante el procedimiento de enmienda constitucional, o para reformar un artículo de la misma mediante el procedimiento de reforma constitucional se requería de un referendo popular, pero que sin embargo, para reformar *toda la Constitución y sustituir el texto vigente por otro nuevo,* no se necesitaba consultar al pueblo.[74]

Ante este absurdo constitucional, con toda razón, la Fiscal General de la República solicitó al Tribunal Supremo con fecha 1° de junio de 2017, conforme a lo dispuesto en el Código de Procedimiento Civil, una aclaratoria de dicha sentencia, la cual ni siquiera fue considerada por el Tribunal Supremo de Justicia. Éste, que hizo fue decidir mediante sentencia N° 441 de 7 de junio de 2017,[75] que la Fiscal General de la República carecía de legitimación para solicitar aclaratorias de sentencias pues supuestamente no era "parte" en el proceso específico, ignorando que en una parte de derecho en todos los procesos constitucionales es el Ministerio Público como garante de las garantía constitucionales en los procesos (art. 285.1).[76] La Sala para decidir en esta forma, incluso llegó a eliminar en la sentencia el carácter de "proceso" que necesariamente debía tener

---

74 Ante las críticas generalizadas, mediante Decreto N° 2889 de 4 de junio de 2017 (*Gaceta Oficial* N° 6303 Extra de 4 de junio de 2017), el presidente de la república "complementó las bases comiciales" exhortando a la Asamblea Nacional Constituyente que se elija para someter a referendo aprobatorio la Constitución que se sancione.

75 Véase http://historico.tsj.gob.ve/decisiones/scon/junio/199712-441-7617-2017-17-0519.HTML

76 Véase en http://www.panorama.com.ve/politicayeconomia/TSJ-declaro-inadmisible-solicitud-de-aclaratoria-interpuesta-por-la-fiscal-Luisa-Ortega-Diaz-20170607-0083.html.

el "proceso constitucional" de interpretación constitucional que se origina con los recursos de interpretación.

Ante este revés, al día siguiente, la Fiscal General de la República en su condición de "ciudadana, de electora y de Fiscal General" –quien hasta ese momento, como se dijo, había sido cómplice de todas las actuaciones inconstitucionales de los poderes públicos en el país–, buscando poder argumentar ante alguna autoridad judicial su demanda de inconstitucionalidad de todo el proceso de convocatoria de la Asamblea Nacional Constituyente fraudulenta hecha por el Poder Ejecutivo, introdujo recurso contencioso electoral por razones de inconstitucionalidad, conjuntamente con una petición de amparo cautelar ante la Sala Electoral del Tribunal Supremo de Justicia,[77] contra las decisiones del Consejo Nacional Electoral mediante las cuales había aprobado y convalidado la convocatoria a la Asamblea Nacional Constituyente efectuada por el presidente de la República, validado las bases comiciales respectivas, y convocado a postulaciones para constituyentistas y a las elecciones de los mismos.

En los días que siguieron, la Sala Electoral del Tribunal Supremo de Justicia cesó de dar audiencias de despacho a los efectos de no recibir ningún recurso o adhesión a la acción presentada por la Fiscal, como ella lo había solicitado públicamente; y en todo caso, las fuerzas de seguridad represivas del gobierno bloquearon e impidieron a las personas llegar hasta la sede del mismo. Además, desde la organización administrativa del Poder Judicial, los Jueces rectores civiles en los Estados se dirigieron a todos los jueces de cada Estado informándoles que *debían abstenerse de recibir* dichas adhesiones.

---

77 Véase el texto en http://www.mp.gob.ve/c/document_library/get_file?uuid=-3e9aba8c-59ab-4e99-86e0-8953e5e1a504&groupId=10136.

Días después, mediante sentencia N° 67 de 12 de junio de 2017, la Sala Constitucional simplemente declaró inadmisible el recurso intentado por la Fiscal General, por supuestamente haber una "inepta acumulación" ya que, según la Sala, habría impugnado actos provenientes de distintos órganos del Estado (cuya nulidad compete a diferentes tribunales), cuando ello era absolutamente falso pues en el recurso la Fiscal solo impugnó decisiones del Consejo Nacional Electoral (12-6-2017).

Por otro lado, la Sala Constitucional del Tribunal Supremo, días después, mediante sentencia N° 455 de fecha 12 de junio de 2017 (*Caso: Emilio J. Urbina Mendoza*), declaró sin lugar un recurso de nulidad por inconstitucionalidad intentado contra el mismo Decreto N° 2.878 de 23 de mayo de 2017 que estableció las "bases comiciales" para la integración de la Asamblea Nacional Constituyente basándose en su fallo anterior N° 378 del 31 de mayo de 2017, estableciendo en definitiva "la constitucionalidad" de las referidas bases comiciales inconstitucionales. [78]

Posteriormente, mediante sentencia N° 470 de 27 de junio de 2017,[79] la Sala Constitucional declaró inadmisible el recurso de nulidad que había intentado la Fiscal General de la República y otros funcionarios de la Fiscalía contra el mismo Decreto N° 2.878 de 23 de mayo de 2017, por "haber operado la cosa juzgada" en virtud de que la misma Sala ya había "juzgado sobre la constitucionalidad" del Decreto impugnado, al

---

78 Véase sobre dicha sentencia Emilio J. Urbina Mendoza, "La jurisprudencia del horror: Las posturas argumentales de la Sala Constitucional ante el tema constituyente (marzo-mayo 2017), en *Revista de Derecho Público*, N° 149-150 (enero junio 2017), Editorial Jurídica Venezolana, Caracas pp. 364 ss.

79 Véase en http://historico.tsj.gob.ve/decisiones/scon/junio/200380-470-27617-2017-17-0665.HTML.

declarar sin lugar el recurso de nulidad contra el mismo decreto que había intentado el abogado Emilio J Urbina Mendoza, mediante sentencia N° 455, del 12 de junio de 2017.[80]

La sentencia, sin embargo, no quedó allí, sino que la Sala, previamente, pasó a juzgar *de oficio* sobre la validez del nombramiento del vice-Fiscal de la República quien aparecía firmando el recurso de nulidad declarado sin lugar, y quien había sido nombrado por la Fiscal conforme a la Ley Orgánica del Ministerio Público, en carácter de "encargado," considerando que el mismo carecía de legitimidad para actuar en juicio.

Como la designación del funcionario debía "contar con la previa autorización de la mayoría" de los diputados a la Asamblea Nacional, y como ésta, a juicio de la Sala, se mantenía en desacato, la Sala consideró que la Fiscal para hacer el nombramiento, debió "acudir" ante la Sala Constitucional; y como no lo hizo, entonces declaró la nulidad del nombramiento sin proceso ni contradictorio alguno, y además, usurpando las funciones de la Asamblea pasó a resolver "por auto separado" que la propia Sala procedería a "designará de manera temporal un vice Fiscal General de la República."

En ese contexto, se destacó, además, la sentencia de la Sala Plena del Tribunal Supremo de Justicia de unos días antes, del

---

80 Véase sobre dicha sentencia Allan R. Brewer-Carías, "El Juez Constitucional vs. el pueblo, como poder constituyente originario," (Sentencias de la Sala Constitucional N° 378 de 31 de mayo de 2017 y N° 455 de 12 de junio de 2017), 16 de junio de 2017, en http://allanbrewercarias.net/site/wp-content/uploads/2017/06/161.-doc.-Sobre-proceso-constituyente-SC-sent.-378-y-455.pdf. Véase igualmente Allan R. Brewer-Carías, *La inconstitucional convocatoria de una Asamblea Nacional Constituyente en fraude a la voluntad popular*, Editorial Jurídica Venezolana International, Caracas 2017, pp. 131 y ss.

20 de junio de 2017,[81] mediante la cual decidió admitir una solicitud formulada por un diputado para que se calificara como falta grave las actuaciones de la Fiscal General de la República en defensa de la Constitución y del orden constitucional, en violación abierta del artículo 25.5 de la Ley Orgánica del Ministerio Público de 2007 que indicaba que sólo el vice Fiscal o un representante de la Asamblea Nacional podían solicitar ante el Tribunal Supremo de Justicia que se iniciase un antejuicio contra la Fiscal.

Esa norma, por supuesto, la ignoró el Tribunal, el cual, en desprecio total al derecho, ni siquiera la citó en la sentencia. Lo insólito es que quien no tenía legitimación alguna para actuar, acusó a la Fiscal por sólo haber comenzado a defender la Constitución y denunciar los atropellos del régimen contra la ciudadanía –aun cuando durante una década se hubiera abstenido de hacerlo–, alegando que habría incurrido en incumplimiento o negligencia manifiesta en el ejercicio de sus atribuciones y deberes; que había atentado contra la respetabilidad del Poder Ciudadano; que habría puesto en peligro su credibilidad e imparcialidad comprometiendo la dignidad del cargo; que al tomar decisiones administrativas habría incurrido en grave e inexcusable error; o que al hacerlo haría hecho constar hechos que no sucedieron o habría dejado de relacionar los que ocurrieron.

Más insólito aún fue el alegato del solicitante de que conforme a los ordinales 2 y 3 del artículo 23 de la Ley Orgánica del

---

81 Véase en la reseña en *El Nacional*, Caracas 21 de junio de 2017, en http://www.el-nacional.com/noticias/politica/sala-plena-del-tsj-aprobo-antejuicio-merito-fiscal-ortega-diaz_188686. NO se pudo acceder al link de la página web del Tribunal Supremo: http://www.tsj.gob.ve/es/-/sala-plena-del-tsj-admitio-solicitud-de-antejuicio-de-merito-contra-la-fiscal-general-de-la-republica

Ministerio Público, la Fiscal General habría actuado con grave e inexcusable ignorancia de la Constitución, de la ley y del derecho y que habría violado, amenazado o menoscabado los principios fundamentales establecidos en la Constitución. Todo ello, simplemente, por haber comenzado a defender la Constitución, sufriendo así en carne propia todo lo que había hecho contra tantos durante su gestión precedente; habiendo tenido que salir huyendo del país por la persecución desatada en su contra.

Esa decisión de la Sala Constitucional, y la posterior antes mencionada N° 470 de 27 de junio de 2017, mediante la cual la Sala se arrogó inconstitucionalmente el nombramiento del vice -Fiscal General, concretó la amenaza de la remoción de la Fiscal por el Tribunal Supremo de Justicia, cuando ello era potestad exclusiva y excluyente de la Asamblea Nacional.[82] Ello lo que mostró fue la consolidación definitiva de una tiranía judicial, conducida por un Tribunal Supremo de ilegítimo origen, respecto del cual podía decirse, como lo apreció Ramón Escobar León, que:

"El juez que no tiene un origen democrático ni fundamenta sus fallos, menosprecia su toga y la convierte en una herramienta de la dictadura. Un Poder Judicial sin jueces independientes es fuente del despotismo.

No en balde Montesquieu afirmó: "Cruel tiranía es aquella que se ejerce al abrigo de las leyes y con los colores de la justicia."[83]

---

82 Véase Juan Manuel Raffalli, ¿Qué hay detrás del antejuicio a la Fiscal?" en *Prodavinci*, 21 de mayo de 2017, en http://prodavinci.com/blogs/que-hay-detras-del-antejuicio-a-la-fiscal-por-juan-manuel-raffalli/.

83 Véase Ramón Escobar León, "Activismo y originalismo constitucional versus tiranía judicial," en *Prodavinci*, 20 de junio de 2017, en

5. El proceso de rebelión popular contra el proceso constitu-yente en 2017 y la reacción de la dictadura

Y ello es lo que ocurrió en Venezuela, consolidándose una dictadura ante la cual, precisamente en ausencia de un Juez Constitucional que pudiera asumir el rol de ser el sustituto de la rebelión popular contra las violaciones a la Constitución, [84] no es de extrañar, por una parte, que el pueblo venezolano hubiera comenzado a rebelarse contra el gobierno autoritario; y por la otra, que este desplegase todos sus poderes para afian-zar la dictadura.

Lo primero se comenzó a manifestar, en diciembre de 2015, cuando se produjo una rebelión popular contra el autoritarismo por la vía electoral, mediante el voto, exigiendo un cambio de régimen político, habiendo logrado la oposición democrática la mayoría calificada en la Asamblea Nacional. [85] Si la Asamblea Nacional hubiese podido funcionar como en un régimen de-

---

http://prodavinci.com/blogs/activismo-y-originalismo-constitucional-versus-tirania-judicial-por-ramon-escovar-leon/?platform=hootsuite.

84 Véase Sylvia Snowiss, *Judicial Review and the Law of the Constitu-tion,* Yale University Press, 1990, pp. 2, 3, 6, 113 ss.

85 Véase Allan R. Brewer-Carías, "El primer paso para la reconstruc-ción de la democracia: el restablecimiento de la legitimidad democrá-tica de todos los Poderes Públicos. Sobre porqué la nueva Asamblea Nacional debe proceder a revocar los írritos actos de nombramiento de los titulares del Poder Ciudadano (Fiscal General, Contralor Gene-ral, Defensor del Pueblo), del Poder Judicial (magistrados del Tribu-nal Supremo y del Poder Electoral (rectores del Consejo Nacional Electoral), y proceder, elegir como Cuerpo Electoral de segundo gra-do, a los titulares de dichos órganos de acuerdo con la Constitución," 10 diciembre 2015, en http://allanbrewercarias.com/wp-content/up-loads/2015/11/123.-Brewer.-PRIMER-PASORECONSTRUCCI%-C3%93N-DE-LA-DEMOCRACIA.-ELECCI%C3%93N-DE-LOS-TITULARES-DE-LOS-PODERES-P%C3%9ABLICOS.-dic-2015.pdf.

mocrático, sin duda hubiese sido un factor determinante en el control político y administrativo del Gobierno.

Pero esa vía democrática, sin embargo, lamentablemente la cerró el régimen autoritario, no sólo castrando a la Asamblea Nacional de absolutamente todos sus poderes, sino impidiendo que otras fórmulas de manifestación del voto popular se pudieran manifestar, como fue el caso de haber impedido la realización del referendo revocatorio presidencial en 2016; de la postergación injustificada e inconstitucional de las elecciones regionales de Gobernadores y Alcaldes que constitucionalmente debieron haberse realizado en 2016, y que se realizaron en 2017 sometidas a los designios de una Asamblea Nacional Constituyente fraudulenta, que fue inconstitucionalmente convocada y electa en julio de 2017, y que desde entonces ha usurpado el poder total del Estado.

En todo caso, todas estas actuaciones dictatoriales y totalitarias produjeron otras formas de manifestación de rebelión popular, aún frente a todas esas adversidades antidemocráticas, que se produjeron en los últimos meses, no mediante el sufragio libre cuyo ejercicio se le negó al pueblo, sino mediante las masivas movilizaciones populares de protesta generalizada que se produjeron en el país a mitades de 2017, que concluyeron, antes de la instalación de la Asamblea Nacional Constituyente, con la votación por parte de más de 7.5 millones de personas, el 16 de Julio de 1017, precisamente contra la inconstitucional y fraudulenta convocatoria de la Asamblea Nacional Constituyente.[86]

---

86 *Véase* Alison Linares, "Los venezolanos acudieron masivamente a votar contra la reforma constitucional," 16 de julio de 2017, en The New York Times.es, en https://www.nytimes.com/es/2017/07/16/los-venezolanos-acudieron-masivamente-a-votar-contra-la-reforma-constitucional-que-impulsa-nicolas-maduro/

Esas demostraciones populares incluso se produjeron, a pesar de la brutal represión militar desatada contra manifestantes pacíficos e inermes que fueron asesinados por fuerzas oficiales de represión y bandas criminales protegidas por el Estado, que más bien parecieron pertenecer a un ejército de ocupación que a unidades encargadas de velar por el orden público.

Pero la respuesta a las exigencias de más democracia, por parte del régimen fue la convocatoria de una Asamblea Nacional Constituyente, lo cual no solo era jurídicamente una aberración, sino que fue quizás un grave error político,[87] siendo una muestra más de ello, incluso, la reacción que originó en la comunidad internacional en favor del proceso democrático del país, y contra la convocatoria de dicha Asamblea, la cual fue formalmente desconocida por muchos Estados e instituciones internacionales.

La instalación y funcionamiento de la Asamblea Nacional Constituyente, en todo caso, lo que significó fue la consolidación de la dictadura en el país mediante el progresivo proceso de concentración y centralización total del poder que antes de su elección ya el presidente había logrado amasar luego de neutralizar al Tribunal Supremo y ponerlo a su servicio,[88]

---

87 Véase los estudios sobre el tema en Allan R. Brewer-Carías y Carlos García Soto (compiladores), *Estudios sobre la Asamblea Nacional Constituyente y su inconstitucional convocatoria en 2017,* Colección Estudios Jurídicos N° 119, Editorial Jurídica Venezolana, Caracas 2017, 778 pp. y Editorial Temis, Editorial Jurídica Venezolana, Bogotá 2017.

88 Véase Allan R. Brewer Carías, *Crónica Sobre La "In" Justicia Constitucional. La Sala Constitucional y el autoritarismo en Venezuela,* Colección Instituto de Derecho Público, Universidad Central de Venezuela, N° 2, Caracas 2007, 702 pp.; "El juez constitucional al servicio del autoritarismo y la ilegítima mutación de la Constitución: el caso de la Sala Constitucional del Tribunal Supremo de Justicia de

hacer desaparecer de hecho, las entidades político territoria-les,[89] y asegurar el control del árbitro electoral,[90] llegando a la situación de los últimos meses en la cual simplemente Vene-zuela carece de Constitución, habiendo sido sustituido el Esta-do constitucional por un gobierno asambleario y tumultuario conducido por una Asamblea Nacional Constituyente, instala-da inconstitucional y fraudulentamente en 2017, y colocada por encima de la Constitución,[91] a la cual todos los poderes se le han sometido, asumiendo la misma el poder total en contra de lo previsto en la Constitución de 1999,[92] y así, suplantando la otrora dictadura judicial que comandó el Tribunal Supremo, convirtiéndola en una dictadura constituyente.

Venezuela (1999-2009)", en *Revista de Administración Pública*, N° 180, Madrid 2009, pp. 383-418.

89 Véase Allan R. Brewer Carías, *Federalismo y Municipalismo en la Constitución de 1999 (Alcance de una reforma insuficiente y regresi-va)*, Cuadernos de la Cátedra Allan R. Brewer-Carías de Derecho Público, N° 7, Universidad Católica del Táchira, Editorial Jurídica Venezolana, Caracas-San Cristóbal 2001, 187 pp.

90 Véase Allan R. Brewer Carías, *La Sala Constitucional versus El Es-tado Democrático de Derecho. El secuestro del poder electoral y de la Sala Electoral del Tribunal Supremo y la confiscación del derecho a la participación política*, Los Libros de El Nacional, Colección Ares, Caracas 2004, 172 pp.

91 Véase Allan R. Brewer-Carías y Carlos García Soto (compiladores), *Estudios sobre la Asamblea Nacional Constituyente y su inconstitu-cional convocatoria en 2017*, Colección Estudios Jurídicos N° 119, Editorial Jurídica Venezolana, Caracas 2017, 778 pp. y Editorial Te-mis, Editorial Jurídica Venezolana, Bogotá 2017, 776 pp.

92 Véase Allan R. Brewer-Carías, *La inconstitucional convocatoria de una Asamblea Nacional Constituyente en mayo de 2017. Un nuevo fraude a la Constitución y a la voluntad popular*, Colección Textos Legislativos, N° 56, Editorial Jurídica Venezolana, Caracas 2017, pp. 178 pp.

Para ejercer ese poder absoluto, la Asamblea Constituyente se atribuyó poderes soberanos y supraconstitucionales que no tenía ni podía tener, y llegó incluso a formalizar expresamente el golpe de Estado en sus decretos (por ejemplo, en las "Normas para garantizar el pleno funcionamiento institucional de la Asamblea Nacional Constituyente en armonía con los Poderes Públicos constituidos" de agosto de 2017),[93] copiando la fórmula tradicional usada en otros golpes de Estado, como la que está en las actas de las Juntas de Gobierno de 1947 y 1958, al señalar que "la Constitución de 1999 solo seguirá en vigencia, en todo aquello en lo que la Asamblea Constituyente no disponga lo contrario."[94]

Con ello, la Asamblea Nacional Constituyente simplemente borró la Constitución como norma suprema, pudiendo disponer lo que quiera, sin límites, siendo sus decisiones incontrolables por haber sometido a sus designios a todos los poderes del Estado, incluyendo al Tribunal Supremo de Justicia; habiendo sido la Asamblea Constituyente, incluso la que dispuso la elección presidencial anticipada para mayo de 2018.

New York, 27 de mayo de 2018.

---

93 Véase en Allan R. Brewer-Carías, *Usurpación Constituyente 1999, 2017. La historia se repite: una vez como farsa y la otra como trage-dia,* Colección Estudios Jurídicos, N° 121, Editorial Jurídica Venezo-lana International, 2018.

94 Véase Allan R. Brewer-Carías, "La gran usurpación basada en una gran mentira: La fraudulenta Asamblea Nacional Constituyente no puede pretender imponerse sobre los poderes constituidos y menos sobre la Asamblea Nacional," (documento), agosto 2017, en http://allanbrewercarias.net/site/wp-con-tent/uploads/2017/08/176.-doc-Brewer.-Gran-Usurpaci%C3%B3n-basada-Gran-Mentira.pdf.

II

REFLEXIONES LA REACCIÓN POPULAR CONTRA LA FRAUDULENTA "REELECCIÓN" PRESIDENCIAL DE NICOLÁS MADURO DE MAYO DE 2018, Y LAS POSIBLES CONSECUENCIAS QUE PODÍA TENER ^(*)

1. *La reacción popular contra la fraudulenta elección presidencial anticipada de 2018, y sus riesgos "constituyentes"*

En la situación anteriormente descrita de ausencia de Constitución y de dictadura constituyente, a manos de la fraudulenta Asamblea Nacional Constituyente electa en 2017, es que debía apreciarse el significado de la rebelión popular que ocurrió el 20 de mayo de 2018 con la decisión del pueblo de no participar en la farsa "electoral" organizada, en definitiva, por

---

* Este estudio es parte del texto del documento "Reflexiones sobre la dictadura en Venezuela después de la fraudulenta "reelección de Nicolás Maduro en mayo 2018, que se publicó en http://allanbrewer-carias.com/wp-content/uploads/2018/05/184.-Brewer.-doc.-SOBRE-LA-DICTADURA.-VENEZUELA.-5-2018pdf New York, 27 de mayo de 2018. Este estudio se incluyó en el libro: Allan R. Brewer-Carías, *Cónica Constitucional de una Venezuela en las Tinieblas*, Ediciones Olejnik, Santiago, Buenos Aires, Madrid, 2019.

dicha Asamblea Nacional Constituyente, para la "elección" presidencial anticipada, sin tener competencia alguna para ello.

En dicho proceso electoral, a pesar de haberse desarrollado un ilegal y descarado proceso de "compra de votos" conducido por el régimen mediante la entrega de comida y de dinero,[1] sin consecuencia alguna,[2] sin embargo, se produjo el nivel de abs-

---

1 Véase José Guerra, "El voto comprado," *lapatilla,* 26 de mayo de 218, en https://www.lapatilla.com/site/2018/05/26/jose-guerra-el-voto-comprado/, y en *Finanzas digital,* 27 de mayo de 2018, en http://www.finanzasdigital.com/2018/05/el-voto-comprado/. La compra de votos fue de tal naturaleza que la entrega de comida a la salida de los centros de votación fue denunciada hasta por los candidatos de "oposición" (Véase en Ludmila Vinogradoff, "Henri Falcón denuncia un fraude en los resultados de las elecciones de Maduro y propones nuevos comicios," *ABCInternational,* 21 de mayo de 2018, en http://www.abc.es/internacional/abci-henri-falcon-denuncia-fraude-resultados-elecciones-maduro-y-propones-nuevos-comicios-201805210434_noticia.html), y en cuanto a la entrega de dinero a cambio de votos, incluso el Consejo Nacional Electoral prohibió formalmente a Maduro la entregar bonos que había prometido a quienes votaran. Véase la información en "Poder Electoral venezolano prohíbe a Maduro pagar bonos a electores," en *Agencia EFE,* 20 de mayo de 2018, en https://www.efe.com/efe/america/politica/el-poder-electoral-venezolano-prohibe-a-maduro-pagar-bonos-electores/20000035-3621379.

2 Lo menos que debió ocurrir en este caso, ante lo dicho por el propio CNE, tenía que haber sido la "suspensión de los efectos" de la "proclamación" de Maduro, como tan diligentemente lo decidió la Sala Electoral del Tribunal Supremo en diciembre de 2015 respecto de dos diputados electos en el Estado Amazonas en las elecciones parlamentarias de ese año, por denuncias nunca comprobadas de supuestas ofertas de compra de votos. Véase los comentarios a la sentencia en Allan R. Brewer-Carías, "El desconocimiento judicial de la elección popular de diputados," en *Revista de Derecho Público,* N° 145-146, (enero-junio 2016), Editorial Jurídica Venezolana, Caracas 2016, pp. 285- 318.

tención electoral más alto que se haya registrado en cualquier elección presidencial en nuestra historia (82.7 %),[3] habiéndose abstenido incluso quienes supuestamente podían apoyar al régimen.[4]

---

3 Como lo indicó Alianza Nacional Constituyente indicó, en las elecciones del 20 de mayo, el Consejo Nacional Electoral "altero e incremento los resultados a 9.383.329 votantes, adjudicándole a Maduro 6.245.862 votos, cuando de acuerdo al conteo de actas solo obtuvo 1.811.220 de un total de electores que votaron válidamente de 3.590.040 (17,3 %)." Véase en el comunicado: "La Alianza Nacional Constituyente Originaria, ANCO, fija posición ante el país y la Comunidad Internacional, ante el acto espurio de juramentación del ciudadano Nicolás Maduro Moros," 25 de mayo de 2018, en http://ancoficial.blogspot.com/ Las cifras del proceso, que según lo informó Antonio Sánchez García, "ni siquiera la dictadura puede ocultar" fueron las siguientes: "De los 20.750.809 electores registrados, participaron 3.590.040. De ese 17,3% de votantes, el desglose fue el siguiente: Nicolás Maduro: 1.811.220= 8,73%. Henri Falcón: 1.436.861= 6,4%. Bertucci: 327.749 = 1,58%. Reinaldo Quijada: 14.210= 0,0%." De ello, concluye Sánchez García que "La dictadura de Nicolás Maduro, soportada por el chantaje y la amenaza, el terror de Estado y las fuerzas armadas cubanas, pende de ese hilo de un 8% electoral." Véase Antonio Sánchez García, "Sin máscaras ante el abismo," en El Nacional, 27 de mayo de 2018, en http://www.el-nacional.com/noticias/columnista/sin-mascaras-ante-abismo_237137.

4 Como lo destacó Tomás Sarka, "La abstención ha sido una protesta de dimensiones similares a las de las firmas contra la Constituyente del 16 de julio de 2017, pero con dos diferencias: esta vez la protesta vino, en su aspecto más notable, del lado de quienes apoyan (o al menos se creía que apoyaban) al gobierno; y no demuestra seguir un liderazgo. Al contrario, ha rematado algunos liderazgos en declive, como el de Maduro, demostrando cuán hondo es el vacío en este aspecto." Véase en Tomás Sarka, "La rebelión de las bases," en Prodavinci, 21 de mayo de 2018, en https://prodavinci.com/la-rebelion-de-las-bases/?platform=hootsuite.

Como lo observó Paciano Padrón:

"Lo mejor que nos dejó este pasado domingo 20, es que ratificó claramente que Nicolás Maduro no cuenta con el respaldo popular. Quedó evidenciado que el 82,9 % de los venezolanos no acudió al llamado de la asamblea nacional constituyente y del CNE, habiéndose producido el más grande acto de rebeldía y desobediencia civil que conozcamos en nuestra historia republicana. El pueblo, al no atender el llamado del CNE, dejó solo a Maduro y demostró su rechazo al continuismo, dijo no al hambre, a la enfermedad y a la miseria, dijo no al sometimiento de nuestro país a fuerzas internacionales nefastas. Maduro ya no engaña a nadie, "El emperador está desnudo."[5]

Por ello, con razón, Luis Ugalde SJ, apreció que:

"El NO de los demócratas venezolanos a la fraudulenta y dictatorial votación del 20M ha sido impresionante y contundente. No a la trampa inventada por el gobierno para perpetuarse con este régimen de muerte. A pesar de la coacción, el chantaje y las amenazas, la gran mayoría de los electores dio un no rotundo a la farsa. Incluso millones de chavistas se negaron a la iniquidad. Maduro –luego de todas las maniobras con la bendición del CNE– obtuvo menos del 30% de los posibles votantes. Más de la mitad del país se abstuvo, cosa insólita en Venezuela."

Agregando, sin embargo, que:

"No basta el NO rotundo (incluso de millones de chavistas) a la trampa gubernamental. Es imprescindible, el SÍ democrático al cambio de presidente y de régimen para la recuperación de lo proclamado en el Art. 2 de la Constitución "como valores superiores de su ordenamiento jurídico y de su actuación, la vida, la libertad, la justicia, la igualdad, la solidaridad, la democracia, la

---

5   Véase Paciano Padrón, "El emperador está desnudo," en *opinionynoticias.com*, 23 de mayo de 2018 en http://www.opinionynoticias.com/opinionpolitica/32687-padron-p.

responsabilidad social y, en general, la preeminencia de los derechos humanos, la ética y el pluralismo político". La violación sistemática de este artículo nos obliga a luchar por el restablecimiento de la Constitución (Art. 333)."[6]

Ahora bien, el resultado del proceso electoral, con la supuesta "reelección" de Nicolás Maduro para un nuevo período constitucional que debía comenzar a partir de enero de 2019 (2019-2025), a pesar de la masiva abstención y del claro signo de rebelión que significó la abstención, y del desconocimiento del mismo incluso por los mismos "contendores" en el proceso,[7] en su momento, sin duda pudo haber producido el efecto contrario al buscado con la rebelión y el rechazo (que era el de la democratización), pues colocaba al país en una situación de cerramiento definitivo de toda posibilidad de la opción electoral para el cambio político democrático en el país, con el riesgo de consolidación definitiva del totalitarismo, que fue lo que el régimen buscó.

Como se lo planteó Ramón Guillermo Aveledo, apenas concluido el proceso electoral del 20 de mayo de 2018:

"La resiliencia del sistema venezolano, en su primer sexenio abiertamente pos-Chávez, nos da cuenta de un régimen que buscará consolidar el liderazgo de Nicolás Maduro, el más ortodoxo de los socialistas, hacia un modelo donde el totalitarismo no sea ya un proyecto, sino una realización efectiva por encima de toda oposición social. ¿Tendremos los venezolanos cómo resistir o es-

---

6   Véase Luis Ugalde SJ., "Del No al SI," en *El Universal*, 24 de mayo de 2018, en http://www.eluniversal.com/el-universal/10167/del-no-al-si.

7   Véase la reseña de Mariano Castillo, Marilia Brocchetto, "Maduro gana las elecciones presidenciales; Falcón desconoce el proceso electoral en Venezuela," CNN. Latinoamérica, 20 de mayo de 2018, en http://cnnespanol.cnn.com/2018/05/20/venezuela-ya-vota-maduro-busca-la- reeleccion/

tamos condenados a vivir la realidad de los países sometidos bajo este peso ideológico?"[8]

Es decir, el problema era que con el fin de la farsa electoral de mayo de 2018, estando cerrada la vía electoral y democrática para el cambio político en el país, quizás lo que pudimos haber presenciado los venezolanos era la consecuente "reactivación" de la Asamblea Nacional Constituyente, abriendo la puerta al régimen autoritario para definitivamente proceder a eliminar formalmente hacia el futuro todo vestigio de "elecciones," mediante la implementación de lo que en 2007 fue el gran fracaso de Hugo Chávez, pero que en ese momento era la parte esencial de las "bases programáticas" que fueron "votadas" en la elección de la Asamblea Constituyente en 2017.

Esas "bases programáticas" conducían a lo mismo que se persiguió en 2007, y fue el intento de sustituir definitivamente en el país, mediante una reforma constitucional, el régimen político venezolano de democracia representativa, por un régimen político de supuesta "democracia participativa y protagónica" del pueblo, eliminando el sufragio como se ha conocido hasta ahora.

Y precisamente con tal fin, no había que olvidar que para mayo de 2018, la misión fundamental de la Asamblea Nacional Constituyente instalada en 2017 que aún cuando no había anunciado nada concreto sobre su misión de proponer la "transformación del Estado," no podía ser otra distinta a la de

---

8   Véase Ramón Guillermo Aveledo, "El futuro incierto de Venezuela," en *Diálogo Político*, Fundación Konrad Adenauer, 21 de mayo de 2018, en http://dialogopolitico.org/agenda/el-futuro-incierto-de-vene-zuela/?utm_source=Konrad-AdenauerStiftung&utm_medium-=email-&utmcampaign=23-05-2018+Bolet%C3%ADn+53+Di%-C3%A1logo-+Pol%C3%ADtico+&utm_content=Mailing_7081853.

terminar de destruir todos los últimos vestigios que podían aún existir del nunca estructurado Estado democrático y social de derecho, descentralizado y de justicia del cual hablaba la Constitución de 1999, para lo cual, luego de asumir el gobierno total y absoluto del país, bajo una forma asamblearia y tumultuaria, entonces le podía corresponder comenzar a acometer la estructuración de otro Estado distinto, siguiendo el modelo arcaico soviético y cubano, tal y como resultó del propio texto de la convocatoria de la Asamblea Constituyente.

En efecto, conforme al Decreto N° 2.830 de 1° de mayo de 2017, mediante el cual el presidente de la República convocó inconstitucionalmente la Asamblea Nacional Constituyente, entre los "objetivos programáticos" que le definió a la misma, había uno específicamente con redacción ampulosa, que fue quizás el único que realmente apuntó directamente a la necesidad de reformar la Constitución para la reforma el Estado, establecer un nuevo orden jurídico y dictar una nueva Constitución, en el cual se especificó el siguiente objeto de la Asamblea, consistente en la:

> "5. Constitucionalización de las nuevas formas de la democracia participativa y protagónica, a partir del reconocimiento de los nuevos sujetos del Poder Popular, tales como las Comunas y los Consejos Comunales, Consejos de Trabajadoras y Trabajadores, entre otras formas de organización de base territorial y social de la población."

Este "objetivo programático," como se dijo, no pasó de ser una "reedición" de la propuesta de reforma constitucional que el presidente Hugo Chávez formuló en 2007 para la creación de un Estado Socialista, Centralizado y Militarista,[9] y que fue

---

9 Véase Allan R. Brewer-Carías, "Estudio sobre la propuesta presidencial de reforma constitucional para la creación de un Estado Socialis-

rechazada por votación popular en el referendo que tuvo lugar el 2 de diciembre de 2007; y que sin embargo, en fraude a la voluntad popular se fue implementando en forma ilegítima e

---

ta, Centralizado y Militarista en Venezuela (análisis del anteproyecto presidencial, agosto 2007," en *Anuario da Facultade de Dereito da Universidade da Coruña, Revista jurídica interdisciplinaria internacional*, Con. 12, La Coruña 2008, pp. 87-125; "La proyectada reforma constitucional de 2007, rechazada por el poder constituyente originario", en *Anuario de Derecho Público 2007*, Año 1, Instituto de Estudios de Derecho Público de la Universidad Monteávila, Caracas 2008, pp. 17-65; "La reforma constitucional en Venezuela de 2007 y su rechazo por el poder constituyente originario", en *Revista Peruana de Derecho Público*, Año 8, N° 15, Lima, Julio-Diciembre 2007, pp. 13-53; "El sello socialista que se pretendía imponer al Estado", en *Revista de Derecho Público*, N° 112, Editorial Jurídica Venezolana, Caracas 2007, pp. 71-76; "Estudio sobre la propuesta presidencial de reforma constitucional para la creación de un Estado Socialista, Centralizado y Militarista en Venezuela (Agosto 2007", *Revista de Derecho Público*", N° 111, (julio-septiembre 2007), Editorial Jurídica Venezolana, Caracas 2007, pp. 7-42; "Estudio sobre la propuesta de Reforma Constitucional para establecer un Estado Socialista, Centralizado y Militarista (Análisis del Anteproyecto Presidencial, Agosto de 2007)", *Cadernos da Escola de Direito e Relações Internacionais da UniBrasil*, N° 07, Curitiba, 2007; "Hacia creación de un Estado socialista, centralizado y militarista en Venezuela (2007)", *Revista de Derecho Político*, N° 70, Madrid, septiembre-diciembre 2007, pp. 381-432. Igualmente véase lo que expuse en Allan R. Brewer-Carías, *Hacia la consolidación de un Estado socialista, centralizado, policial y militarista*. Comentarios sobre el sentido y alcance de las propuestas de reforma constitucional 2007, Colección Textos Legislativos, N° 42, Editorial Jurídica Venezolana, Caracas 2007; *La reforma constitucional de 2007 (Comentarios al proyecto inconstitucionalmente sancionado por la Asamblea Nacional el 2 de noviembre de 2007)*, Colección Textos Legislativos, N° 43, Editorial Jurídica Venezolana, Caracas 2007.

inconstitucional mediante leyes y decretos leyes,[10] e, incluso, mediante "interpretaciones constitucionales" emitidas solícitamente por la Sala Constitucional, en muchos casos a petición del propio Ejecutivo Nacional.[11]

Entre esos objetivos estaba, en primer lugar, el establecimiento de un Estado Socialista Centralizado, como se propuso en 2007,[12] pues como dijo el mismo presidente Chávez en 2007, "así como el candidato Hugo Chávez repitió un millón de veces en 1998, 'Vamos a Constituyente', el candidato presidente Hugo Chávez [en 2006] dijo: 'Vamos al Socialismo', [agregando que a su juicio] todo el que votó por el candidato Chávez, votó por ir al socialismo".[13]

Por ello, el Anteproyecto de Constitución que presentó en 2007 ante la Asamblea Nacional fue para "la construcción del socialismo Bolivariano, el socialismo venezolano, nuestro so-

---

10 Véanse los diversos estudios sobre los decretos leyes de 2008," en *Revista de Derecho Público*, N° 115 *(Estudios sobre los Decretos Leyes),* Editorial Jurídica venezolana, Caracas 2008.

11 Véase Allan R. Brewer-Carías, "¿Reforma constitucional o mutación constitucional?: La experiencia venezolana." en *Revista de Derecho Público,* N° 137 (Primer Trimestre 2014, Editorial Jurídica Venezolana, Caracas 2014, pp. 19-65.

12 Véase *Discurso de Orden pronunciado por el ciudadano Comandante Hugo Chávez Frías, Presidente Constitucional de la República Bolivariana de Venezuela en la conmemoración del Ducentésimo Segundo Aniversario del Juramento del Libertador Simón Bolívar en el Monte Sacro y el Tercer Aniversario del Referendo Aprobatorio de su mandato constitucional*, Sesión especial del día miércoles, 15 de agosto de 2007, Asamblea Nacional, División de Servicio y Atención Legislativa, Sección de Edición, Caracas, 2007.

13 *Idem*, p. 4.

cialismo, nuestro modelo socialista",[14] cuyo "núcleo básico e indivisible" era "la comunidad", "donde los ciudadanos y las ciudadanas comunes, tendrán el poder de construir su propia geografía y su propia historia."[15] Y todo ello bajo la premisa de que "sólo en el socialismo será posible la verdadera democracia,"[16] pero por supuesto, una "democracia" sin representación que, como lo propuso el propio Chávez y fue sancionado por la Asamblea Nacional en la rechazada reforma del artículo 136 de la Constitución, "no nace del sufragio ni de elección alguna, sino que nace de la condición de los grupos humanos organizados como base de la población". Es decir, lo que se buscaba entonces, y luego se buscaba con la Asamblea Nacional Constituyente de 2017, era el establecimiento de una "democracia" que no fuese democracia, pues en el mundo moderno no no hay ni ha habido democracia sin elección de representantes.

---

14 Véase *Discurso de Orden pronunciado por el ciudadano Comandante Hugo Chávez Frías ... cit.,* p. 34.

15 *Idem*, p. 32.

16 *Idem*, p. 35. Estos conceptos se recogieron igualmente en la *Exposición de Motivos* para la Reforma Constitucional, Agosto 2007, donde se expresa la necesidad de "ruptura del modelo capitalista burgués" (p. 1), de "desmontar la superestructura que le da soporte a la producción capitalista" (p. 2); de "dejar atrás la democracia representativa para consolidar la democracia participativa y protagónica" (p. 2); de "crear un enfoque socialista nuevo" (p. 2) y "construir la vía venezolana al socialismo" (p. 3); de producir "el reordenamiento socialista de la geopolítica de la Nación" (p. 8); de la "construcción de un modelo de sociedad colectivista" y "el Estado sometido al poder popular" (p. 11); de "extender la revolución para que Venezuela sea una República socialista, bolivariana", y para "construir la vía venezolana al socialismo; construir el socialismo venezolano como único camino a la redención de nuestro pueblo" (p. 19).

Todas esas propuestas de entonces, rechazadas por el pueblo en diciembre de 2007, las resumió el presidente Chávez en su Discurso del 15 de agosto de 2007, así:

"en el terreno político, profundizar la democracia popular bolivariana; en el terreno económico, preparar las mejores condiciones y sembrarlas para la construcción de un modelo económico productivo socialista, nuestro modelo, lo mismo en lo político, la democracia socialista; en lo económico, el modelo productivo socialista; en el campo de la Administración Pública, incorporar novedosas figuras para aligerar la carga, para dejar atrás el burocratismo, la corrupción, la ineficiencia administrativa, cargas pesadas del pasado, que todavía tenemos encima como rémoras, como fardos en lo político, en lo económico, en lo social.[17]

Esta reforma que a través de la inconstitucionalmente convocada Asamblea Constituyente se pretendió reeditar a partir de 2017, tocaba las bases fundamentales del Estado, en particular, en relación con la ampliación constitucional de la propuesta de crear un Estado Socialista en sustitución del Estado democrático y social de Derecho; y con la eliminación de la descentralización como política de Estado, supuestamente en aras de promover una "participación política protagónica" del pueblo, pero sin libertad alguna, encadenada en un sistema de centralización del poder.

En ese contexto, entonces, según se infería de las "bases programáticas" de la Asamblea Constituyente inconstitucionalmente convocada, lo que se pretendía era crear las comunas, los consejos comunales y de trabajadores como el núcleo territorial básico del Estado Socialista como supuestos medios de participación y protagonismo del pueblo y para la construcción colectiva y cooperativa de una economía socialista; ba-

---

17 *Idem*, p. 74.

rriendo de la Constitución toda idea de descentralización como organización y política pública, de autonomía territorial y de democracia representativa a nivel local, y por tanto, de la posibilidad de existencia de entidades políticas autónomas como los Estados y Municipios, sustituyendo a éstos por los Consejos del Poder Popular como formas de agregación comunitaria controlados desde el Poder central, pero sin democracia representativa alguna, sino sólo como supuesta expresión de democracia directa.[18]

En ese esquema entonces, lo que se proponía era la eliminación de la democracia representativa a nivel local que exigía, conforme a la Constitución de 1999 que todos los titulares de los órganos del poder público tuvieran siempre su origen en elección popular. Esa democracia representativa, por supuesto, no se opone a democracia participativa; pero en forma alguna ésta puede pretender sustituir a aquélla, particularmente porque participar es sólo posible cuando, mediante la descentralización, se crean autoridades locales autónomas cerca del ciudadano, en los niveles territoriales más pequeños, lo que implica desparramar el poder.

Este sistema democrático es contrario a la concentración del poder y al centralismo, que es lo que se ha buscado encubrir

---

18 Como Chávez lo indicó en 2007: se trataba del "desarrollo de lo que nosotros entendemos por descentralización, porque el concepto cuarto-republicano de descentralización es muy distinto al concepto que nosotros debemos manejar. Por eso incluimos aquí la participación protagónica, la transferencia del poder y crear las mejores condiciones para la construcción de la democracia socialista." Véase *Discurso de Orden pronunciado por el ciudadano Comandante Hugo Chávez Frías…., cit.*, p. 5.

con la falacia de la supuesta "participación protagónica,"[19] en un régimen autoritario, centralizador y concentrador del poder que busca impedir la efectiva participación política, al eliminarse los entes territoriales descentralizados políticamente, sin los cuales no puede haber efectivamente democracia participativa. En ese esquema que se proponía "constitucionalizar," los Consejos del Poder Popular no serían más de lo que son, es decir, una simple manifestación de movilización controlada desde el poder central, que es lo que ocurrió, precisamente, con los Consejos Comunales desde su creación por Ley en 2006,[20] cuyos miembros no son electos mediante sufragio, sino designados por asambleas de ciudadanos a mano alzada controladas por el propio Poder Ejecutivo Nacional.

Ello es lo que se perseguía con la rechazada reforma constitucional de 2007, que en 2018 se quería reeditar, habiéndose previsto entonces de manera expresa que los integrantes de los diversos Consejos del Poder Popular no nacen "del sufragio ni

---

19 En la *Exposición de Motivos del Proyecto de Reforma Constitucional presentado por el Presidente de la República*, en agosto 2007, se lee que el Poder Popular "es la más alta expresión del pueblo para la toma de decisiones en todos sus ámbitos (político, económico, social, ambiental, organizativo, internacional y otros) para el ejercicio pleno de su soberanía. Es el poder constituyente en movimiento y acción permanente en la construcción de un modelo de sociedad colectivista de equidad y de justicia. Es el poder del pueblo organizado, en las más diversas y disímiles formas de participación, al cual está sometido el poder constituido. No se trata del poder del Estado, es el Estado sometido al poder popular. Es el pueblo organizado y organizando las instancias de poder que decide las pautas del orden y metabolismo social y no el pueblo sometido a los partido políticos, a los grupos de intereses económicos o a una particularidad determinada", *op. cit,* p. 11.

20 Véanse los comentarios sobre ello en Allan R. Brewer-Carías *et al*, *Ley Orgánica del Poder Público Municipal*, Caracas, Editorial Jurídica Venezolana, 2007, pp. 75 y ss.

de elección alguna, sino que nacen de la condición de los grupos humanos organizados como base de la población."

Por otra parte, no era posible concebir un esquema de supuesta participación protagónica del pueblo si solo es para la construcción del socialismo, como se proponía en las "bases programáticas" decretadas en 2017 para la elección inconstitucional de la Asamblea Constituyente en 2017. Ello es lo contrario a lo previsto en el artículo 62 de la Constitución de 1999, que habla del derecho "de *participar libremente* en los asuntos públicos, directamente o por medio de sus representantes elegidos o elegidas," refiriéndose a "la participación del pueblo en la formación, ejecución y control de la gestión pública" como "el medio necesario para lograr el protagonismo que garantice su completo desarrollo, tanto individual como colectivo," a través de los mecanismos de participación enumerados en el artículo 70.

Con la rechazada reforma constitucional de 2007, que se propuso reeditar a partir de la convocatoria e instalación de la Asamblea Constituyente de 2017, dichos medios de participación política, entre los cuales están los Consejos del Poder Popular, en ningún caso podían ser "libres" pues quedaban reducidos a "la construcción del socialismo," siendo en definitiva excluyentes y discriminatorios.

Por otra parte, otro de los aspectos esenciales de la reforma constitucional rechazada de 2007 que se busca reeditar por la Asamblea Nacional Constituyente instalada en 2017, fue el referido vaciamiento total de la forma de organización federal del Estado, con la eliminación de la previsión constitucional que garantiza la autonomía de los Estados y Municipios.

En un Estado centralizado del Poder Popular como el propuesto en 2007 y que se quería reeditar por la Asamblea Constituyente de 2017, no hay posibilidad de que existan entidades políticas territoriales (Estados y Municipios), con autoridades electas mediante sufragio directo, universal y secreto. Por ello no fue más que otra falacia que la presidenta del Consejo Nacional Electoral anunciara el 16 de mayo de 2017 que habría elecciones regionales de gobernadores a finales de 2017. Efectivamente se realizaron, pero electa la Asamblea Constituyente, quedó eliminada la autonomía de los Estados, al imponerse a los gobernadores su sumisión a la Asamblea Constituyente.

Por otra parte, en cuanto a los Municipios, con la reforma de 2007, que quiso reeditar la Asamblea Constituyente instalada desde 2017, los mismos perdían su carácter de unidad política primaria en la organización nacional, como lo indica la Constitución, trasladándose esa condición a las comunas, como las células sociales del territorio, conformadas por las "comunidades," como el núcleo territorial básico e indivisible del Estado Socialista. Por lo demás, con la elección dc alcaldes decretada inconstitucionalmente por la Asamblea Constituyente para diciembre de 2017, también habría quedado eliminada la autonomía de los Municipios, al imponerse igualmente a los alcaldes su sumisión a la Asamblea Constituyente.

En definitiva, lo que se proponía la Asamblea Nacional Constituyente conforme a la base programática de constitucionalizar el Poder Popular, no era otra cosa que eliminar la distribución vertical del Poder Público entre el Poder Municipal, el Poder Estatal y el Poder Nacional (art. 136), cada uno con su grado de autonomía, sus autoridades electas mediante sufragio directo y universal, y sus respectivas competencias; y sustituirlo por un esquema centralizado de Estado Comunal, con la advertencia expresa como se concibió en 2007, de que dicho "Poder Popular no nace del sufragio ni de elección alguna, sino que nace de la condición de los grupos humanos organizados como base de la población," mediante un agregado de consejos organizados en forma piramidal y de designación de sus directivas mediante elecciones indirectas. Un anticipo de ello fue la eliminación por la Asamblea Nacional Constituyente en diciembre de 2017, de las autoridades municipales electas del nivel metropolitano del Distrito del Alto Apure y del Área Metropolitana de Caracas.[21]

En ese nuevo Estado, que seguramente algunos en la Asamblea Nacional Constituyente estaban en proceso de diseñar en la oscuridad y con todo secretismo, en definitiva se buscaba eliminar toda idea de representatividad democrática, y por tanto, a la democracia misma como régimen político, desapareciendo el pilar orgánico de las Constituciones democráticas modernas que es el de la separación de poderes, consolidándose en su lugar un Estado centralizado, conducido por un gobierno autocrático que pretende seguirse configurando como una especie de nueva "monarquía" de hecho, como las que comienzan a consolidarse en el mundo contemporáneo siguiendo el modelo cubano.[22]

El desarrollo del fracasado proyecto de reforma constitucional de Chávez de 2007, de construir en Venezuela un Estado y sociedad socialista, en sustitución del Estado democrático y social de derecho, incluso, como lo observó Anatoly Kurmanaev, había sido hasta marginado por el candidato Sr. Maduro,

---

21 Véase el comentario al decreto constituyente en Allan R. Brewer-Carías, *Usurpación Constituyente 1999, 2017. La historia se repite: una vez como farsa y la otra como tragedia,* Colección Estudios Jurídicos, N° 121, Editorial Jurídica Venezolana International, 2018.

22 Véase Allan R. Brewer-Carías, "Las nuevas "monarquías hereditarias" latinoamericanas, la democracia como disfraz y la reelección indefinida de los gobernantes. El caso de la sentencia 084 del Tribunal Constitucional Plurinacional de Bolivia de 28 de Noviembre de 2017," 2 diciembre de 2017, en http://allanbrewercarias.net/site/wp-content/uploads/2017/12/180.-Brewer.doc-Sentencia-N°-84-Bolivia-y-las-nuevas-monarquias.pdf.

quien más bien "abandonó los slogan izquierdistas en favor de otros directamente clientelares: Vota por mí, y agarraras del reparto la comida," suplantando incluso en su campaña de 2018 "al Partido Socialista Unido por un movimiento político de nombre anodino: Movimiento Somos Venezuela." [23] De su análisis sobre "la tragedia de Venezuela" al terminar a su asignación periodística en Venezuela que inició en 2013, Kurmanaev, constató que "el llamado gobierno socialista ni siquiera hizo intento de proteger la atención médica y la educación, los dos supuestos pilares de su programa," concluyendo con su apreciación lapidaria de que "Esto no fue socialismo. Fue una kleptocacia, el gobierno de los ladrones (*This wasn't Socialism. It was keleptocracy – the rule of thieves*).[24]

Pero, sin embargo, bastó una cuestionada "reelección" para que en el discurso del Sr. Maduro en el acto de su "juramentación" anticipada como presidente "reelecto" ante la Asamblea Nacional Constituyente el día 24 de mayo de 2018, después de reconocer que "hace falta una rectificación profunda, hay que hacer las cosas de nuevo y mejor. No estamos haciendo las cosas bien y tenemos que cambiar este país,"[25] hubiera procedido a anunciar el curso que se proponía tomar hacia el futuro, para "rectificar" – lo que nunca logró, al haber entrado en un laberinto del cual el régimen no saldrá jamás –, indicando que

---

23 Véase Anatoly Kurmanaev, "The Tragedy of Venezuela. A Country Ruled by Thives," en *The Wall Street Journal*, New York 26-27 de mayo de 2018, p. C2.

24 *Idem.*

25 Véase "Maduro juró como presidente ante la Constituyente, en un acto inesperado," en *Noticias Caracol*, 24 de mayo de 2018, en https://noticias.caracoltv.com/mundo/maduro-juro-como-presidente-ante-la-constituyente-en-un-acto-inesperado-ie11269.

"Venezuela ha vuelto a ratificar su rumbo: el socialismo," habiendo hecho un llamado, según reseñó la prensa, para:

> "poner en marcha las cinco dimensiones del socialismo propuestas por el presidente Chávez aplicadas como fórmulas de planificación: Ética, moral, espiritual; Política, ideológica, institucional; Social; Económica; Territorial.

> Estoy más comprometido que nunca con nuestro pueblo. Han elegido ustedes un presidente para construir el socialismo; para solucionar los problemas; para el diálogo y la pacificación; que es pueblo, que es pueblo de verdad. Un presidente pueblo", finalizó."[26]

Como lo analizó Daniel Zovatto en su artículo "Venezuela: qué sigue después de la farsa electoral," publicado el 18 de mayo de 2018, en la víspera de la "reelección" presidencial:

> "A partir del lunes 21 de mayo, la crisis venezolana entra en una nueva etapa. Maduro será, para amplios sectores de la sociedad venezolana y de la comunidad internacional, un presidente carente de toda legitimidad democrática de origen.

> Veo muy complejo su nuevo período. Según Datanálisis, el 66% de los encuestados considera que Maduro no tiene ni un buen plan ni un buen equipo para gobernar el país, mientras que otro 66 % opina que de ganar Maduro la situación del país empeorará.

> Pese a los importantes desafíos que el país enfrenta, no anticipo, lamentablemente, cambios positivos ni en el frente económi-

---

26 Véase "Maduro juró como presidente ante la Constituyente, en un acto inesperado," en *Noticias Caracol*, 24 de mayo de 2018, en https://noticias.caracoltv.com/mundo/maduro-juro-como-presidente-ante-la-constituyente-en-un-acto-inesperado-ie11269. Véase igualmente la reseña de Mayela Armas y Juan Forero, "Maduro Quickly Sworn In After Contested Vote," en *The New York Times*, New York, 25 de mayo de 2018, p. A7.

co ni en el político ni en el humanitario. La crisis económica va a empeorar.

El 95% de las divisas que ingresan al país dependen del petróleo, cuya producción ha caído a 1,4 millones de barriles diarios; menos de la mitad de los 3,2 millones que Venezuela producía diariamente en el 2013. Por su parte, la hiperinflación (la cual según el FMI será en el 2018 superior al 13.000 %) continuará su espiral ascendente. Lo mismo ocurrirá con los de por sí muy altos niveles de pobreza (80 %) y de desabastecimiento (de alimentos y medicinas), todo lo cual profundizará la crisis humanitaria y aumentará, aún más, la salida de venezolanos, diáspora que está a punto de generar una muy seria crisis regional.

En el frente político, y pese al anuncio efectuado por Maduro, que de ganar las elecciones haría de inmediato un llamado al diálogo y a la conformación de un gobierno de unidad, anticipo un mayor endurecimiento del autoritarismo, de la mano de la ilegítima Asamblea Nacional Constituyente, para anular a la Asamblea Nacional y concentrar la totalidad del poder político."[27]

2. *El fin de cualquier posibilidad de salir de la dictadura por vía electoral y el anuncio del rol que asumiría la Asamblea Nacional*

Ante esa perspectiva, después de la elección de la ilegítima y fraudulenta Asamblea Nacional Constituyente en 2017, de la elección bajo su control y dominio de los Gobernadores de Estado y de los Alcaldes también en 2017, y de la "reelección" de quien ejerce la Presidencia de la República en 2018, puede decirse que en el país, a pesar de que el pueblo mayoritario votó en 2007 contra el proyecto de dictadura socialista, lo que ratificó en julio de 2017 al oponerse mayoritariamente a la

---

27 Véase Daniel Zovatto, "Venezuela: qué sigue después de la farsa electoral." En *La Nación*, Buenos Aires, 18 de mayo de 2018, en https://www.nacion.com/opinion/columnistas/venezuela-que-sigue-despues-de-la-farsa-electoral/D42GI55WTFFPFNNHFQDY4GZCOY/-story/.

instalación de la Asamblea Constituyente, y en mayo de 2018 al rechazar con su abstención la elección presidencial, lo cierto es que partir del 21 de mayo de 2018; puede decirse, que ya para ese entonces se habían agotado las fórmulas electorales, democráticas y pacíficas a través de las cuales el pueblo pudiera votar efectivamente contra la dictadura, y cambiarla.[28]

Tal como lo destacó Tulio Álvarez, "pase lo que pase: no hay salida electoral," destacando, para corroborar su afirmación, los sucesivos fraudes electorales que se han sucedido en el país,[29] los cuales siempre contaron con la intervención o aval "oportuno" de la Sala Constitucional del Tribunal Supremo de Justicia, entre ellos los siguientes como lo fuimos observando y analizando en el pasado: *primero*, el "fraude inaugural" con ocasión del referendo revocatorio contra el presidente Chávez, quien luego de haber inflado el registro electoral con una masiva naturalización de indocumentados, ya pesar

---

28 Por ejemplo, el senador Marco Rubio expresó en su cuenta Tweeter (@marcorubio), el 20 de mayo de 2018, que "Por años el régimen de #Maduro ha utilizado la promesa de elecciones para dividir y confundir. Ahora ya no queda duda que no hay una salida electoral mientras que el régimen esté en el poder." Véase en El Impulso, 20 de mayo de 2018, en http://www.elimpulso.com/featured/marco-rubio-ahora-no-queda-duda-que-no-hay-salida-electoral-en-venezuela-20may. En esta apreciación coincide Anatoly Kurmanaev, al indicar que para "la mayoría de los venezolanos comunes quienes conozco, la victoria preordenada del Sr. Maduro del último fin de semana borró la última tenue luz de esperanza de que sus vidas podían mejorar por medios democráticos y pacíficos. Lo que queda es el exilio o mayor miseria." Véase Anatoly Kurmanaev, "The Tragedy of Venezuela. A Country Ruled by Thives," en *The wall Street Journal*, New York 26-27 de mayo de 2018, p. C2.

29 Véase Tulio Álvarez, "Pase lo que pase: No hay salida electoral," en *TalCual*, 22 de mayo de 2018, en http://talcualdigital.com/index.php/2018/05/22/pase-lo-pase-no-salida-electoral-tulio-alvarez/.

de ello haber quedado revocado en su mandato, fue sin embargo "ratificado" en su cargo luego de que la Sala Constitucional y el Consejo Nacional Electoral lo convirtieran el referendo revocatorio en un "referendo ratificatorio;"[30] *segundo*, el fraude electoral en la sucesión presidencial a raíz del fallecimiento de Chávez en 2012, con la elección de Nicolás Maduro, sin separarse del cargo de vicepresidente y con una mínima mayoría no creíble;[31] *tercero*, la "suspensión" de la proclamación de dos diputados electos a la Asamblea Nacional por el Estado Bolívar para quitare a la oposición la mayoría calificada de votos;[32] *cuarto*, la injusta condena de Leopoldo López, uno de

---

30 Véase Allan R. Brewer-Carías, "La Sala Constitucional vs. el derecho ciudadano a la revocatoria de mandatos populares: de cómo un referendo revocatorio fue inconstitucionalmente convertido en un "referendo ratificatorio," en *crónica sobre la "in" justicia constitucional. la sala constitucional y el autoritarismo en Venezuela*, Colección Instituto de Derecho Público, Universidad Central de Venezuela, N° 2, Caracas 2007, pp. 349-378.

31 Véase el comentario en Allan R. Brewer-Carías, *El golpe a la democracia dado por la Sala Constitucional (De cómo la Sala Constitucional del Tribunal Supremo de Justicia de Venezuela impuso un gobierno sin legitimidad democrática, revocó mandatos populares de diputada y alcaldes, impidió el derecho a ser electo, restringió el derecho a manifestar, y eliminó el derecho a la participación política, todo en contra de la Constitución)*, Colección Estudios Políticos N° 8, Editorial Jurídica venezolana, Caracas 2014, 354 pp.; segunda edición, (Con prólogo de Francisco Fernández Segado), 2015; y en "Crónica sobre las vicisitudes de la impugnación de la elección presidencial de 14 de abril de 2013 ante la Sala Electoral, el avocamiento de las causas por la Sala Constitucional, y la ilegítima declaratoria de la legitimidad de la elección de Nicolás Maduro mediante una Nota de prensa del Tribunal Supremo," en Asdrúbal Aguiar (Compilador), *El Golpe de Enero en Venezuela (Documentos y testimonios para la historia)*, Editorial Jurídica Venezolana, Caracas , 2013. pp. 297-314.

32 Véase Allan R. Brewer-Carías, "El irresponsable intento de "golpe judicial" electoral, y la necesaria revocación inmediata de la inconsti-

los principales líderes de la oposición, mediante una sentencia amañada como lo reconocieron los Fiscales que lo acusaron,[33] quien además había sido inhabilitado políticamente por la Contraloría General de la República desde 2012;[34] *quinto*, el desconocimiento de lo decidido en la asamblea de ciudadanos el 16 de julio de 2017, en contra de la convocatoria de una Asamblea Constituyente, respaldado por más de 7.5 millones de votos;[35] *sexto*, la inconstitucional y fraudulenta elección de la Asamblea Nacional Constituyente el 30 de julio de 2018, donde hubo una muy escasa participación electoral que contrastó con la infladas cifras presentada por el Consejo Nacional

tucional "designación" de los magistrados de la Sala Electoral efectuada por la Asamblea moribunda, 4 de enero de 2016, en: http://www.allanbrewercarias.com/Content/449725d9-f1cb-474b-8ab2-41efba849fea3/Content/LA%20IRRESPONSABILIDAD%20-EN%20EL%20GOLPE%20JUDICIAL%20ELECTORAL%20Y%20LA%20REVOCACI%C3%93N%20DE%20LOS%20JUECES%2004-01-2016.pdf.

33 Véase Allan R. Brewer-Carías, "La condena contra Leopoldo López por el "delito de opinión". O de como los jueces del horror están obligando al pueblo a la rebelión popular," en *Revista de Derecho Público,* Nº 143-144, (julio- diciembre 2015, Editorial Jurídica Venezolana, Caracas 2015, pp. 438-459.

34 Véase Allan R. Brewer-Carías, "El derecho político de los ciudadanos a ser electos para cargos de representación popular y el alcance de su exclusión judicial en un régimen democrático (O de cómo la Contraloría General de la República de Venezuela incurre en inconstitucionalidad e inconvencionalidad al imponer sanciones administrativas de inhabilitación política a los ciudadanos), en *Revista Elementos de Juicio*, Año V, Tomo 17, Bogotá 2012, pp. 65-104.

35 Véase Allan R. Brewer-Carías, "La consulta del 16 de julio debe verse como una expresión de rebelión popular y de desobediencia civil en ejercicio del derecho ciudadano a la participación política," 10 de julio de 2017, en http://allanbrewercarias.net/site/wp-content/uploads/2017/07/167.-doc.-Consulta-16-de-julio-y-rebeli%C3%B3n-popular..pdf.

Electoral (más de 8 millones de votos), luego de la denuncia de fraude hecha por la propia empresa encargada de los cómputos electorales;[36] *séptimo*, las elecciones de gobernadores realizadas el 15 de octubre de 2017, con resultados no creíbles, sometidas a los designios de la Asamblea Constituyente, al punto de ser anulada la elección de gobernadores que no se sometieron a la voluntad de la Asamblea;[37] *octavo*, la realización también tardíamente, en diciembre de 2018, de las elecciones de Alcaldes, en la cual no participaron los principales partidos políticos de oposición, por lo que fueron "sancionados" por el Consejo Nacional Electoral, con el resultado de que no pudieron renovar su inscripción, quedando excluidos de poder participar en cualquier elección; [38] y *noveno*, la inhabilitación de Henrique Capriles y otros de los principales líderes de la oposición por la Contraloría General de la República, por motivos fútiles;[39] a lo que había que agregar la

---

36 Véase Allan R. Brewer-Carías, *La inconstitucional convocatoria de una Asamblea Nacional Constituyente en mayo de 2017. Un nuevo fraude a la Constitución y a la voluntad popular,* Colección Textos Legislativos, N° 56, Editorial Jurídica Venezolana, Caracas 2017.

37 Véase Allan R. Brewer-Carías, "Crónica constitucional de un gran fraude y de una gran burla: las elecciones de gobernadores, el "dilema diabólico" que la oposición no supo resolver unida ni por unanimidad, y la humillante subordinación ante la fraudulenta Asamblea Constituyente," 24 octubre 2017, en http://allanbrewercarias.net/-site/wp-content/uploads/2017/10/179.-doc.-Brewer.-Cr%C3%B3nica-constitucional-de-Gran-Fraude-y-Gran-Burla.-elecci%C3%B3n-Gobernad..-24-10-2017.pdf.

38 Véase el comentario sobre estas acciones en Allan R. Brewer-Carías, *Usurpación Constituyente 1999, 2017. La historia se repite: una vez como farsa y la otra como tragedia,* Colección Estudios Jurídicos, N° 121, Editorial Jurídica Venezolana International, 2018.

39 Véase Allan R. Brewer-Carías, "La inconstitucional inhabilitación política y revocación de su mandato popular, impuestos al gobernador

persecución contra otros líderes de la oposición como María Corina Machado y Antonio Ledezma, que fueron sometidos a procesos judiciales injustos. Y todo ello, culminando con la "reelección" presidencial del 20 de mayo de 2018, que nadie materialmente reconoció.

Quedaba por tanto en el ámbito interno, el ejercicio del derecho ciudadano a la resistencia a cumplir y acatar leyes que son ilegítimas, inconstitucionales e injustas, y a obedecer a autoridades ilegítimas y que, además, desconocen los principios o valores de la democracia y violan los derechos humanos.[40] Ello, además, más que un derecho ciudadano constituye un deber que se consagra expresamente en el artículo 350 de la Constitución, que establece que:

> "El pueblo de Venezuela, fiel a su tradición republicana, a su lucha por la independencia, la paz y la libertad, *desconocerá* cualquier régimen, legislación o autoridad que contraríe los valores principios y garantías democráticos o menoscabe los derechos humanos."

Esta norma consagra constitucionalmente lo que la filosofía política moderna ha calificado como desobediencia civil, que es una de las formas como se manifiesta el derecho de resis-

---

del Estado Miranda Henrique Capriles Radonski, por un funcionario incompetente e irresponsable, actuando además con toda arbitrariedad," en *Revista de Derecho Público,* N° 149-150, (enero-junio 2017), Editorial Jurídica Venezolana, Caracas 2017, pp. 326-337.

40 Como lo expresó Antonio Sánchez García, "Llegamos al llegadero. No nos quedan sino dos caminos hacia la libertad: la intervención humanitaria o la rebelión civil. O, en el mejor de los casos, una sabia combinación de ambos vectores." Véase Antonio Sánchez García, "Sin máscaras ante el abismo," en *El Nacional*, 27 de mayo de 2018, en http://www.el-nacional.com/noticias/columnista/sin-mascaras-ante-abismo_237137

tencia, cuyo origen histórico está en el derecho a la insurrección, que tuvo su fuente en la teoría política difundida por John Locke;[41] el cual se complementa con el derecho a la rebelión contra los gobiernos de hecho, consagrado en el artículo 333 de la misma Constitución que establece el deber de "todo ciudadano investido o no de autoridad, de colaborar en el restablecimiento de la efectiva vigencia de la Constitución," si la misma perdiera "su vigencia o dejare de observarse por acto de fuerza o porque fuere derogada por cualquier otro medio distinto al previsto en ella."[42]

Es el único caso en el cual una Constitución pacifista como la de 1999, admite que pueda haber un acto de fuerza para reaccionar contra un régimen que de hecho haya irrumpido contra la Constitución, o cuando dicho régimen ha materialmente derogado la misma sin seguir los procedimientos previstos en ella, como ha ocurrido en Venezuela, donde como hemos dicho, carecemos de Constitución. [43]

---

41 Véase John Locke, *Two Treatises of Government* (ed. P. Laslett), Cambridge 1967, p. 211. Además, tiene su antecedente constitucional remoto en la Constitución Francesa de 1793 en el último de los artículos de la Declaración de los Derechos del Hombre y del Ciudadano que la precedía, en el cual se estableció que: *"Art. 35. Cuando el gobierno viole los derechos del pueblo, la insurrección es, para el pueblo y para cada porción del pueblo, el más sagrado de los derechos y el más indispensable de los deberes."*

42 Véase sobre el tema de la desobediencia civil, Allan R. Brewer-Carías, "El derecho a la desobediencia y a la resistencia contra la opresión, a la luz de la *Declaración de Santiago"* en Carlos Villán Durán y Carmelo Faleh Pérez (directores), *El derecho humano a la paz: de la teoría a la práctica,* CIDEAL/AEDIDH, Madrid 2013, pp. 167-189.

43

                              ," en

    o, N° 123, Editorial Jurídica Venezolana, Caracas 2010, pp.

En todo caso, frente a leyes inconstitucionales, ilegítimas e injustas dictadas por los órganos del Poder Público, o frente a gobiernos que usurpan el poder, en realidad, no estamos en presencia de este deber-derecho a la rebelión, sino del derecho a la resistencia y, particularmente, del derecho a la desobediencia civil, que tiene que colocarse en la balanza de la conducta ciudadana junto con el deber constitucional de la obediencia a las leyes.

En ese marco, y al no cumplir la "reelección" presidencial del 20 de mayo de 2018, con los estándares nacionales propios de un proceso democrático, libre, justo y trasparente, la Asamblea Nacional, mediante un importante *Acuerdo* adoptado el día 22 de mayo de 2018, denunció el proceso electoral del 20 de mayo de 2018, como una "farsa" que:

> "incumplió todas las garantías electorales reconocidas en Tratados y Acuerdos de Derechos Humanos, así como en la Constitución de la República Bolivariana de Venezuela y la Ley Orgánica de Procesos Electorales, tomando en cuenta la ausencia efectiva del Estado de Derecho; la parcialidad del árbitro electoral; la violación de las garantías efectivas para el ejercicio del derecho al sufragio y para el ejercicio del derecho a optar a cargos de elección popular; la inexistencia de controles efectivos en contra de los actos de corrupción electoral perpetrados por el Gobierno; la sistemática violación a la libertad de expresión, aunada a la parcialidad de los medios de comunicación social controlados por el Gobierno, y la ausencia de mecanismos efectivos y transparentes de observación electoral."

17-43. Véase igualmente lo indicado por la ONG *Acceso a la Justicia*, "Entierro de la Carta Magna den Venezuela," en *la patilla.com*, 25 de mayo de 2018, en https://www.lapatilla.com/site/2018/-05/25/analisis-el-entierro-de-la-carta-magna-en-venezuela/.

Por ello, además de otras razones, considerando también que la mayoritaria abstención en el proceso se habría configurado como una "decisión del pueblo de Venezuela, quien en defensa de nuestra Constitución y bajo el amparo de los artículos 333 y 350 que la misma consagra, decidió rechazar, desconocer y no convalidar la farsa convocada para el 20 de mayo, a pesar de la presión gubernamental a través de los medios de control social," la Asamblea acordó:

"1. *Declarar como inexistente* la farsa realizada el 20 de mayo de 2018, al haberse realizado completamente al margen de lo dispuesto en Tratados de Derechos Humanos, la Constitución y las Leyes de la República.

2. *Desconocer los supuestos resultados* anunciados por el Consejo Nacional Electoral y en especial, la supuesta elección de Nicolás Maduro Moros como presidente de la República, quien debe ser considerado como un usurpador del cargo de la Presidencia de la República.

3. *Desconocer cualesquiera acto*s írritos e ilegítimos de proclamación y juramentación en virtud de los cuales se pretenda investir constitucionalmente al ciudadano Nicolás Maduro Moros como supuesto presidente de la República Bolivariana de Venezuela para el período 2019- 2025." [44]

Esta declaración, como lo expresamos en mayo de 2018, no podía ser apreciada de otra forma que no fuera una clara y decidida manifestación de desobediencia civil, de resistencia ante

---

44 Véase el texto del Acuerdo en http://www.asambleanacional.gob.ve/-actos/_acuerdo-reiterando-el-desconocimiento-de-la-farsa-realizada-el-20-de-mayo-de-2018-para-la-supuesta-eleccion-del-presidente-de-la-republica. Igualmente en la reseña "Asamblea Nacional desconoce resultados del 20M y declara a Maduro "usurpador," en *NTN24*, 22 de mayo de 2018, en http://www.ntn24.com/america-latina/la-tarde/venezuela/asamblea-nacional-desconoce-resultados-del-20m-y-declara-nicolas.

la ilegitimidad, que desconoció una elección considerada fraudulenta, la declaró inexistente, y desconoció la proclamación y juramentación subsiguiente.

En todo caso, el rechazo contra Maduro, ante la farsa y el fraude electoral cometido,[45] y con miras al rescate de la democracia en el país, en el Acuerdo antes mencionado emitido por la Asamblea Nacional, el 22 de mayo de 2018, la misma decidió:

> "6. Reiterar el exhorto a la Fuerza Armada Nacional para que cumpla y haga cumplir la Constitución y se le devuelva la soberanía al pueblo venezolano."[46]

---

45 Véase el detalle de los motivos por los cuales la elección del 20 de mayo constituyó un fraude electoral, en la declaración del Bloque Constitucional del 22 de mayo de 2018, en la cual concluyeron expresando que "Venezuela se encuentra en una situación de vacío de poder, pues no existe un titular legítimo en el cargo de presidente de la República," en *noticierodigital.com*, 22 de mayo de 2018, en http://noticierodigital.com/forum/viewtopic.php?f=1&t=100757.

46 Véase el texto del Acuerdo en http://www.asambleanacional.gob.ve/-actos/_acuerdo-reiterando-el-desconocimiento-de-la-farsa-realizada-el-20-de-mayo-de-2018-para-la-supuesta-eleccion-del-presidente-de-la-republica. Sobre ese mismo exhorto, el 30 de abril de 1018, el Sr. Juan Cruz, *Senior Director* de la Casa Blanca para América Latina, hizo un llamado "a cada ciudadano a cumplir con sus deberes establecidas en esta Constitución y urgimos a los militares a respetar el juramento que hicieron de cumplir con sus funciones. Cumplan su juramento" (*We call on every citizen to fulfill their duties outlined in this constitution and urge the military to respect the oath they took to perform their functions. Honor your oath,"*). Véase en David Adams, "Top Trump official denounces "Madman Maduro", calls on Venezuelans to disobey regime," en univisionnews, 30 de abril de 018, en https://www.univision.com/univision-news/latin-america/top-trump-official-denounces-madman-maduro-calls-on-venezuelans-to-disobey-regime. Véase sobre estas declaraciones, los comentarios de Jon Lee Anderson, "How long can Nicolás Maduro hang on to power in Venezuela?," en *The New Yorker*, 22 de mayo de 2018, en

En el Acuerdo también se hizo mención a la Declaración del Grupo de Lima, a la cual siguieron declaraciones de igual valor internacional emanadas de más de 44 gobiernos de muchos Estados en el resto de América y Europa, rechazando la legitimidad de la elección.[47]

En efecto, sin duda, otra de las situaciones que puede contribuir a reaccionar contra el régimen dictatorial, ya que como lo expresó Margarita López Maya, "no pareciera ya que los venezolanos solos podemos derrocar semejante régimen,"[48] fue la presión internacional, la cual se comenzó a manifestar el mismo día 21 de mayo de 2018, en la importante declaración de dicho *Grupo de Lima*, en la cual los gobiernos de Argentina, Brasil, Canadá, Chile, Colombia, Costa Rica, Guatemala, Guyana, Honduras, México, Panamá, Paraguay, Perú y Santa Lucía, acordaron ejercer presión diplomática sobre el régimen, ratificando su voluntad "de contribuir a preservar las atribuciones de la Asamblea Nacional," expresando, entre otras cosas, que:

"No reconocen la legitimidad del proceso electoral desarrollado en la República Bolivariana de Venezuela que concluyó el pasado 20 de mayo, por no cumplir con los estándares internacionales de un proceso democrático, libre, justo y transparente."[49]

---

https://www.newyorker.com/news/news-desk/how-long-can-nicolas-maduro-hang-on-to-power-in-venezuela.

47 Véase en general la reseña "Repudio a Maduro. La comunidad internacional rechaza la reelección del mandatario venezolano," en *El País,* Editorial, 21 de mayo de 018, en https://elpais.com/elpais/2018/05/21/opinion/1526916038_130681.html.

48 Véase Margarita López Maya, ¿"Qué esperar luego del 20M?" en *Prodavinci*, 25 de mayo de 2018, en https://prodavinci.com/que-esperar-luego-del-20m-b/?platform=hootsuite.

49 Véase la información en *Politico.mx*, 21 de mayo de 2018, en https://politico.mx/minuta-politica/minuta-politica-gobierno-

Destaco también la posición de los Estados Unidos, cuyo Secretario de Estado declaró, sencillamente que:

"Los Estados Unidos condenan la fraudulenta elección que tuvo lugar en Venezuela el 20 de mayo. Esta llamada "elección" es un ataque al orden constitucional y una afrenta a la tradición democrática de Venezuela."[50]

Igualmente se destacó la reacción del Grupo G7, que reúne a los líderes de Alemania, Canadá, Estados Unidos, Francia, Italia, Japón y el Reino Unido, y de la Unión Europea, quienes en declaración conjunta denunciaron el desarrollo de dicha elección presidencial por "no cumplir los estándares internacionales" ni asegurar "garantías básicas," concluyendo que "las elecciones presidenciales venezolanas y su resultado, ya que no es representativo de la voluntad democrática de los ciudadanos de Venezuela."[51]

---

federal/m%C3%A9xico-y-el-grupo-lima-no-reconocen-elecci%C3%B3n-en-venezuela/ El Vice presidente de Estados Unidos Mike Pence a través de su cuenta oficial en Twitter @VP, luego de calificar de "farsa" el proceso electoral del 2° de mayo precisó que: "Estados Unidos se levanta en contra de la dictadura y a favor del pueblo venezolano que pide elecciones justas y libres."Véase en *93.1CostadelSol*, 21 de mayo de 2018, en http://www.costadel-solfm.net/2018/05/21/mike-pence-estados-unidos-se-levanta-contra-la-dictadura-vienen-mas-acciones-contra-el-gobierno-de-venezuela/.

50 Véase la declaración de Mike Pompeo: "The United States condemns the fraudulent election that took place in Venezuela on May 20. This so-called "election" is an attack on constitutional order and an affront to Venezuela's tradition of democracy," en "An Unfair, Unfree Vote in Venezuela," *Press Statement, Secretary of State*, Washington, DC., May 21, 2018, en https://www.state.gov/secretary/remarks/2018/05/-282303.htm.

51 Véase "G7 Leaders' Statement on Venezuela," en la página oficial del primer ministro de Canadá, Justin Trudeau, 23 de mayo de 2018, en https://pm.gc.ca/eng/news/2018/05/23/g7-leaders-statement-

En contraste ante la reacción mayoritaria de la Comunidad internacional, se destacó, sin embargo, el pronto reconocimiento de la "legitimidad" del proceso electoral del 20 de mayo, solo por parte de los gobiernos de China, Rusia, Cuba, Irán, Turquía, Siria, Nicaragua, El Salvador y Bolivia.[52]

El reelecto presidente, sin embargo, y a pesar de esos escuálidos reconocimientos internacionales, como bien lo observó Michael Penfold, dentro y fuera del país, quedó como un "presidente sin mandato," producto de la decisión del pueblo, incluyendo la "maquinaria chavista" de abstenerse de votar, con lo cual se "redujo su votación en prácticamente 2 millones de votos, comparado con su cuestionado triunfo en 2013 y un nivel de participación que ha sido el más bajo comparado con

---

venezuela. Véase además, en la reseña "El G7 denunció las elecciones en Venezuela por "no cumplir los estándares internacionales" ni asegurar "garantías básicas," en *infobae*, 23 de mayo de 2018, en https://www.infobae.com/america/venezuela/2018/05/23/el-g7-denuncio-las-elecciones-en-venezuela-por-no-cumplir-los-estandares-internacionales-ni-asegurar-garantias-basicas/. Véase igualmente la información en "G7 and European Union unite to reject recent election in Venezuela," en *north shore news,* The Canadian Press, 23 de mayo de 2018, en http://www.nsnews.com/news/national/g7-and-european-union-unite-to-reject-recent-election-in-venezuela-1.23310884.

52 Véase las reseñas "China y Rusia piden respeto a resultados electorales en Venezuela," en *HispanTV*, 21 de mayo de 2018, en https://www.hispantv.com/noticias/venezuela/377723/china-rusia-respeto-resultados-elecciones-maduro ; "Cuba y Rusia felicitan a Nicolás Maduro por su victoria en Venezuela," en El Economista, 21 de mayo de 2018, en https://www.eleconomista.com.mx/internacionales/Cubafelicita-a-Nicolas-Maduro-por-su-reeleccion-en-Venezuela-20180521-0056.html; "Maduro agradece el apoyo de Rusia, China e Irán a su reelección," 22 de mayo de 2018, en https://www.hispantv.com/noticias/venezuela/377791/maduro-eleccion-rusia-china-iran-nicaragua-bolivia.

cualquiera de las contiendas presidenciales de las últimas décadas."

Por eso Penfold concluyó afirmando con razón, que "si el objetivo era, frente a la presión internacional, ganar legitimidad en el plano nacional producto de una votación masiva, esta posibilidad quedó totalmente abortada frente a los resultados de las votaciones."[53]

En todo caso, en esta precaria situación o laberinto en la cual el régimen ya se encontró en mayo de 2018, como el supuesto mandato que habría obtenido Maduro en 2013 habría sido para el período 2013-2019 que se vencía en enero de 2019, siendo la supuesta "elección" del 20 de mayo para el período 2019-2025, con el propósito de comenzar de inmediato, es decir, en forma anticipada, el supuesto nuevo mandato producto de la "reelección," el día 22 de mayo, en medio de absoluto sigilo, el Sr. Maduro presentó ante la Sala Constitucional del Tribunal Supremo de Justicia un recurso de interpretación constitucional (se presumía que era del artículo 231 de la Constitución),[54] para definir, según lo informó la prensa el día 24 de mayo de 2018, ese mismo día:

---

53 Véase Michael Penfold, "Un presidente sin mandato," en *Prodavinci*, 22 de mayo de 2018, en https://prodavinci.com/un-presidente-sin-mandato/?platform=hootsuitepr

54 Así lo informó oficialmente el Tribunal Supremo de Justicia el 22 de mayo de 2018, sin especificar de cuál artículo de la Constitución se trataba. Véase la información en: "Maduro introdujo un recurso de interpretación ante la Sala Constitucional del TSJ," en NTN24, 22 de mayo de 2018, en http://www.ntn24.com/america-latina/el-informativo-ntn24/venezuela/maduro-introdujo-recurso-de-interpretacion-ante-sala; y en la reseña: "El extraño movimiento de Maduro ante el TSJ," en *Noticiasvenezuela*, 23 de mayo de 2018, en https://noticiasvenezuela.org/2018/05/23/el-extrano-movimiento-de-maduro-ante-el-tsj/amp/?__twitter_impression=true.

"el 24 de mayo si el presidente electo debe esperar hasta el 10 de enero de 2019 para su toma de posesión como está establecido en la Constitución o se adelanta su juramentación."

Y por supuesto, quizás también para determinar que, en tal supuesto, la "juramentación" que conforme a la Constitución tenía que ocurrir ante la Asamblea Nacional, tuviera lugar ante la Asamblea Nacional Constituyente y no ante la Asamblea Nacional. La noticia de prensa en la mañana del mismo día, además, ya anunciaba qué era lo que iba a resolverse al poco tiempo, al informar que:

"La sesión [del Tribunal] está prevista a las 11:00 hora local (15:00 GMT) y una hora más tarde el jefe de Estado está convocado a una sesión especial en la Asamblea Nacional Constituyente; a ambos eventos fue invitada la prensa nacional e internacional."[55]

O sea, aparentemente se habría tratado de un proceso judicial de interpretación constitucional exprés, tramitado con todo sigilo,[56] pero con un resultado previamente anunciado que se produjo en cuestión de horas. Y así fue como ocurrió, de manera que aun sin tenerse noticias de que se hubiese dictado alguna sentencia, efectivamente, Nicolás Maduro se juramentó el 24 de mayo de 2018 ante la Asamblea Nacional Constituyente, pero con la salvedad según lo indicó la Presidenta de la

---

55 Véase la reseña "El Suprema venezolano decide si adelanta juramentación de Maduro," en *sutniknews*, 24 de mayo de 2018, en https://mundo.sputniknews.com/politica/201805241078973890-justicia-venezolana-decide-toma-adelantada-de-posesion-de-maduro/

56 En el curso de la tarde de ese mismo día 24 de mayo de 2018, Ramón Escobar León indicó en su tweet: @rescobar: "La justicia en Venezuela no es clandestina y los procesos son públicos. No se justifica mantener el recurso de "interpretación" propuesto por Maduro ante la Sala Constitucional bajo reserva. Los ciudadanos tienen derecho a conocerlo y presentar los alegatos que consideren."

misma al leer un "decreto constituyente" emitido al efecto, que se trataba de una especie de "juramentación anticipada" de manera que "tomará posesión del cargo el próximo 10 de enero de 2019."[57]

Sobre ello, José Ignacio Hernández, el mismo día 24 de mayo de 2018 observó que, en definitiva, dicho:

"acto político realizado por la ANC demuestra que todo el proceso de las elecciones presidenciales forma parte de un fraude continuado, es decir, de un conjunto de decisiones concatenadas entre sí que pretenden tener apariencia de un proceso electoral pero que, en el fondo, no son más que actuaciones políticas orientadas a violentar la Constitución y muy en especial, los derechos políticos de los venezolanos."[58]

En definitiva, como lo resumieron acertadamente Daniel Lozano y Diego Santander en su reseña sobre los hechos en el diario *El Mundo* de Madrid:

---

57 Véase las reseñas: "Maduro juró como presidente ante la Constituyente, en un acto inesperado," en *Noticias Caracol*, 24 de mayo de 2018, en https://noticias.caracoltv.com/mundo/maduro-juro-como-presidente-ante-la-constituyente-en-un-acto-inesperado-ie11269; y "Otra maniobra del dictador Nicolás Maduro: juró como presidente ante la Asamblea Constituyente y no frente al Parlamento. El mandatario reelegido en las polémicas elecciones del pasado domingo interpuso un recurso ante el Tribunal Supremo de Justicia y tomó posesión para el nuevo período de gobierno," en *infobae.com*, 24 de mayo de 2018, en https://www.infobae.com/america/venezuela/2018/05/24/el-dictador-nicolas-maduro-jurara-este-jueves-como-presidente-reelecto-de-venezuela-ante-la-asamblea-constituyente/.

58 Véase José Ignacio Hernández, "¿Qué fue lo que pasó con la "juramentación" de Nicolás Maduro ante la ANC?," en *Prodavinci*, 24 de mayo de 2018, en https://prodavinci.com/que-fue-lo-que-paso-con-la-juramentacion-de-nicolas-maduro-ante-la-anc/.

"Recapitulando: *un enredo inconstitucional en un escenario ilegítimo*, ya que es en el Parlamento donde según la Constitución debería juramentarse el presidente y no la Asamblea Constituyente, un órgano impuesto para redactar la nueva Constitución pero que ejerce como una mezcla del Comité de Salud Pública de la Revolución Francesa y de la Asamblea cubana del Poder Popular. "Un poder magnífico," como reconoció el propio presidente."[59]

Y en cuanto al "recurso de interpretación constitucional" publicitado por el Tribunal Supremo como presentado por Nicolás Maduro, para presumiblemente intentar darle algún presunto "orden" al enredo institucional, en la página web del Tribunal Supremo de Justicia consultada el día 25 de mayo de 2018, nada se había incluido sobre el mismo, por lo que había que presumir que no se dictó sentencia antes de la juramentación anticipada de Maduro ante la Asamblea Nacional Constituyente. Como supuestamente la misma era todopoderosa, omnipotente, soberana y omnipresente y, además en ejercicio de un supuesto "poder magnífico," es posible que le hayan dicho al Sr. Maduro que su recurso de interpretación constitucional no habría sido un ejercicio inútil.

New York, 27 de mayo de 2018

---

59 Véase Daniel Lozano y Diego Santander, "Nicolás Maduro jura como presidente ante la Asamblea Constituyente oficialista," en *El Mundo*, 24 de mayo de 2018, en http://www.elmundo.es/internacional/2018/05/24/5b06ff2946163f39148b45d0.html.

III

EL RÉGIMEN DICTATORIAL DENTRO DE SU PROPIO LABERINTO, Y LA ASAMBLEA NACIONAL AL RESCATE DE LA DEMOCRACIA A PARTIR DE ENERO DE 2019 [*]

1. *El laberinto político que se construyó el régimen con la inconstitucional e ilegítima "reelección" presidencial de mayo de 2018*

Desde mayo de 2018, puede decirse que la suerte del régimen en Venezuela estaba definida, nacional e internacionalmente, en el sentido de que desconocida como fue la "reelección" de Nicolás Maduro efectuada el 20 de mayo de 2018, la consecuencia era que no se reconocería que pudiera pretender

---

[*] Texto de la Presentación con el mismo título, formulada en la Asamblea Ciudadana: Desafíos y oportunidades de una transición democrática en Venezuela, Fordham University at Lincoln Center, School of Law, Constantino Room, RM 2-02, New York, NY, 2 de febrero de 2019. Véase en http://allanbrewercarias.com/wp-content/uploads/-2019/02/188.-Brewer.-El-r%C3%A9gimen-en-su-laberinto-y-la-AN-al-rescate-de-la-democracia-enero-2019-7.pdf. Este estudio se incluyó en el libro: Allan R. Brewer-Carías, *Cónica Constitucional de una Venezuela en las Tinieblas*, Ediciones Olejnik, Santiago, Buenos Aires, Madrid, 2019.

juramentarse como presidente de la República el 10 de enero de 2019 para un nuevo período constitucional 2019-2025, cuando terminara el período constitucional 2013-2019. Ya estaba anunciado: nadie reconocería la juramentación que se pudiera realizar el 10 de enero de 2019, como nadie había reconocido la "elección" efectuada en mayo de 2018. Al haberla efectuado, el régimen se construyó su propio laberinto y a él entró a ciegas.

En efecto, debe recordarse que dicha "reelección" presidencial se hizo mediante convocatoria por parte de la fraudulenta e inconstitucional Asamblea Nacional Constituyente, no cumpliendo la misma con los estándares nacionales e internacionales propios de un proceso democrático, libre, justo y trasparente; razón por la cual la Asamblea Nacional, mediante Acuerdo adoptado el día 22 de mayo de 2018, ya desde entonces denunció dicho proceso electoral del 20 de mayo de 2018, como una "farsa," indicando que:

> "incumplió todas las garantías electorales reconocidas en Tratados y Acuerdos de Derechos Humanos, así como en la Constitución de la República Bolivariana de Venezuela y la Ley Orgánica de Procesos Electorales, tomando en cuenta la ausencia efectiva del Estado de Derecho; la parcialidad del árbitro electoral; la violación de las garantías efectivas para el ejercicio del derecho al sufragio y para el ejercicio del derecho a optar a cargos de elección popular; la inexistencia de controles efectivos en contra de los actos de corrupción electoral perpetrados por el Gobierno; la sistemática violación a la libertad de expresión, aunada a la parcialidad de los medios de comunicación social controlados por el Gobierno, y la ausencia de mecanismos efectivos y transparentes de observación electoral."

Por ello, además de otras razones, considerando también que la mayoritaria abstención en el proceso se habría configurado como una:

"decisión del pueblo de Venezuela, quien en defensa de nuestra Constitución y bajo el amparo de los artículos 333 y 350 que la misma consagra, decidió rechazar, desconocer y no convalidar la farsa convocada para el 20 de mayo, a pesar de la presión gubernamental a través de los medios de control social,"

la Asamblea Nacional acordó:

"1. Declarar como inexistente la farsa realizada el 20 de mayo de 2018, al haberse realizado completamente al margen de lo dispuesto en Tratados de Derechos Humanos, la Constitución y las Leyes de la República.

2. Desconocer los supuestos resultados anunciados por el Consejo Nacional Electoral y en especial, la supuesta elección de Nicolás Maduro Moros como presidente de la República, quien debe ser considerado como un usurpador del cargo de la Presidencia de la República.

3. Desconocer cualesquiera actos írritos e ilegítimos de proclamación y juramentación en virtud de los cuales se pretenda investir constitucionalmente al ciudadano Nicolás Maduro Moros como supuesto presidente de la República Bolivariana de Venezuela para el período 2019- 2025." [1]

Allí estuvo, como lo observó Juan Manuel Raffalli, "la falla de origen," en el sentido de que "todo lo que está aconteciendo políticamente en el país, está vinculado el evento del 20 de mayo de 2018, el cual no ha sido aceptado dentro y fuera de

---

[1] Véase el texto del Acuerdo en http://www.asambleanacional.gob.ve/-actos/_acuerdo-reiterando-el-desconocimiento-de-la-farsa-realizada-el-20-de-mayo-de-2018-para-la-supuesta-eleccion-del-presidente-de-la-republica. Igualmente en la reseña "Asamblea Nacional desconoce resultados del 20M y declara a Maduro "usurpador," en *NTN24*, 22 de mayo de 2018, en http://www.ntn24.com/america-latina/la-tarde/venezuela/asamblea-nacional-desconoce-resultados-del-20m-y-declara-nicolas

Venezuela para dar piso político y legitimidad a un nuevo período presidencial de Nicolás Maduro." Por eso se hizo dos preguntas:

"¿Hubo elecciones el 20 de mayo? Y de ser así, ¿por qué ese evento, en lugar de legitimar a Maduro para un nuevo mandato, ha generado este ambiente de rechazo, lucha y hasta de cambio político?".

Para responderlas, Raffalli, con toda lógica, pasó a analizar los *Índices de Integridad Electoral* establecidos universalmente (oportunidad y convocatoria; participación política y sufragio pasivo; sufragio activo y registro electoral; voto en el exterior; competitividad electoral; transparencia y observación), concluyendo, con razón, que:

"El incumplimiento de estos indicadores ha derivado en una percepción generalizada de insuficiencia del evento del 20 mayo para legitimar el ejercicio de la Presidencia. De ahí que la comunidad de estados organizados, individualmente o mediante organismos multilaterales regionales, se haya pronunciado al respecto. Para citar el ejemplo más contundente, destacamos que el Alto Comisionado para los Derechos Humanos de la ONU, Zeid Ra'ad Al Hussein señaló en relación al proceso del 20 de mayo de 2018 que: "Venezuela no reúne las condiciones mínimas para unas elecciones libres y creíbles."

Igualmente, la Asamblea Nacional electa en 2015, en sendos acuerdos de mayo y noviembre de 2018, ha desconocido del evento del 20 de mayo del mismo año, calificándolo de "inexistente".

Todo lo anterior no hace sino ratificar que, en efecto, el 20 de mayo de 2018 no hubo un respeto ni siquiera razonable a los *Índices de Integridad Electoral* aplicados internacionalmente. Por ello, la sociedad ha reaccionado enérgicamente rechazando dicho evento, en lugar de aceptar pacíficamente lo que debió ser un proceso electoral normal para dar piso político y legitimidad al ciudadano que debía ejercer la Presidencia a partir del 10 de enero de 2019." [2]

Es la misma precepción que recordó la *ONG Acceso a la Justicia*, al expresar que en el proceso electoral de mayo de 2018, el Consejo Nacional Electoral lo que había hecho era allanarle el camino a Nicolás Maduro para que "compitiera prácticamente solo en las presidenciales," no habiendo habido en el mismo "competidores,' habiéndose realizado el viciado proceso con "partidos políticos y candidatos de oposición in-habilitados," y "controlado por un órgano electoral sin inde-pendencia, que permitió manipulaciones hasta de compra de votos por comida, es decir, "tan plagado de irregularidades," razón por la cual:

> "gran parte de la comunidad internacional lo desconoció, por lo que dentro y fuera del país se considera, y Acceso a la Justicia se incluye, que a partir del 10 de enero de 2019, cuando culmina el actual período del Jefe de Estado que inició en 2013, Maduro pasa a ser un presidente ilegítimo y además inconstitucional." [3]

Como igualmente lo resumió con toda precisión Ramón Escovar León:

> "la "elección" del pasado 20 de mayo estuvo viciada en sus distintas etapas; con partidos y candidatos inhabilitados, se trató de un proceso convocado por la asamblea nacional constituyente,

---

2   Véase Juan Manuel Raffalli, "20 de mayo: la falla de origen," en Prodavinci, 26 de enero de 2019, en https://prodavinci.com/20-de-mayo-la-falla-de-origen-1/.

3   Véase "Acceso a la Justicia: TSJ contribuyó con la destrucción del voto en 2018," en *La Patilla*, 7 de enero de 2019, en https://www.lapa-tilla.com/2019/01/07/acceso-a-la-justicia-tsj-contribuyo-con-la-destruc-cion-del-voto-en-2018/.

cuya legitimidad no es reconocida por las democracias occidentales, al tiempo que careció de integridad electoral. Los resultados de estas "elecciones" no fueron reconocidos ni por las democracias occidentales ni por amplios sectores nacionales."[4]

A esa falta de legitimación de origen de la "reelección" presidencial de mayo de 2018 fue a la cual se refirió la *Academia de Ciencias Políticas y Sociales* en su Comunicado de 4 de enero de 2019, al considerar que, precisamente, había sido "la ilegitimidad de la Asamblea Nacional Constituyente y de todos sus actos," así como "la inexistencia de las condiciones necesarias para la celebración de elecciones libres y justas" las que habían colocado al país ante "la situación inédita" que enfrentábamos los venezolanos en enero de 2019:

> "pues el venidero 10 de enero de 2019, fecha en la que, como manda el artículo 231 de la Constitución, ha de juramentarse al presidente de la República para el período 2019-2025, no contamos con un presidente elegido legítimamente a través de elecciones libres y justas. Por lo cual, estando previsto constitucionalmente que el candidato elegido para el cargo de presidente de la República debe tomar posesión el diez (10) de enero del primer año de su período constitucional (artículo 231), y tomado en consideración que el actual período constitucional vence el 9 de enero de 2019, y siendo que la elección celebrada el 20 de mayo de 2018, adolece de ilegitimidad e inconstitucionalidad, como ya fuera expuesto por esta Academia y las demás Academias Nacionales, esta crisis constitucional debe ser resuelta de manera democrática, constitucional y electoral."

---

4   Véase Ramón Escovar León, "La sentencia N° 1 de la Sala Constitucional, Carl Schmitt y el 10 E," en *Prodavinci*, 9 de enero de 2019, en https://prodavinci.com/la-sentencia-n-1-de-la-sala-constitucional-carl-schmitt-y-el-10-e/

Para ello, concluyó la *Academia*, "frente a esta grave situación, configurada por un conjunto de hechos totalmente inconstitucionales e ilegítimos," que había que proceder a "dar cumplimiento al deber ciudadano establecido en el artículo 333 de la Constitución" exigiendo "a los distintos Poderes Públicos respetar la Constitución," proceder "al restablecimiento pleno del orden constitucional y democrático en el país," el cual debe lograrse:

> "mediante el acatamiento de los valores, principios y normas de la Constitución, incluidas elecciones libre y justas, con un Consejo Nacional Electoral independiente e imparcial, integrado por miembros designados conforme a la Constitución; el respeto y la garantía de los derechos humanos; la legalización de los partidos políticos y la habilitación de los candidatos; la libertad de expresión y la independencia de los demás poderes públicos, especialmente el Judicial, el Ministerio Público, la Contraloría General de la República y la Defensoría del Pueblo, lo cuales deben ser designados igualmente conforme a la Constitución."[5]

El mensaje, en realidad, no tenía sino un solo destinatario, que no era otro sino la Asamblea Nacional, titular del Poder Legislativo, reconocida como el único órgano con legitimidad democrática en el país, ya que todos los otros órganos del Poder Público se encontraban totalmente sometidos al Poder Ejecutivo, en particular el Tribunal Supremo de Justicia, el Consejo Nacional Electoral, y los órganos del Poder Ciudadano, con el Fiscal General de la República a la cabeza.

---

5   Véase "Ante el 1° de enero de 2019: fecha en la que ha de juramentarse al presidente de la República conforme a la Constitución," en https://www.lapatilla.com/2019/01/04/academia-de-ciencias-politicas-y-sociales-sobre-juramentacion-del-10ene-no-contamos-con-un-presidente-elegido-legitimamente/

2. La interpretación de la Constitución por la Asamblea Nacional ante la ausencia de presidente legítimamente electo para juramentarse el 10 de enero de 2019 para el período 2019-2025

Y ante esa situación, no había otra cosa que hacer que no fuera interpretar la Constitución para resolver la crisis política que de ella se derivaba.

Se trataba, sin duda, de una situación constitucional inédita la que existía en el país el 10 de enero de 2019, que era la de que no existía un presidente legítimamente electo que pudiera juramentarse en esa fecha, conforme al artículo 231 la Constitución, y tomar posesión del cargo de presidente de la República; situación, que como se ha dicho, no se podía entender sino partiendo de la realización de la ilegítima elección presidencial del 20 de mayo de 2018, a la cual nos hemos referido antes.

Ahora para la solución de tal situación, como no había una previsión constitucional expresa que la previera, debía acudirse al más esencial y elemental de los métodos de interpretación previstos en el ordenamiento jurídico (analogía, art. 4, Código Civil), interpretando analógicamente el artículo 233 de la propia Constitución que se refiere a los casos de falta absoluta del presidente antes de la toma de posesión del cargo ("casos semejantes o materias análoga"). Dicha norma, en la parte pertinente, indica lo siguiente:

"Cuando se produzca la falta absoluta del presidente electo antes de tomar posesión, se procederá a una nueva elección universal, directa y secreta dentro de los treinta días consecutivos siguientes. Mientras se elige y toma posesión el nuevo presidente se encargará de la Presidencia de la República el presidente de la Asamblea Nacional."

Para interpretar la Constitución en relación con la situación constitucional del país antes reseñada, conforme a esa norma, expresé mi opinión en dos series de tweets que publiqué los días 7 y 12 de enero de 2019 (en @arbrewercarias), con los siguientes textos:

El 7 de enero de 2019, en efecto, con motivo de una discusión pública que se planteó entre las situaciones de "usurpación de autoridad" y "vacío de poder," la cual, para resolver la situación constitucional planteada, estimé que no tenía mayor importancia, indiqué lo siguiente:

"1-3. La calificación de la situación constitucional actual que afecta al poder ejecutivo, como usurpación de autoridad o como vacío de poder, en realidad no cambia en forma alguna lo que debe ocurrir el 10 de enero, cuando termina el periodo constitucional 2013-2019.

2-3. El 10-enero-2019 el país entero y la comunidad internacional constatará que no hay un presidente que haya sido electo legítimamente, y que a pueda ser juramentado constitucionalmente para ejercer la presidencia para el periodo constitucional 2019-2025.

3-3. En esta situación, la AN debe considerar que, ante la falta absoluta de presidente electo, el presidente de la AN debe encargarse de la Presidencia conforme al artículo 233 C, lo que debe ser apoyado por la FAN de la cual, a partir de ese momento, será su Comandante en Jefe."

Posteriormente, el 12 de enero de 2019, escribí lo siguiente:

"1.5. Conforme al art. 233 de la Constitución, tanto el vicepresidente Ejecutivo como al presidente de la AN tienen entre las funciones inherente a sus respectivos cargos, la de encargarse de la Presidencia de la República en los casos de falta absoluta del presidente de la Rep.

2.5. En ambos casos, por tanto, cuando el vicepresidente Ejecutivo o el presidente de la AN se juramentan para cumplir con sus propias funciones, entre ellas está, para cada uno, la de encargarse de la Presidencia de la República cuando les corresponda, conforme art. 233 Const.

3.5 Por tanto, en los casos de falta absoluta del presidente regulados en art. 233 C., tanto el presidente de la AN como el vicepresidente, en sus casos, quedan encargados de la Presidencia, de derecho, sin necesidad de juramento adicional, pues ya juraron cumplir esas funciones.

4.5. El art. 233 C. no regula expresamente la situación constitucional actual, por lo que debe ser objeto de aplicación analógica por la AN, ajustando su contenido para resolver la crisis y restaurar el orden constitucional (Ver interpretación J I. Hernández, Art. 233. Prodavinci).

5.5. Aplicado analógicamente art. 233 C., a partir del 10-1 el presidente de la AN Juan Guaidó, quien ya se juramentó el 5-1 para cumplir sus funciones, entre ellas encargarse de Presidencia de la Rep., estaría encargado de ella de pleno derecho, sin necesidad de nuevo juramento." [6]

Con una aproximación similar al tema, José Ignacio Hernández había expresado su criterio sobre la aplicación del método analógico en la interpretación de la situación constitucional que se presentaba el 10 de enero de 2019, conforme al artículo 233 de la Constitución, en la forma siguiente:

"De esa norma puede extraerse el principio según el cual, si para el 10 de enero de 2019 no hay un presidente electo, entonces, el presidente de la Asamblea Nacional deberá ser juramentado como presidente encargado hasta tanto se realice una nueva elección presidencial.

Por lo tanto, considerando (i) que el 10 de enero comienza un nuevo período; (ii) que el proceso comicial del 20 de mayo no ha sido reconocido como una elección, y (iii) que no habrá un pre-

---

6   Véase en @arbrewercarias.

sidente electo para el 10 de enero, entonces, la solución que presenta la Constitución sería que el presidente de la Asamblea Nacional fuese juramentado como presidente encargado hasta que se realice una nueva elección." [7]

Pero por supuesto no bastaban las interpretaciones personales que los ciudadanos pudieran legítimamente hacer buscando una solución a la situación constitucional inédita que el país enfrentaba. Era indispensable que el órgano político por excelencia, la Asamblea Nacional, cuya legitimidad democrática nadie dudaba y como intérprete primario de la Constitución, procediera a hacerlo, y así sucedió.

En efecto, en enero de 2019, al no existir un presidente electo legítimamente que pudiera juramentarse como presidente de la República conforme al artículo 231 de la Constitución, y no estando regulada en forma expresa la situación política que ello implicaba en el texto del artículo 233 de la Constitución, la interpretación de la Constitución para su aplicación correspondía precisamente al órgano llamado a aplicar dichas normas, que no era otro que la Asamblea Nacional, en su carácter de órgano constitucional a través del cual el pueblo ejerce su soberanía (art. 5).[8] Y ésta, en su carácter de "primer interprete

---

7   Véase José Ignacio Hernández, "¿Qué va a pasar el 10 de enero?, en *Prodavinci*, 6 de enero de 2018, en https://prodavinci.com/que-va-a-pasar-el-10-de-enero/.

8   De entrada hay que recordar que la interpretación constitucional corresponde a todas las personas funcionarios y órganos del Estado a quienes corresponde aplicarla. Nadie en el Estado constitucional, tiene el monopolio de la interpretación constitucional. Como lo expresó Néstor Pedro Sagüés, "A la Constitución la puede interpretar todo el mundo: legisladores, ministros, paridos políticos, simples particulares, grandes corporaciones, litigantes, sindicatos, el defensor del pueblo, los integrantes del Ministerio Público, las comunidades regionales etc. También los jueces…". Véase Néstor Pedro Sagüés, *La inter-*

de la Constitución,"[9] asumió plenamente su responsabilidad constitucional, procediendo a interpretar analógicamente en artículo 233 de la Constitución, y a establecer, conforme al artículo 333 de la misma Constitución, las bases de un régimen de transición política que pudiera restablecer el orden constitucional roto, y conducir al país a la celebración de elecciones libres, justas transparentes.

Ningún otro órgano podía asumir esa tarea.

---

pretación judicial de la Constitución, Segunda edición, Lexis Nexis, p. 2. Por su parte, como lo expresó Elisur Arteaga Nava: "A todos es dable interpretar la Constitución; no existe norma que atribuya el monopolio de la función a un ente o persona, lo hacen incluso aquellos que no tienen noción de lo que es el derecho." (p. 108). "Interpretación oficial Interpretar la Constitución es una función, una facultad y una responsabilidad que se ha confiado y recae en todos los poderes, órganos y entes previstos en las Constituciones. Quien está facultado de manera expresa para aplicar la carta magna, sin importar qué poder u órgano, está implícitamente autorizado para interpretarla." Véase Elisur Arteaga Nava, "La interpretación constitucional," en Eduardo Ferrer Mac Gregor (Coordinador), *Interpretación constitucional*, Universidad Nacional Autónoma de México, Editorial Porrúa, México 2005, Tomo I, pp. 108 y 109.

9   Como lo expresó Javier Pérez Royo: "El primer interprete de la Constitución y el más importante, con mucha diferencia, es el legislador. El legislador es el intérprete normal, ordinario de la Constitución. En consecuencia, la Constitución es una norma jurídica que remite en primera instancia a un intérprete político. El Parlamento es el órgano político que interpreta la Constitución de la única manera que sabe hacerlo: en clave política. Y además, es un intérprete privilegiado, en la medida en que es el representante democráticamente elegido por los ciudadanos y expresa, por tanto, la voluntad general." Justamente, por eso, su interpretación en forma de ley se impone a toda la sociedad." Véase Javier Pérez Royo, "La interpretación de la Constitución," en Eduardo Ferrer Mac Gregor (Coordinador), *Interpretación constitucional*, Universidad Nacional Autónoma de México, Editorial Porrúa, México 2005, Tomo II, p. 889.

Pero antes hay que mencionar que en ese contexto, sin embargo, ante la situación política que se avecinaba para el 10 de enero de 2019 y ante la ilegitimidad de la "reelección" de Nicolás Maduro, la verdad era que así éste hubiera querido acudir ante la Asamblea Nacional, ésta no podía permitir que el mismo se juramentara ante ese cuerpo, sobre todo cuando la misma tenía declarado desde mayo de 2018, "como inexistente la farsa realizada el 20 de mayo de 2018," y había desconocido "los supuestos resultados anunciados por el Consejo Nacional Electoral y en especial, la supuesta elección de Nicolás Maduro Moros como presidente de la República, quien debe ser considerado como un usurpador del cargo de la Presidencia de la República." [10]

Quizás por ello, cinco días antes del 10 de enero de 2018, el presidente de la fraudulenta Asamblea Nacional Constituyente y primer vicepresidente del Partido Socialista Unido (PSUV), ya anunciaba oficialmente y así salió publicado en la prensa, que la "juramentación de Maduro será ante el TSJ," supuestamente en virtud de que la "Asamblea Nacional, órgano facultado para tal fin, está en desacato."[11] A los efectos del funcio-

---

10   Véase el texto del Acuerdo en http://www.asambleanacional.gob.ve/-actos/_acuerdo-reiterando-el-desconocimiento-de-la-farsa-realizada-el-20-de-mayo-de-2018-para-la-supuesta-eleccion-del-presidente-de-la-republica. Igualmente en la reseña "Asamblea Nacional desconoce resultados del 20M y declara a Maduro "usurpador," en *NTN24*, 22 de mayo de 2018, en http://www.ntn24.com/america-latina/la-tarde/venezuela/asamblea-nacional-desconoce-resultados-del-20m-y-declara-nicolas.

11   Véase la reseña de la noticia en *NTN24*, 5 de enero de 2019, en http://www.ntn24.com/america-latina/venezuela/cabello-anuncia-que-juramentacion-de-maduro-sera-ante-el-tsj-102440. Igualmente, la reseña en "Maduro le responde a la Asamblea y anuncia juramento ante el Tribunal Supremo," en *El País*, 5 de enero de 2019, en

namiento autoritario del Estado, se trató de una especie de "sentencia" resolviendo el asunto, sobre la cual, dos días después, el 7 de enero de 2019, el mismo funcionario insistiría explicando "que el presidente Nicolás Maduro será juramentado ante el Tribunal Supremo de Justicia tras la situación de desacato judicial en la que se mantiene la Asamblea Nacional."[12]

Luego de "dictada" dicha decisión, la cual sin duda aparecía ya como definitiva, vino la lamentable rúbrica a lo "decidido" a cargo de la Sala Constitucional del mismo Tribunal Supremo de Justicia, al resolver sumisa, mediante sentencia N° 1 de 8 de enero de 2019,[13] un recurso de interpretación abstracta de los artículos 231 y 347 de la Constitución, el cual había sido intentado un mes antes, el 11 de diciembre de 2018, por un ciudadano (Otoniel Pautt Andrade), que se analiza más adelante, en la cual la Sala, simplemente "ordenó" a Nicolás Maduro que compareciera ante la misma Sala Constitucional a juramentarse, lo que efectivamente ocurrió el 10 de enero de 2019, no sin antes la Sala dejar sentados en un *obiter dictum*, criterios sobre

---

https://www.elpais.com.uy/mundo/maduro-le-responde-asamblea-anuncia-juramento-tribunal-supremo.html.

12 Véase la reseña "PSUV explica juramentación de presidente Maduro ante TSJ," en *Telesur*, 7 de enero de 2019, en https://www.telesur-tv.net/news/diosdado-cabello-psuv-juramentacion-nicolas-maduro-tsj--20190107-0024.html.

13 Véase en http://historico.tsj.gob.ve/decisiones/scon/enero/303336-0001-8119-2019-18-0835.HTML. Véanse los comentarios a esta sentencia en Allan R, Brewer-Carías, "El juez constitucional en Venezuela y la juramentación de Nicolás Maduro como presidente ce la República ante el Tribunal Supremo de Justicia el 10 de enero de 2019. Sobre el verdadero sentido de la sentencia de la Sala Constitucional N° 1 del 8 de enero de 2019," en http://allanbrewercarias.com/wp-content/uploads/2019/01/187.-El-Juez-Constitucional-y-el-juramento-de-N.-Maduro-el-10-1-2019.-1.pdf.

la representatividad formal de la democracia, quitándole todo sentido y valor a si hay participación o no de los electores en las elecciones, y sobre los poderes ilimitados y absolutos de la Asamblea Constituyente; todo ello, quizás pretendiendo preparar el camino para futuras actuaciones de la misma, aun cuando en solo unas semanas siguientes, ya parecía improbable que pudieran ocurrir.

El laberinto que la propia Sala había contribuido a armar en 2017, en efecto, se había tragado también a la Asamblea Nacional Constituyente.

En todo caso, la Asamblea Nacional, anticipándose a estos hechos que se sucedieron en enero de 2019, conforme a lo que había acordado en mayo de 2018, desde el 13 de noviembre de 2018 ya había adoptado un Acuerdo "para impulsar una solución política a la crisis nacional," indicando que:

> "a partir del 10 de enero de 2019 Nicolás Maduro continúa la usurpación de la Presidencia de la República, pues a pesar de no ser presidente electo, ocupa de hecho la Presidencia de la República, con lo cual todas las decisiones del Poder Ejecutivo Nacional son ineficaces a partir de ese día, en los términos del artículo 138 de la Constitución."

Y así, siguiendo esa misma línea política, con posterioridad a la juramentación de Maduro ante el Tribunal Supremo de Justicia el 10 de enero de 2019, el 15 de enero de 2019 la Asamblea Nacional adoptó un importantísimo "Acuerdo sobre la declaratoria de usurpación de la Presidencia de la República por parte de Nicolás Maduro Moros y el restablecimiento de la vigencia de la Constitución,"[14] y, en el mismo, interpretando la

---

14 Véase en http://www.asambleanacional.gob.ve/actos/_acuerdo-sobre-la-declaratoria-de-usurpacionde-la-presidencia-de-la-republica-por-parte-de-nicolas-maduro-moros-y-el-restablecimiento-de-la-

Constitución, constató que "la anterior situación de usurpación no encuentra una solución expresa en la Constitución;" y consideró, con razón, que correspondía entonces a la propia Asamblea Nacional "como única autoridad legítima del Estado y representante del pueblo venezolano," interpretar el texto fundamental y, en consecuencia, adoptar "decisiones para proceder a restablecer la vigencia del orden constitucional, con fundamento en los artículos 5, 187, 233, 333 y 350 de la Constitución."

En particular, la Asamblea Nacional se refirió al artículo 333 de la Constitución[15] que obliga a los ciudadanos, incluyendo a los funcionarios al servicio del Estado, a realizar todas las acciones necesarias para colaborar en el restablecimiento de la vigencia efectiva de la Constitución, y al artículo 350 de la Constitución[16] que reconoce "el derecho a la desobediencia

---

vigenciade-la-constitucion. La Asamblea, ese mismo día, adoptó otros tres importantes Acuerdos que fueron: "Acuerdo para la autorización de la ayuda humanitaria para atender la crisis social que sufre el pueblo venezolano;" "Acuerdo en solicitud de protección de activos del Estado venezolano ante los países de Argentina, Brasil, Canadá, Chile, Colombia, Costa Rica, Guatemala, Guyana, Honduras Panamá, Paraguay, Perú, Estados Unidos, Bulgaria, Rusia, China, Turquía, Emiratos Árabes y la Unión Europea ante la flagrante usurpación del poder ejecutivo por parte del ciudadano Nicolás Maduro Moros," y "Acuerdo sobre la necesidad de una Ley de amnistía para los civiles y militares que apegándose al artículo 333 de la Constitución, colaboren en la restitución del orden."

15 Recordemos que esta norma del artículo 333, reza así: "Esta Constitución no perderá su vigencia ni dejará de observarse por acto de fuerza o porque fuere derogada por cualquier otro medio distinto al previsto en ella. En tal eventualidad, todo ciudadano investido o no de autoridad, tendrá el deber de colaborar en el restablecimiento de su efectiva vigencia."

16 Recordemos que esta norma del artículo 350, reza así: "El pueblo de Venezuela, fiel a su tradición republicana, a su lucha por la indepen-

civil frente a la usurpación de Nicolás Maduro," considerando en su carácter de órgano de representación popular, a través del cual el pueblo ejerce su soberanía (art. 4 de la Constitución), que era necesario, "ante la ausencia de una norma constitucional que regule la situación actual," proceder a:

"aplicar analógicamente el artículo 233 de la Constitución, a los fines de suplir la inexistencia de presidente electo al mismo tiempo que se emprendan las acciones para restablecer el orden constitucional con base en los artículos 333 y 350 de la Constitución, y así hacer cesar la usurpación, conformar efectivamente el Gobierno de Transición y proceder a la organización de elecciones libres y transparentes."

En esta forma, la Asamblea Nacional, como el intérprete primario de la Constitución y como el órgano a través del cual el pueblo ejerce su soberanía, acordó la aplicación analógica del artículo 233 de la Constitución, lo que significó que en ausencia de presidente electo legítimamente para juramentarse como presidente para el período 2019-2025, el presidente de la Asamblea Nacional se debía encargar de la presidencia de la República; acordando además, oficialmente, en aplicación de los artículos 333 y 350 de la misma Constitución, lo siguiente:

"*Primero*: Declarar formalmente la usurpación de la Presidencia de la República por parte de Nicolás Maduro Moros y, por lo tanto, asumir como jurídicamente ineficaz la situación de facto de Nicolás Maduro y reputar como nulos todos los supuestos actos emanados del Poder Ejecutivo, de conformidad con el artículo 138 de la Constitución.

---

dencia, la paz y la libertad, desconocerá cualquier régimen, legislación o autoridad que contraríe los valores, principios y garantías democráticos o menoscabe los derechos humanos."

Segundo: Adoptar, en el marco de la aplicación del artículo 233, las medidas que permitan restablecer las condiciones de integridad electoral para, una vez cesada la usurpación y conformado efectivamente un Gobierno de Transición, proceder a la convocatoria y celebración de elecciones libres y transparentes en el menor tiempo posible, conforme a lo previsto en la Constitución y demás leyes de la República y tratados aplicables.

Tercero: Aprobar el marco legislativo para la transición política y económica, fijando las condiciones jurídicas que permita iniciar un proceso progresivo y temporal de transferencia de las competencias del Poder Ejecutivo al Poder Legislativo, con especial atención en aquellas que permitan adoptar las medidas necesarias para restablecer el orden constitucional y atender la emergencia humanitaria compleja, incluida la crisis de refugiados y migrantes. El presidente de la Asamblea Nacional se encargará de velar por el cumplimiento de la normativa legal aprobada hasta tanto se restituya el orden democrático y el Estado de Derecho en el país.

Cuarto: Establecer un marco legislativo que otorgue garantías para la reinserción democrática, de modo que se creen incentivos para que los funcionarios civiles y policiales, así como los componentes de la Fuerza Armada Nacional, dejen de obedecer a Nicolás Maduro Moros y obedezcan, de conformidad con los artículos 7 y 328 de la Constitución, las decisiones de la Asamblea Nacional a los fines de cumplir con el artículo 333 de la Carta Magna.

Quinto: Instrumentar las medidas necesarias para que, en el marco de las competencias de control de la Asamblea Nacional, este Parlamento proteja los activos de la República a nivel nacional e internacional, y los mismos puedan ser utilizados para atender la emergencia humanitaria compleja.

Sexto: Disponer de las medidas necesarias para que, de conformidad con los tratados aplicables, la Constitución y las leyes de la República, se asegure la permanencia del Estado venezolano en organismos multilaterales y la vinculación de los mecanismos internacionales de protección de Derechos Humanos como límites al ejercicio del poder político en Venezuela."[17]

Conforme a este marco, adoptado en un acto parlamentario sin forma de Ley dictado en ejecución directa e inmediata de la Constitución, la Asamblea Nacional en Venezuela asumió el proceso político de restablecer el orden democrático, hacer cesar la usurpación de la presidencia de la República por parte de Nicolás Maduro, establecer el marco para la transición política, previendo que el presidente de la Asamblea Nacional, es decir, del Poder legislativo, asuma progresiva y temporalmente las funciones que le corresponden al tenerse que encargar de la Presidencia de la República, encargándolo formalmente "de velar por el cumplimiento de la normativa legal aprobada hasta tanto se restituya el orden democrático y el Estado de Derecho en el país." En el Acuerdo se hace mención en forma general a un "proceso progresivo y temporal de transferencia de las competencias del Poder Ejecutivo al Poder Legislativo," cuando en realidad de lo que se trata es de un proceso de asunción progresiva y temporal por parte del presidente de la Asamblea Nacional de las competencias que le corresponden como encargado de la Presidencia de la República. Las competencias del Poder Ejecutivo, como tales, no pueden ser transferidas al Poder Legislativo.

Es en tal sentido que la Asamblea Nacional, con base los artículos 7 y 333 de la Constitución, debe establecer el marco de la transición, a cuyo efecto, el 29 de enero de 2019 dio ini-

---

17 Véase en http://www.asambleanacional.gob.ve/actos/_acuerdo-sobre-la-declaratoria-de-usurpacionde-la-presidencia-de-la-republica-por-parte-de-nicolas-maduro-moros-y-el-restablecimiento-de-la-vigenciade-la-constitucion

cio a la consideración de un proyecto de Ley del "Estatuto que rige la transición a la democracia para restablecer la vigencia de la Constitución de la República Bolivariana de Venezuela," que fue aprobado en primera discusión.[18]

3. *La reacción de la Sala Constitucional, actuando de oficio, contra la interpretación de la Constitución adoptada por la Asamblea Nacional*

Ante este histórico Acuerdo de la Asamblea Nacional, debe mencionarse que una institución desprestigiada a la cual ya nadie le hace caso, como es la Sala Constitucional del Tribunal Supremo de Justicia, pareciendo salir del lugar donde van los materiales de desecho, el 21 de enero de 2019, había emitido una "curiosa" "sentencia" N° 3 de 21 de enero de 2019, [19] la cual más bien fue una "declaración" unilateral dictada sin que hubiera habido un proceso alguno, es decir, sin juicio ni partes, sin que nadie se lo hubiera pedido y, por tanto, dictada *de oficio*, basándose en lo que había resuelto en una sentencia anterior N° 2 de 11 de enero de 2017 en la cual había declarado a la Asamblea Nacional en supuesto "desacato," donde había dispuesto que la "actuación de la Asamblea Nacional y de cualquier órgano o individuo en contra de lo aquí decidido será

---

18 Véase la información en la reseña "Asamblea Nacional aprobó el proyecto de Ley que rige la transición democrática," en NTN24.com, 29 de enero de 2019, en http://www.ntn24.com/america-latina/vene-zuela/asamblea-nacional-aprobo-el-proyecto-de-ley-que-rige-la-tran-sicion-la.

19 Véase las referencias en el reportaje: "TSJ declara nula a actual junta directiva de Asamblea Nacional," en *Runrunes.com*, 21 de enero de 2019, en https://runrun.es/noticias/370711/tsj-declara-nula-actual-junta-directiva-de-asamblea-nacional/.

nula y carente de toda validez y eficacia jurídica."[20] Partiendo de allí, y considerando que era "un hecho público, notorio y comunicacional" que la Asamblea Nacional había desacatado dicha sentencia, incurriendo en una supuesta "omisión constitucional reiterada," entonces pura y simplemente declaró:

> "Que la Asamblea Nacional no tiene Junta Directiva válida, incurriendo la írrita "Directiva" elegida el 5 de enero de 2019 (al igual que las "designadas" inconstitucionalmente durante los años 2017 y 2018), en usurpación de autoridad, por lo cual todos sus actos son nulos de nulidad absoluta, de conformidad con lo dispuesto en el artículo 138 constitucional. Así se declara."

Pero no se quedó allí la declaración de la Sala, sino que en relación al Acuerdo de la Asamblea, declaró que el mismo supuestamente violentaba "los artículos 130, 131 y 132 constitucionales, en particular el deber que tiene "toda persona" de cumplir y acatar esta Constitución, las leyes y los demás actos que en ejercicio de sus funciones dicten los órganos del Poder Público," porque desconocían "al Poder Judicial al desacatar sus fallos, al Poder Electoral que realizó el proceso electoral en el cual fue elegido, proclamado y juramentado" como presidente el Sr. Maduro, "para el período 2019-2025," y "al Poder Ejecutivo al desconocer la investidura de su titular y, la más grave, al titular de la soberanía, el pueblo, quien lo escogió en comicios transparentes, mediante el sufragio universal, directo y secreto" y quien había "electo" a la Asamblea Constituyente "quien fue la convocante de las referidas elecciones presidenciales." Por ello, la Sala "declaró" que el Acuerdo de

---

20 Véase en http://historico.tsj.gob.ve/decisiones/scon/enero/194891-02-11117-2017-17-0001.HTML. Véanse los comentarios a esta sentencia en Allan R. Brewer-Carías, *La consolidación de la tiranía judicial en Venezuela*, Editorial Jurídica Venezolana, Caracas 2017, pp. 21, 81, 116 ss. y 131 ss.

la Asamblea Nacional, supuestamente "implica un acto de fuerza que pretende derogar el texto constitucional (artículo 333) y todos los actos consecuentes del Poder Público Nacional," razón por la cual dijo la Sala, ello la obligó "a actuar de oficio en protección del texto fundamental, de conformidad con los artículos 266.1, 333, 334, 335 y 336, estos últimos del Título VIII (De la Protección de la Constitución). Así se decide."

La Sala, además, consideró "inaudito" que se procure aplicar "analógicamente" las causales taxativamente contenidas en el artículo 233 de la Constitución a los fines de justificar la pretendida falta absoluta del presidente de la República," considerando que no podía:

> "agregarse a dichas causales, otra "acomodaticia" para, por vía de una pretendida ficción jurídica, determinar que en nuestro país no hubo elecciones el 20 de mayo de 2018, y que de las resultas de los comicios convocados por el Poder Constituyente y el Poder Electoral no se escogió un Jefe de Estado.
>
> Dichas causales son de derecho estricto y no pueden ser modificadas y/o ampliadas analógicamente, sin violar la Constitución. Así también se decide."

Por lo visto, la Sala Constitucional, simplemente no entendió qué fue lo que hizo la Asamblea Nacional al dictar el Acuerdo, que no fue sino interpretar analógicamente el artículo 233 de la Constitución. La Asamblea Nacional no le agregó a dicha norma ninguna "clausula" adicional; simplemente, como primer interprete de la Constitución y, en particular, por estar llamada a aplicar esa norma, la interpretó analógicamente aplicándola al caso para resolver la crisis constitucional, en ejecución de lo que ya había acordado desde el 22 de mayo de 2018, que fue "declarar como inexistente la farsa realizada el 20 de mayo de 2018," "desconocer los supuestos resultados anunciados por el Consejo Nacional Electoral y en especial, la supuesta elección de Nicolás Maduro Moros como presidente de la República, quien debe ser considerado como un usurpador del cargo de la Presidencia de la República, y "desconocer cualesquiera actos írritos e ilegítimos de proclamación y juramentación en virtud de los cuales se pretenda investir constitucionalmente al ciudadano Nicolás Maduro Moros como supuesto presidente de la República Bolivariana de Venezuela para el período 2019- 2025."[21]

La Sala Constitucional, cercenándole el derecho de la representación popular de aplicar e interpretar la Constitución, sobre la mención que hizo del artículo 350 de la misma, la declaró "absolutamente impertinente," terminando su "argumentación declarativa" afirmando que "la Asamblea Nacional no puede erigirse en Tribunal Supremo de Justicia para declarar una pretendida usurpación, ya que implicaría la tipificación de la conducta descrita en los precitados artículos 138 y 139, en concordancia con los artículos 136 y 137, todos constitucionales. Así se declara," ignorando, de nuevo, la potestad esencial de la Asamblea Nacional, de ser el órgano primigenio de interpretación de la Constitución,[22] órgano a través del cual el pueblo ejerce su soberanía.

---

21 Véase el texto del Acuerdo de 22 de mayo de 2018, en http://www.asambleanacional.gob.ve/actos/_acuerdo-reiterando-el-desconocimiento-de-la-farsa-realizada-el-20-de-mayo-de-2018-para-la-supuesta-eleccion-del-presidente-de-la-republica. Igualmente, en la reseña "Asamblea Nacional desconoce resultados del 20M y declara a Maduro "usurpador," en *NTN24*, 22 de mayo de 2018, en http://www.ntn24.com/america-latina/la-tarde/venezuela/asamblea-nacional-desconoce-resultados-del-20m-y-declara-nicolas

22 Como antes se ha dicho, y lo expresó Javier Pérez Royo: "El primer interprete de la Constitución y el más importante, con mucha diferencia, es el legislador. El legislador es el intérprete normal, ordinario de la Constitución. En consecuencia, la Constitución es una norma jurídica que remite en primera instancia a un intérprete político. El Par-

Finalmente, en su "declaración" la Sala Constitucional, al afirmar que "nuestro régimen es eminentemente presidencial," y haciendo referencia, como si fuera una ironía a que en el país existe "separación de poderes," afirmó que es al presidente de la República al que le corresponde dirigir la acción de gobierno y la acción administrativa, de manera que "bajo ningún supuesto puede asumir un parlamento la acción de gobierno y la administración de la Hacienda Pública," cuando en el Acuerdo objeto de la "declaración" la Asamblea Nacional no asumió ninguna de esas acciones. Solo se dispuso que las iría asumiendo el presidente de la Asamblea Nacional como encargado, precisamente de la Presidencia de la República.

Sin duda, al dictar esta "declaración," la propia Sala no se dio cuenta de que ya estaba demasiado adentrada en la oscuridad el laberinto que el régimen se construyó, y que ella misma, con sus decisiones, había ayudó a erigir.

4. *La consecuencia de la actuación de la Asamblea Nacional, para el restablecimiento del orden democrático*

En todo caso, luego de la interpretación constitucional efectuada por la Asamblea Nacional en el antes mencionado Acuerdo de 15 de enero de 2019, en cuanto a la interpretación analógica que la Asamblea Nacional le dio al artículo 233 de la Constitución, aplicado a la situación de ausencia de presidente electo legítimamente que pudiera juramentarse como

---

lamento es el órgano político que interpreta la Constitución de la única manera que sabe hacerlo: en clave política. Y además, es un intérprete privilegiado, en la medida en que es el representante democráticamente elegido por los ciudadanos y expresa, por tanto, la voluntad general." Véase Javier Pérez Royo, "La interpretación de la Constitución," en Eduardo Ferrer Mac Gregor (Coordinador), *Interpretación constitucional*, Universidad Nacional Autónoma de México, Editorial Porrúa, México 2005, Tomo II, p. 889.

presidente de la República para el período 2019-2025, y a pesar de la "declaración" unilateral de la Sala Constitucional en la mencionada sentencia de 21 de enero de 2019, a la cual nadie le hizo caso, resultó lo siguiente:

Primero, respecto de la previsión constitucional de que en ese caso el presidente de la Asamblea Nacional se encargaría de la presidencia de la Republica, ello comenzó a ocurrir formalmente en acto público y popular realizado el día 23 de enero de 2019, al asumir el diputado Juan Guaidó, en su carácter de presidente de la Asamblea Nacional, condición que no pierde, el deber constitucional que tiene de ejercer las funciones como encargado de la presidencia de la República; y

Segundo, respecto de la tarea inmediata que prevé la norma de procederse a realizar una elección universal, directa y secreta de presidente dentro dc los treinta días consecutivos siguientes, la Asamblea la interpretó basándose en la imposibilidad política que ello pudiera ocurrir de inmediato, acordando, en cambio, para que se pueda proceder a realizar dicha elección en forma libre, justa y transparente, la adopción de:

> "las medidas que permitan restablecer las condiciones de integridad electoral para, una vez cesada la usurpación y conformado efectivamente un Gobierno de Transición, proceder a la convocatoria y celebración de elecciones libres y transparentes en el menor tiempo posible, conforme a lo previsto en la Constitución y demás leyes de la República y tratados aplicables."

En relación con la asunción por el diputado Juan Guaidó de las funciones como encargado de la Presidencia de la República, por supuesto que no se trató de una "autoproclamación" como se expresó desde el gobierno, sino de la asunción de las competencias que tiene constitucionalmente como presidente de la Asamblea Nacional. Como el propio Guaidó lo expresó:

"Mi asunción como presidente interino está basada en el artículo 233 de la Constitución venezolana, de acuerdo con el cual, si al inicio de un nuevo periodo no hay un jefe de Estado electo, el poder es atribuido al presidente de la Asamblea Nacional hasta que tengan lugar elecciones justas. Por eso, el juramento que tomé el 23 de enero no puede considerarse una "auto proclamación." No fue por mi propio acuerdo que asumí la presidencia sino en ejecución de la Constitución." [23]

Y ello es así, habiendo sido ese juramento una formalidad política, importante, pero formalidad, pues ya al haber prestado juramento como presidente de la Asamblea nacional el 5 de enero de 2019, entre las funciones que juró cumplir estaban las de encargarse de la Presidencia cuando constitucionalmente ello procediera conforme a la Constitución. Por lo demás, al encargarse de la Presidencia de la República, el presidente de la Asamblea lo hace en este carácter de diputado presidente de la Asamblea, el cual como se dijo, por supuesto no pierde.

En todo caso, como resultado de todas estas acciones, la *Academia de Ciencias Políticas y Sociales* en un Pronunciamiento del 29 de enero de 2019, consideró que;

"La Asamblea Nacional ha procedido a invocar la aplicación del referido artículo 333 de la Constitución y su presidente, Diputado Juan Guaidó, asumió en fecha 23 de enero de 2019, la primera magistratura con carácter interino para el restablecimiento de la institucionalidad democrática y la vigencia efectiva de la Constitución, recibiendo el reconocimiento de un importante grupo de países."

---

23 Véase Juan Guaidó, "How the World Can Help Venezuela," en *The New York Times*, New York, 31 de enero de 2019, p. A23. Véase sobre ello, José Ignacio Hernández, "De juramentos y proclamas: una explicación," en *Prodavinci*, 24 de enero de 2019, en https://prodavinci.com/de-juramentos-y-proclamas-una-explicacion/

Y con base en ello acordó:

"Respaldar al pueblo de Venezuela y a la Asamblea Nacional en su lucha por el restablecimiento del Estado de derecho y del sistema democrático, así como por el respeto de los derechos y libertades ciudadanas y reconocer, de conformidad con el artículo 333 de la Constitución, la legitimidad de las acciones que, con el límite de los principios y valores constitucionales, realiza la Asamblea Nacional para que se efectúen elecciones libres, universales, directas y secretas y acordes a los principios constitucionales que imponen la garantía de la libertad, imparcialidad, participación, igualdad y transparencia." [24]

Por lo demás, para el 31 de enero de 2019, el diputado Juan Guaidó, después de haber sido reconocido como legítimo presidente encargado de Venezuela por casi todos los países de América, (excepto Cuba, México, Uruguay, Bolivia, Nicaragua), y por casi todos los países importantes del mundo (excepto Rusia, China, Irán, Turquía), [25] fue reconocido como tal por el Parlamento Europeo, exhortando a todos los Estados de la Unión Europea a hacer lo mismo. [26] Semanas después, y lue-

---

24 Véase "Pronunciamiento sobre la legitimidad de la aplicación del artículo 333 de la Constitución por la Asamblea Nacional a los fines de la restitución de su vigencia efectiva," 29 de enero de 2019, en http://acienpol.org.ve/cmacienpol/Resources/Pronunciamientos/Acuerdo%20de%20Acienpol%20Art.%20333.pdf.

25 Véase "Estos son los países que reconocen a Juan Guaidó como presidente (i) de Venezuela y los que apoyan a Maduro," en *El Comercio*, 28 de enero de 2019, en https://www.elcomercio.com/actualidad/juan-guaido-venezuela-reconocimiento-diplomacia.html.

26 Véase la Información en "El Parlamento Europeo reconoce a Juan Guaidó como "legítimo presidente interino de Venezuela," en *ABC España*, 31 de enero de 2019, en https://www.abc.es/espana/abci-parlamento-europeo-reconoce-juan-guaido-como-legitimo-presidente-interino-venezuela-201901311357-video.html. Para el 4 de febrero de 2018, 8 am ET, los siguientes países europeos ya habían reconocido a

go de recibir reconocimiento de otros países, entre ellos, de Europa, de España, Portugal, Alemania, Reino Unido, Dinamarca, Países Bajos, Francia, Hungría, Austria, Finlandia, Bélgica, Luxemburgo, la República Checa, Letonia, Lituania, Estonia, Polonia, Suecia y Croacia; [27] el 15 de marzo de 2019, el gobierno del presidente encargado Juan Guaidó recibió el muy importante reconocimiento del Banco Interamericano de Desarrollo, cuando sus gobernadores "aprobaron "una resolución reconociendo el nombramiento del Sr. Juan Guaidó, Ricardo Hausmann, como gobernador del BID para Venezuela." En esa forma el BID se convirtió en la primera institución financiera internacional que reconoció a un representante del gobierno de Guaidó. [28]

En particular, en cuanto a la Resolución del Parlamento Europeo, de 31 de enero de 2019 sobre la situación en Venezuela (2019/2543(RSP)), se debe destacar que:

> "Reconoce a Juan Guaidó como presidente interino legítimo de la República Bolivariana de Venezuela, de conformidad con la Constitución Venezolana y con arreglo a lo establecido en su

---

Juan Guaidó como legítimo presidente interino de Venezuela: España, Francia, Suecia, Reino Unido, Dinamarca, Portugal, Letonia, Austria, Lituania, Polonia, Holanda, Alemania.

27 Véase Andrés Gil, "Los principales países de la UE reconocen a Guaidó como presidente interino de Venezuela," en *eldiario.es*, 4 de febrero de 2019, en https://www.eldiario.es/internacional/principales-UE-Guaido-presidente-Venezuela_0_864413573.html; y "La declaración conjunta de los 19 países de la UE que han reconocido a Guaidó como presidente interino de Venezuela," en *eldiario.es,* 4 de febrero de 2019, en https://www.eldiario.es/internacional/declaracion-conjunta-UE-reconocido-Guaido_0_864414451.html.

28 Véase la información: "BID reconoce a Ricardo Hausmann como representante de Venezuela," en *El Nacional*, 15 de marzo de 019, en http://www.el-nacional.com/noticias/mundo/bid-reconoce-ricardo-hausmann-como-representante-venezuela_274824.

artículo 233, y apoya plenamente su hoja de ruta; se dictó partiendo de la consideración."

Y ello lo hizo el Parlamento, partiendo de los siguientes considerandos:

"A. Considerando que las elecciones que se celebraron el 20 de mayo de 2018 se llevaron a cabo sin que se cumplieran las normas internacionales mínimas necesarias para el desarrollo de un proceso creíble y sin que se respetaran el pluralismo político, la democracia, la transparencia y el Estado de Derecho; que la Unión Europea, junto con otras organizaciones regionales y países democráticos, no reconoció ni las elecciones ni a las autoridades que surgieron de este proceso ilegítimo.

B. Considerando que, el 10 de enero de 2019, Nicolás Maduro usurpó ilegítimamente el poder presidencial ante el Tribunal Supremo de Justicia, infringiendo el orden constitucional.

C. Considerando que, el 23 de enero de 2019, Juan Guaidó, elegido legítima y democráticamente presidente de la Asamblea Nacional, juró como presidente interino de Venezuela, de conformidad con el artículo 233 de la Constitución venezolana." [29]

En el régimen, sin embargo, sumido en su laberinto, unos días antes, a través del Tribunal Supremo de Justicia, esta vez en Sala Plena, dictó una serie de "medidas cautelares" restrictivas de la libertad de circulación de Juan Guaidó; [30] y el mis-

---

29 Véase el texto en Parlamento Europeo, 2014-2019, Textos Aprobados, P8_TA-PROV(2019)0061 Situación en Venezuela, en http://www.europarl.europa.eu/sides/getDoc.do?pubRef=-//EP//NONSGML+TA+P8-TA-2019-0061+0+DOC+PDF+V0//ES.

30 Véase el reportaje: "El Supremo prohíbe a Guaidó salir de Venezuela y congela sus cuentas. Las medidas impiden al dirigente político realizar también operaciones comerciales," en *El País*, 3° de enero de 2019, en https://elpais.com/internacional/2019/01/29/actualidad/1548778972_796341.html.

mo día que se pronunció el Parlamento Europeo, lo que ordenó fue amedrentar a la familia del diputado Guaidó con el mismo componente de las fuerzas de policía, con cuyos efectivos se ha masacrado a los habitantes más necesitados del país, en los barrios populares, que han protestado por las carencias que sufren, como toda la población. [31]

Entretanto, el rechazo popular al régimen y a todo lo que significa el "socialismo" aplicado en el país, que lo que ha originado es miseria y más miseria,[32] y, en paralelo, el reconocimiento al proceso de transición democrático liderado por la Asamblea Nacional y su presidente Juan Guaidó, seguía acrecentándose, y con ello, empujando al régimen a lo más hondo e intrincado del laberinto que se construyó a sí mismo, arrastrando consigo hacia esas tinieblas, además, entre otras cosas, al régimen de Cuba.[33]

New York, 2 de febrero de 2019

---

31 Véase el reportaje: "Juan Guaidó denuncia intimidación de fuerzas de seguridad contra su familia," en *El Comercio*, 31 de enero de 2018, en https://www.elcomercio.com/app_public.php/actualidad/guaido-intimidacion-policia-venezuela-familia.html; y "Crush Dissent: Maduro Urges Special Police," en *The New York Times*, "31 de enero de 2019, pp. A1 y A6.

32 Véase Mary Anastasia O'Gtrady, "Venezuela Spring," en *The Wall Street Journal*, 28 de enero de 2019, p. A15; y Bret Stephens, "Yes, Venezuela Is a Socialist Catasrophe," en *The New York Times*, 26 de enero de 2019, p. A19.

33 Véase Kirk Semple, "For Venezuela, a Staunch Ally. For Cuba, Lots of Subsidized Oil," en *The New York Times*, 27 de enero de 2019, p. 8; Jessica Donati, Vivian Saloma and Ian Talley, "Trump Sees Maduro Move as First Shot in Wider Battle," en *The Wall Street Journal*, 31 de enero de 2019, pp. A1 y A10.

IV

LA ILEGÍTIMA JURAMENTACIÓN DE NICOLÁS MADURO COMO PRESIDENTE DE LA REPÚBLICA ANTE EL TRIBUNAL SUPREMO DE JUSTICIA EL 10 DE ENERO DE 2019 Y LA ACTUACIÓN DE LA SALA CONSTITUCIONAL ^(*)

1. *La situación constitucional al inicio del período constitucional 2019-2025*

En Venezuela, como es sabido, en enero de 2013, a raíz de que el presidente H. Chávez no acudió a tomar posesión de su cargo para el período constitucional 2013-2019, luego de haber sido reelecto presidente en 2012, la Sala Constitucional

---

(∗) Texto del documento sobre: "El juez constitucional en Venezuela y la juramentación de Nicolás Maduro como presidente de la República ante el Tribunal Supremo de Justicia el 10 de enero de 2019. Sobre el verdadero sentido de la sentencia de la Sala Constitucional N° 1 del 8 de enero de 2019," New York, 10 enero 2019, publicado en http://allanbrewercarias.com/wp-content/uploads/2019/01/187.-El-Juez-Constitucional-y-el-juramento-de-N.-Maduro-el-10-1-2019..pdf. Este estudio se incluyó en el libro: Allan R. Brewer-Carías, *Crónica Constitucional de una Venezuela en las Tinieblas*, Ediciones Olejnik, Santiago, Buenos Aires, Madrid 2019.

del Tribunal Supremo le impuso a los venezolanos un gobierno a cargo de un funcionario (N. Maduro) que no había sido electo mediante sufragio,[1] permitiéndole además, presentarse de candidato a la presidencia en la elección presidencial[2] para cubrir el período constitucional hasta el 10 de enero de 2019. En dicha elección, y a pesar de todas las impugnaciones,[3] fue

---

1   Véase lo expuesto en Allan R. Brewer-Carías, "El juez constitucional y la demolición del principio democrático de gobierno. O de cómo la Jurisdicción Constitucional en Venezuela impuso arbitrariamente a los ciudadanos, al inicio del período constitucional 2013-2019, un gobierno sin legitimidad democrática, sin siquiera ejercer actividad probatoria alguna, violentando abiertamente la Constitución," en *Revista de Derecho Público*, N° 133 (enero-marzo 2013), Editorial Jurídica Venezolana, Caracas 2013, pp. 179-212. Véase además, los estudios: "Crónica sobre el significado constitucional del fin del período constitucional (2007–2013) y del inicio del nuevo período constitucional (2013–2019) el 10 de enero de 2013, la necesaria toma de posesión del presidente electo mediante su juramento ante la Asamblea, y los efectos de su no comparecencia," y "Crónica sobre la anunciada sentencia de la Sala Constitucional del Tribunal Supremo de 9 de enero de 2013 mediante la cual se conculcó el derecho ciudadano a la democracia y se legitimó la usurpación de la autoridad en golpe a la Constitución," en Asdrúbal Aguiar (Compilador), *El Golpe de Enero en Venezuela (Documentos y testimonios para la historia)*, Editorial Jurídica Venezolana, Caracas 2013, pp. 97-106 y 133-148, respectivamente.

2   Véase lo expuesto en Allan R. Brewer-Carías, "Crónica sobre la consolidación, de hecho, de un gobierno de sucesión con motivo del anuncio del fallecimiento del presidente Chávez el 5 de marzo de 2013," en Asdrúbal Aguiar (Compilador), *El Golpe de Enero en Venezuela (Documentos y testimonios para la historia)*, Editorial Jurídica Venezolana, Caracas 2013, pp. 199-218.

3   Véase lo expuesto en Allan R. Brewer-Carías, "Crónica sobre las vicisitudes de la impugnación de la elección presidencial de 14 de abril de 2013 ante la sala electoral, el avocamiento de las causas por la Sala Constitucional, y la ilegítima declaratoria de la "legitimidad" de la elección de Nicolás Maduro mediante una "Nota de prensa" del

proclamado como presidente N. Maduro, quien completó el período constitucional que concluyó el 10 de enero de 2019.

La elección de presidente para el período constitucional 2019-2025, no se hizo en diciembre de 2018, como era la práctica en el país a los efectos de acortar el período de transición gubernamental, sino que se hizo el 20 de mayo de 2018, por decisión de la inconstitucional y fraudulenta Asamblea Nacional Constituyente convocada en Venezuela en 2017,[4] y no de Poder Electoral; y luego, de que como ha dicho la ONG Acceso a la Justicia, "allanara el camino para que Nicolás Maduro compitiera prácticamente solo en las presidenciales" en un proceso electoral en el cual no hubo competidores, partidos políticos y candidatos de oposición inhabilitados, y estuvo controlado por un órgano electoral sin independencia, que permitió manipulaciones hasta de compra de votos por comida, es decir, "tan plagado de irregularidades," que:

> "gran parte de la comunidad internacional lo desconoció, por lo que dentro y fuera del país se considera, y Acceso a la Justicia se incluye, que a partir del 10 de enero de 2019, cuando culmina el actual período del Jefe de Estado que inició en 2013, Maduro pasa a ser un presidente ilegítimo y además inconstitucional."[5]

Tribunal Supremo," en Asdrúbal Aguiar (Compilador), *El Golpe de Enero en Venezuela (Documentos y testimonios para la historia)*, Editorial Jurídica Venezolana, Caracas 2013, pp. 297-314.

4   Véase sobre la convocatoria de la Asamblea nacional Constituyente los estudios publicados en el libro: Allan R Brewer-Carías y Carlos García Soto (Coordinadores), *Estudios sobre la Asamblea Nacional Constituyente y su inconstitucional convocatoria en 2017,* Colección Estudios Jurídicos N° 119, Editorial Jurídica Venezolana, Caracas 2017.

5   Véase "Acceso a la Justicia: TSJ contribuyó con la destrucción del voto en 2018," en *La Patilla*, 7 de enero de 2019, en https://www.lapa-

Como lo resumió con toda precisión Ramón Escovar León:

"la "elección" del pasado 20 de mayo estuvo viciada en sus distintas etapas; con partidos y candidatos inhabilitados, se trató de un proceso convocado por la asamblea nacional constituyente, cuya legitimidad no es reconocida por las democracias occidentales, al tiempo que careció de integridad electoral. Los resultados de estas "elecciones" no fueron reconocidos ni por las democracias occidentales ni por amplios sectores nacionales."[6]

Sin embargo, luego de la proclamación de N. Maduro por el Consejo Nacional Electoral el 22 de mayo de 2018, y de incluso prestar juramento ante la Asamblea Nacional Constituyente el 24 de mayo de 2018,[7] para poder comenzar a ejercer su cargo para el período 2019-2025, conforme al artículo 231 de la Constitución, debía prestar juramento ante la Asamblea Na-

---

tilla.com/2019/01/07/acceso-a-la-justicia-tsj-contribuyo-con-la-destruccion-del-voto-en-2018/.

6   Véase Ramón Escovar León, "La sentencia N° 1 de la Sala Constitucional, Carl Schmitt y el 10 E," en *Prodavinci*, 9 de enero de 2019, en https://prodavinci.com/la-sentencia-n-1-de-la-sala-constitucional-carl-schmitt-y-el-10-e/.

7   Sobre este juramento José Ignacio Hernández observó en mayo de 2018, que: "La "juramentación" ante la ANC realizada el 24 de mayo de 2018 no es siquiera un acto jurídico. Así, no solo la "reelección" de Nicolás Maduro fue resultado de un proceso conducido completamente al margen de la Constitución, sino que además, la ANC, que es un órgano ilegítimo, no tiene competencia para tomar juramento a ningún funcionario. Y mucho menos la juramentación del presidente electo –si lo hubiere- podría hacerse antes del 10 de enero de 2019, y por una instancia distinta a la Asamblea Nacional. Con lo cual, en sentido estricto, lo realizado en la ANC el 24 de mayo de 2018 no debería ser calificado como "juramentación." Véase en José Ignacio Hernández, "¿Qué fue lo que pasó con la "juramentación" de Nicolás Maduro ante la ANC?, en *Prodavinci*, 24 de mayo de 2018, en https://prodavinci.com/que-fue-lo-que-paso-con-la-juramentacion-de-nicolas-maduro-ante-la-anc/.

cional, es decir, ante la representación electa popularmente mediante sufragio universal directo y secreto del pueblo venezolano. Esa es la esencia del acto de juramentación, el cual no es una mera formalidad que puede ser sustituida por otra, siendo la única excepción en caso de impedimento por "motivo sobrevenido," la prevista en la norma, en cuyo caso la juramentación podría hacerse ante el Tribunal Supremo.

Sin embargo, cinco días antes de la fecha de la juramentación ante la Asamblea Nacional, el 5 de enero de 2019, el presidente de la Asamblea Nacional Constituyente y Primer vicepresidente del Partido Socialista Unido (PSUV), anunció oficialmente y así salió publicado en la prensa, que la "juramentación de Maduro será ante el TSJ," en virtud de que "la "Asamblea Nacional, órgano facultado para tal fin, está en desacato."[8] A los efectos del funcionamiento del Estado, se trató de una especie de "sentencia" resolviendo el asunto, la cual dos días después, el 7 de enero de 2019, el mismo funcionario insistiría explicando "que el presidente Nicolás Maduro será juramentado ante el Tribunal Supremo de Justicia tras la situación de desacato judicial en la que se mantiene la Asamblea Nacional."[9]

---

8 Véase la reseña de la noticia en *NTN24*, 5 de enero de 2019, en http://www.ntn24.com/america-latina/venezuela/cabello-anuncia-que-juramentacion-de-maduro-sera-ante-el-tsj-102440. Igualmente, la reseña en "Maduro le responde a la Asamblea y anuncia juramento ante el Tribunal Supremo," en *El País*, 5 de enero de 2019, en https://www.elpais.com.uy/mundo/maduro-le-responde-asamblea-anuncia-juramento-tribunal-supremo.html.

9 Véase la reseña "PSUV explica juramentación de presidente Maduro ante TSJ," en *Telesur*, 7 de enero de 2019, en https://www.tele-surtv.net/news/diosdado-cabello-psuv-juramentacion-nicolas-maduro-tsj--20190107-0024.html.

2. *Sobre la decisión de la Sala Constitucional resolviendo la "duda razonable" planteada ante el Juez Constitucional: la juramentación de N. Maduro ante el Tribunal Supremo de Justicia*

Luego de "dictada" dicha decisión que sin duda aparecía ya como definitiva, vino la lamentable rúbrica a lo "decidido" a cargo de la Sala Constitucional del mismo Tribunal Supremo de Justicia, al decidir, mediante sentencia N° 1 de 8 de enero de 2019,[10] un recurso de interpretación abstracta de los artículos 231 y 347 de la Constitución, el cual había sido intentado por un ciudadano, abogado (Otoniel Pautt Andrade) el 11 de diciembre de 2018, "con relación a la toma de posesión del cargo y la previa juramentación del candidato elegido en la elección presidencial celebrada en fecha 20 de mayo de 2018," que según el recurrente, implicaban "la legitimidad del mandato presidencial para el nuevo periodo constitucional," para cuya decisión el mismo día se designó Ponente al Magistrado Juan José Mendoza Jover.

El artículo 231 establece la forma de la toma de posesión del presidente electo mediante juramento ante la Asamblea Nacional, con la previsión de que cuando ello no sea posible por "motivo sobrevenido" entonces la juramentación debe hacerse ante el Tribunal Supremo de Justicia; y el artículo 347 establece el propósito de la Asamblea Nacional Constituyente; habiendo sido la "duda razonable" planteada ante la Sala una supuesta situación de que "la Asamblea Nacional se encuentra en desacato según decisiones dictadas por esta misma Sala Constitucional y por lo tanto está inhabilitada para cumplir el mandato de juramentación presidencial," entonces ante la falta

---

10 Véase en http://historico.tsj.gob.ve/decisiones/scon/enero/303336-0001-8119-2019-18-0835.HTML.

de competencia constitucional de la Asamblea Nacional Constituyente para recibir dicho juramento, solicitaba a la Sala determinar:

"¿ante cuál Poder Público (Asamblea Nacional, Tribunal Supremo de Justicia en Sala Plena o en Sala Constitucional o Asamblea Nacional Constituyente), el candidato elegido: ciudadano Nicolás Maduro Moros debe hacer la previa juramentación y toma de la posesión de su cargo para el nuevo periodo constitucional del 2019 al 2025?".

La Sala, para decidir lo solicitado hizo una serie de disgregaciones sobre otros temas, conexos, pero no relevantes para decidir lo que se le pidió, y menos para resolver la antes mencionada "duda razonable," como si el redactor de la sentencia tuviese necesidad de "rellenar" el texto para darle cierto volumen, procediendo a dictar su decisión, en un párrafo –sí, un párrafo–, bajo un acápite con el título de "Culminación del período constitucional presidencial vigente e inicio del nuevo período constitucional":

"en cuanto a la interrogante sobre ante cuál órgano del Poder Público debe juramentarse el ciudadano Nicolás Maduro Moros para el ejercicio del cargo de presidente de la República para el cual fue electo en los comicios presidenciales el pasado 20 de mayo de 2018, esta Sala reitera, una vez más, que el Órgano Legislativo Nacional se encuentra en flagrante desacato, y por ser este un motivo por el cual el presidente de la República no puede tomar posesión ante la Asamblea Nacional, tal como lo dispone la norma contenida en el artículo 231 del Texto Fundamental, lo hará ante el Tribunal Supremo de Justicia, para lo cual se convoca al ciudadano Nicolás Maduro Moros para el día 10 de enero de 2019, a las 10 a.m. para que se presente ante el Tribunal Supremo de Justicia a los fines de ser juramentado como presidente Constitucional de la República Bolivariana de Venezuela para el período presidencial 2019-2025. Así se decide."

Y eso fue todo.

No indicó la Sala, ni siquiera referencialmente, en cuáles sentencias se había declarado y reiterado el supuesto desacato de la Asamblea Nacional,[11] ni porqué o cómo esa supuesta situación de desacato se podía considerar como el "motivo sobrevenido" al cual se refiere el artículo 231 de la Constitución para "ordenar" que la juramentación de N. Maduro se hiciese ante el Tribunal Supremo de Justicia; es decir, se trató de una decisión inmotivada, adoptada por la Sala Constitucional, conforme lo precisó Ramón Escovar León:

> "sin exponer las razones y motivos que expliquen por qué ese supuesto "desacato" constituye un impedimento para juramentarse ante el parlamento, como lo establece la Constitución. Se utiliza el término "desacato" de manera ambigua, vaga e indefinida para utilizarlo cada vez que desean arrebatarle al parlamento legítimo sus facultades constitucionales." [12]

En todo caso, lo que es importante a retener es que la decisión del recurso de interpretación solicitado, a los efectos de responder la "duda razonable" del recurrente, no le ocupó a la Sala más de una página.

Pero sin embargo, la sentencia Nº 1 del 10 de enero de 2019 no se quedó en resolver lo solicitado, sino que con la excusa de incluir unas "consideraciones para decidir" la Sala se refirió a tres temas distintos, dejando así sentado criterios, como *obi-*

---

11 Véase sobre esas sentencias lo expuesto en Allan R. Brewer-Carías, *La dictadura judicial y la perversión del Estado de derecho. el Juez Constitucional y la destrucción de la democracia en Venezuela* (Prólogo de Santiago Muñoz Machado), Ediciones El Cronista, Fundación Alfonso Martín Escudero, Editorial IUSTEL, Madrid 2017.

12 Véase Ramón Escovar León, "La sentencia Nº 1 de la Sala Constitucional, Carl Schmitt y el 10 E" en *Prodavinci*, 9 de enero de 2019, en https://prodavinci.com/la-sentencia-n-1-de-la-sala-constitucional-carl-schmitt-y-el-10-e/.

ter dictum, sin que nadie se lo hubiese solicitado, sobre el derecho al sufragio y la abstención y sobre los poderes de la Asamblea Nacional Constituyente; ninguno de los cuales tenía realmente relación esencial con las dudas planteadas y lo decidido.

Pero la inclusión de esos *obiter dictum*, sin embargo, no fue nada inocente; dado que lo resuelto en la sentencia, lo consideró la propia Sala como una "ampliación del criterio vinculante sostenido en la sentencia de esta Sala n° 2 del 9 de enero de 2013," pasando a argumentarse en la sentencia sobre los dos temas antes mencionados, dejando sentando criterios generales "interpretativos" sobre ellas.

3. *Sobre la absurda justificación de una "democracia" vaciada de efectiva representatividad*

El primer tema que trató la Sala Constitucional fue el del derecho al sufragio y el sentido de la abstención electoral. Aquí, la Sala destacó que a diferencia de la Constitución de 1961, que consagró el sufragio como un derecho y como un deber, en la de 1999, solo se lo reconoció expresamente como un derecho, lo que implica según la Sala que:

> "su ejercicio (aun en los casos de votos nulos) debe ser respetado por aquellos que hayan decidido no hacer efectivo el mismo, pues su falta de ejercicio, al perder su carácter obligatorio, no comporta ninguna consecuencia jurídica."

Es decir, la Sala consideró que:

> "el ejercicio del derecho al sufragio, es una manifestación de soberanía que no puede ser desconocida por la falta de participación de aquellos que deciden no hacerlo, porque, precisamente, esa decisión de no intervenir o participar es también un derecho y, como tal, no puede menoscabar el derecho al sufragio para la elección de las autoridades cuyos cargos son de elección popular, a quienes decidan expresar su voluntad mediante el voto libre, secreto, universal y directo."

Y de todo ello, concluyó la Sala refiriéndose a la abstención electoral, que "la falta de participación es responsabilidad solo de quien o quienes dispongan no ejercer su derecho al sufragio activo, por lo que resultaría un contrasentido la pretensión de imponer la abstención como mecanismo de desconocimiento de la voluntad de quienes sí ejercieron su derecho al sufragio;" para terminar decidiendo con carácter vinculante que:

> "La naturaleza del sufragio en la Constitución de la República Bolivariana de Venezuela es un derecho, por lo que la abstención en su ejercicio no puede menoscabar el derecho constitucional de quienes sí lo ejercieron."

O sea que, para la Sala Constitucional, la democracia se limita al ejercicio formal del derecho al voto, sin que tenga importancia alguna la legitimidad democrática de la representación; de manera que, con el argumento expuesto, y quitándole todo sentido a la abstención electoral, para la sala Constitucional bastaría que un presidente sea electo con un solo voto, por ejemplo, su propio voto, para considerar que se ha producido una elección popular legítima.

Este, por supuesto, es la negación del principio democrático de la representación popular, al cual con esta sentencia se lo vacía totalmente de contenido esencial, para justificar, de aquí en adelante, como interpretación constitucional vinculante, que basta que voten unos cuantos ciudadanos, así la elección no tenga garantía de ser libre ni imparcial, para que una elección se considere "legítima," aún a sabiendas de que los electos no representen realmente la globalidad del pueblo ni tienen el respaldo de la mayoría.[13]

---

13 Particularmente, en el caso de la viciada elección presidencial del 20 de mayo de 2018, según cifras atribuidas a Luis Emilio Rondón, Rec-

O sea, se trata, decretado por la Sala Constitucional, con carácter vinculante, del abandono definitivo del principio de la democracia representativa que, al contrario, lo que debe buscar es garantizar que los representantes electos, efectivamente, representen las mayorías y no a una minoría que controla el poder,[14] como desde siempre ha ocurrido por ejemplo en Cuba.[15]

4. *Sobre el poder constituyente y la doctrina de que la Asamblea Nacional Constituyente supuestamente tiene poderes absolutos y plenipotenciarios*

Después de dejar sentado el principio antes mencionado de acabar con la democracia representativa, reduciéndola a una

---

tor del Consejo Nacional Electoral, de un Registro Electoral de 20.750.809 de electores, solo hubo 3.590.040 de votos válidos (17,3%), de los cuales N. Maduro obtuvo 1.811.220 votos (8,73%), con una abstención general del 82,70%. Véase sobre el desconocimiento de Rondón sobre los resultados "oficiales" de esas elecciones en Ronny Rodríguez Rosas, "rector Luis Emilio Rondín desconoce resultados de elecciones presidenciales," en *EfectoCocuyo*, 20 de mayo de 2018, en http://efectococuyo.com/cocuyo-electoral/rector-luis-emilio-rondon-desconoce-resultados-de-elecciones-presidenciales/

14 Véase Allan R. Brewer-Carías, "La necesaria revalorización de la democracia representativa ante los peligros del discurso autoritario sobre una supuesta "democracia participativa" sin representación," en *Derecho Electoral de Latinoamérica. Memoria del II Congreso Iberoamericano de Derecho Electoral*, Bogotá, 31 agosto-1 septiembre 2011, Consejo Superior de la Judicatura, ISBN 978-958-8331-93-5, Bogotá 2013, pp. 457-482.

15 Véase Allan R. Brewer-Carías, "La necesaria perfectibilidad del sistema electoral cubano," en *Seminario sobre Elecciones y Derechos Humanos en Cuba y América, 24-25 de noviembre de 1997, Centro Capitolio de La Habana*, Unión Nacional de Juristas de Cuba, Instituto Interamericano de Derechos Humanos (IIDH), Agencia Sueca de Cooperación Internacional para el Desarrollo (ASDI), San José, Costa Rica 1998, pp. 273-286.

mera democracia formal, reducida al voto, sin consideración alguna con su legitimidad ni con la búsqueda de una efectiva representatividad, la Sala Constitucional pasó a analizar el proceso constituyente iniciado en Venezuela el 1° de mayo de 2017, cuando N. Maduro –dijo la Sala– "convocó al poder originario, esto es, el Poder Constituyente, para la formación de una Asamblea Nacional Constituyente" que se instaló el "4 de agosto de 2017, luego de la respectiva elección de los constituyentes (30 de julio de ese mismo año)."

Para su análisis, la Sala partió de una referencia a la sentencia dictada el 19 de enero de 1999, por la Sala Político-Administrativa de la antigua Corte Suprema de Justicia, bajo ponencia del Magistrado Humberto J. La Roche, en la cual se interpretó los artículos 4 de la Constitución de 1961 y 181 de la derogada Ley Orgánica del Sufragio y Participación Política,[16] procediendo a glosar sobre la Asamblea Nacional Constituyente y el Poder Constituyente Originario, dejando así por sentado su doctrina sobre ello, sin que nadie se lo hubiese pedido, y sobre lo cual nunca antes había elaborado, pues en las sentencias que dictó en 2017 cuando decidió sobre las impugnaciones presentadas contra la convocatoria a la Asamblea Nacional Constituyente,[17] no analizó la materia.

---

16 Véase sobre dicha sentencia los comentarios en Alan R. Brewer-Carías, *Poder Constituyente Originario y Asamblea Nacional Constituyente (Comentarios sobre la interpretación jurisprudencial relativa a la naturaleza, la misión y los límites de la Asamblea Nacional Constituyente),* Colección Estudios Jurídicos N° 72, Editorial Jurídica Venezolana, Caracas 1999.

17 Véase las sentencias N° 378 de 31 de mayo de 2017 y N° 455 de 12 de junio de 2017. Véase los comentarios a las mismas en Allan R. Brewer-Carías, "El Juez Constitucional vs. el pueblo como poder constituyente originario. (Sentencias de la Sala Constitucional N° 378 de 31 de mayo de 2017 y N° 455 de 12 de junio de 2017)," en *Revista*

Con esta sentencia de enero de 2018, entonces, la Sala Constitucional, y dejando aparte sus citas a Carl Schmitt y otros autores, "aprovecho" la ocasión para darle formalmente a la Asamblea Nacional Constituyente y en forma "vinculante" por supuestamente interpretar el artículo 347 de la Constitución, poderes absolutos, totales y casi ilimitados, y por supuesto por encima de la Constitución, ratificando la existencia en el país de una "dictadura constituyente."[18] No otra explicación tiene el excurso de la sala en esta materia.

Y comenzó así la Sala a considerar que "el Poder Constituyente Originario se entiende como potestad primigenia de la comunidad política para darse una organización jurídica y constitucional," como Poder que es "previo y superior al régimen jurídico establecido," siendo en definitiva "la más genuina y principal forma de expresión política de los ciudadanos, pues en ella se dará forma a la creación del Estado que se pretende," concluyendo con la afirmación de que "podemos decir que el poder constituyente es política pura, creadora, innovadora y originaria."

Con base en ello, la Sala pasó a precisar las características de las cuales goza el poder constituyente," destacando entre ellas, su carácter originario, el cual, según explicó Sánchez Agesta, "es un poder ajeno a toda competencia previa, a toda reglamentación predeterminada que, al contrario de lo que sucede con los poderes constituidos, no existe dentro sino fuera del Estado;" según Rondón Nucete, no tiene "autoridad alguna

de *Derecho Público*, N° 149-150, (enero-junio 2017), Editorial Jurídica Venezolana, Caracas 2017, pp. 353-363.

18 Véase Allan R. Brewer-Carías, *Usurpación constituyente 1999, 2017. La historia se repite: una vez como farsa y la otra como tragedia,* Colección Estudios Jurídicos, N° 121, Editorial Jurídica Venezolana International, 2018.

que esté por encima de éste;" y según Sieyès "lo puede todo." Como consecuencia de su poder originario, concluyó la Sala:

"el poder constituyente no puede ser regulado jurídicamente por la Constitución misma ni pueden establecerse de un modo fijo sus formas de manifestación, es él mismo quien deberá buscar y crear las formas mediante las cuales se manifestará. El poder constituyente se manifestará a través de actos que tienen carácter y efectos jurídicos, los cuales son expresión real de la voluntad política."

Con ello, simplemente, la Sala Constitucional decidió que la Asamblea Nacional Constituyente, era un poder constituyente originario, que no está sujeto a la Constitución de 1999, abarcando a todos los poderes constituidos, los cuales consideró le están "subordinados," sirviéndoles de "fundamento previo" en el sentido de que según la Sala, "todos los poderes constituidos, las competencias y atribuciones de estos poderes son creadas, modificadas o renovadas por el poder constituyente."

Con base en estos principios derivados de los autores que la Sala glosó en su sentencia, concluyó indicando sobre la Asamblea Nacional Constituyente, como poder constituyente originario, que ello dio lugar a "un panorama distinto en la relación jurídica política entre el poder constituyente y los poderes constituidos," indicando que:

"El órgano constituyente es la representación de la voluntad política de la sociedad representada en una asamblea, cuyo fin es la constitución de un nuevo Estado. Aunado a esto, debemos recordar que el poder constituyente es extraordinario, pues no tiene cabida dentro del Estado sino fuera de él para la constitución de uno nuevo; por ende, las circunstancias en las cuales se hace necesario dicho poder originario son excepcionales e inusuales."

Con base en ello, y considerando la Sala que la Asamblea Nacional Constituyente "está fuera del Estado," consideró que dicho órgano procedió, como "órgano plenipotenciario," a "convocar a elecciones para con ello procurar mantener el orden y la paz en la sociedad."

El único límite al "producto de las actuaciones o deliberaciones" de la Asamblea Nacional Constituyente, sin embargo, conforme la Sala lo decidió en su sentencia N° 378 del 31 de mayo de 2017, se refiere al "carácter republicano del Estado, la independencia (soberanía), la paz, la libertad, el mantenimiento de los valores, principios y garantías democráticas, y la progresividad de los derechos humanos" conforme a lo dispuesto en el artículo 350 de la Constitución. De resto, la Sala encontró que:

"si hubiera sido regulado constitucionalmente el proceso de formación del texto fundamental y la actuación del cuerpo constituyente, se habrían creado límites que desnaturalizarían su carácter de poder constituyente originario y, en principio, ilimitado."

5. *La "juramentación" de N. Maduro para el período 2019-2025*

La sentencia, en todo caso, y dejando sentados los *obiter dictum* antes mencionados, concluyó simplemente disponiendo:

"Se *convoca* al ciudadano Nicolás Maduro Moros para el 10 de enero de 2019, a las 10:00 a.m., para que se presente ante el Tribunal Supremo de Justicia a los fines de ser juramentado como presidente Constitucional de la República Bolivariana de Venezuela para el período presidencial 2019-2025."

Y así ocurrió. Allí se presentó N. Maduro, completándose lo que el diario *El País*, de Madrid, del mismo día, calificó como "La farsa de Maduro," indicando que:

"Nicolás Maduro renueva hoy su mandato como presidente de una Venezuela con tintes espectrales: la falta de alimentos, la escasez de productos básicos o el derrumbe del sistema sanitario infligen un castigo de proporciones bíblicas a los venezolanos."[19]

En el mismo trasfondo, pero desde el punto de vista institucional, Ramón Escovar León, destacó con razón que:

"Estamos ante un cuadro inédito en nuestra historia constitucional: una Asamblea Nacional a la que se le ha despojado de sus facultades; una Constitución vigente pero que se le ha vaciado de contenido; una concentración de poderes en manos del presidente que fulmina cualquier rastro de democracia; la prensa independiente maniatada o perseguida; una hiperinflación jamás vista en América Latina; una diáspora sin precedentes en la historia del continente y la amenaza de profundizar la tragedia por la vía de la fuerza y al amparo de las bayonetas."[20]

Y desde el punto de vista del derecho constitucional, con el acto de juramentación de N. Maduro ante el Tribunal Supremo de Justicia, como lo destacó José Ignacio Hernández, lo que se consolidó fue una usurpación de autoridad, pues N. Maduro no podía "asumir la Presidencia de la República mediante juramento" pues no se lo podía considerar como "presidente electo, pues el evento político del 20 de mayo de 2018 no puede ser considerado como una elección libre y transparente."[21]

---

19 Véase "La farsa de Maduro," en *El País*, 10 de enero de 2019.

20 Véase Ramón Escovar León, "La sentencia N° 1 de la Sala Constitucional, Carl Schmitt y el 10 E," en *Prodavinci,* 9 de enero de 2019, en https://prodavinci.com/la-sentencia-n-1-de-la-sala-constitucional-carl-schmitt-y-el-10-e/.

21 Véase José Ignacio Hernández, "La usurpación de la Presidencia de la República a partir del 10 de enero de 2019: consecuencias en el Derecho Constitucional y en el Derecho Internacional," 9 enero 2019, en https://www.academia.edu/38119920/La_usurpaci%C3%B3n_de_la_Presidencia_de_la_Rep%C3%BAblica_a_partir_del_10_de_enero

Por ello, la Asamblea Nacional el mismo día 10 de enero de 2019, se declaró "en emergencia debido a la ruptura completa del hilo constitucional" para establecer "la ruta para que cese la usurpación,"[22] y el presidente de la Asamblea Nacional el mismo día expresó que "Hoy no hay Jefe de Estado, hoy no hay comandante en jefe de las Fuerzas Armadas, hoy hay una Asamblea Nacional que representa al pueblo de Venezuela," expresando que "el Gobierno no fue electo por el voto popular de los venezolanos," haciendo un llamado a las Fuerzas Armadas para que tomasen acciones contundentes para acabar con la "usurpación" en el país.[23]

En todo caso, en el mismo día en el cual se llevó a cabo la juramentación de N. Maduro, el Consejo Permanente de la Organización de Estados Americanos a propuesta de Argentina, Chile, Colombia, Costa Rica, Estados Unidos, Perú y Paragua, aprobaba una Resolución desconociendo a Nicolás Maduro como el presidente de Venezuela, con el voto favorable de Jamaica, Panamá, Paraguay, Perú, República Dominicana, Santa Lucía, Argentina, Bahamas, Brasil, Canadá, Colombia, Costa Rica, Ecuador, Granada, Guatemala, Guyana, Honduras y Haití; la abstención de México, Saint Luis, Uruguay, Antigua y Barbuda, Barbados y El Salvador; y el voto en contra de

---

_de_2019_consecuencias_en_el_Derecho_Constitucional_y_en_el_D erecho_Internacional?email_work_card=thumbnail-desktop.

22 Véase el reportaje "Venezuela: Asamblea Nacional se declara "en emergencia" por jura de Nicolás Maduro. Su presidente, Juan Guaidó hizo un llamado a las fuerzas militares de Venezuela para que acompañen una eventual transición política, en *Tele13*, 10 de enero de 2019, en http://www.t13.cl/noticia/mundo/venezuela-asamblea-nacional-se-declara-emergencia-jura-nicolas-maduro.

23 Véase el reportaje "Juan Guaidó: Hoy no hay jefe de Estado," en *Noticiero52*, 10 de enero de 2019, en https://noticiero52.com/juan-guaido-hoy-no-hay-jefe-de-estado/.

Nicaragua, San Vicente y las Granadinas, Surinam, Belice, Dominica y Venezuela.

En la Resolución se expresó, además:

"No reconocer la legitimidad del régimen de Nicolás Maduro a partir del 10 de enero de 2019.

Urgir a todos los Estados miembros a invitar a los observadores permanentes de la OEA a adoptar de conformidad del derecho internacional y su legislación nacional las medidas diplomáticas, políticas, económicas y financieras que consideren apropiadas para contribuir a la pronta restauración del orden democrático venezolano.

Llamado a la realización de nuevas elecciones presidenciales.

Invita a los Estados miembros y los observadores permanentes a implementar medidas para atender la crisis humanitaria venezolana.

Urge al régimen venezolano para que permita el inmediato ingreso para la ayuda humanitaria.

Exige la inmediata e incondicional liberación de los presos políticos.

Expresa su activa solidaridad del pueblo venezolano."[24]

New York, 10 de enero de 2019.

---

24 Véase en *El Nacional*, 10 de enero de 2019, en http://www.el-nacional.com/noticias/mundo/oea-aprobo-resolucion-para-desconocer-juramentacion-maduro_265882.

V

EL DESCONOCIMIENTO DEL RÉGIMEN DE NICOLÁS MADURO Y DE SU ILEGÍTIMA "REELECCIÓN" DEL 20 DE MAYO DE 2018, EXPRESADO POR EL PUEBLO A TRAVÉS DE SUS REPRESENTANTES EN LA ASAMBLEA NACIONAL, EN 2018 Y 2019:

Un caso elocuente de desobediencia civil en el constitucionalismo contemporáneo*

La Sala Constitucional del Tribunal Supremo de Justicia No 24 de 22 de enero de 2003, al interpretar el artículo 350 de la Constitución, que establece el derecho "del pueblo de Venezuela" para desconocer "cualquier régimen, legislación o autoridad que contraríe los valores, principios y garantías democráticos o menoscabe los derechos humanos," determinó el sentido del vocablo "pueblo" utilizado en dicha norma, considerán-

---

* Texto del documento sobre con el mismo título, New York, 22 marzo 2019, publicado en http://allanbrewercarias.com/wp-content/uploads/2019/03/192.-Brewer.-Desconocimiento-r%C3%A9gimen-art.-350-C.pdf. Este texto se publicará en mi libro *El derecho constitucional a la desobediencia civil. Estudios*, Ediciones Olejnik, Santiago, Buenos Aires, Madrid 2019.

dolo como referido al "conjunto de personas del país," vinculándolo necesariamente "al principio de la soberanía popular que el Constituyente ha incorporado al artículo 5 del texto fundamental."[1]

Este principio es el que dispone que "la soberanía reside intransferiblemente en el pueblo, quien la ejerce," entre otras formas, "mediante el sufragio, por los órganos que ejercen el Poder Público" (art. 5), y en particular, por supuesto, por la Asamblea Nacional la cual está integrada precisamente por los diputados electos directamente por el pueblo, "por votación universal, directa, personalizada y secreta con representación proporcional" (art. 186). Dicha elección realizada por el pueblo es en manifestación del "ejercicio democrático de la voluntad popular" (art. 3), y los mismos, como "representantes del pueblo en su conjunto" (art. 201), tienen por misión esencial la de "cumplir sus labores en beneficio de los intereses del pueblo" (art. 197), siendo por ello responsables solo ante sus electores y ante la propia Asamblea (art. 199).

La Asamblea Nacional es, por tanto, el vehículo fundamental a través del cual los ciudadanos ejercen su "derecho a participar libremente en los asuntos públicos," precisamente "por medio de sus representantes elegidos" (art. 62); derecho que puede ejercerse, además, a través de otros mecanismos como los enumerados en el artículo 70 de la Constitución.

La Asamblea Nacional, por tanto, como cuerpo conformado por representantes del pueblo, siendo la institución por excelencia a través de la cual el pueblo ejerce su soberanía, es uno de los mecanismos a través de las cuales el pueblo de Venezuela expresa su voluntad, incluso, conforme a lo previsto en

---

1 Véase en *Revista de Derecho Público*, N° 93-96, Editorial Jurídica Venezolana, Caracas 2003, p. 127.

el artículo 350 de la Constitución, para "desconocer cualquier régimen, legislación o autoridad que contraríe los valores principios y garantías democráticos o menoscabe los derechos humanos."

La Sala Constitucional, cuando en 2003 interpretó el artículo 350 de la Constitución, deliberadamente omitió en la sentencia mencionada, por no considerarlo "pertinente" en el caso, analizar y referirse a "los mecanismos para hacer efectivo tal desconocimiento, ya que el carácter constitucional o no de los mismos no ha sido sometido a su consideración ni forma parte de la interpretación de la norma objeto del presente recurso." [2] Ello implicó que de la sentencia no puede deducirse ninguna "interpretación" restrictiva sobre los mecanismos para hacer efectivo el derecho del pueblo para desconocer regímenes ilegítimos, contrarios a los principios democráticos y violadores de derechos humanos.

En consecuencia, la Asamblea Nacional, por su carácter e integración, es la única que, en la organización de los Podres Públicos, puede representar la soberanía que reside en el pueblo, en la medida en que, como lo expresó la Sala Constitucional en la sentencia antes mencionadas, la misma "reside de manera fraccionada en todos los individuos que componen la comunidad política general que sirve de condición existencial del Estado Nacional." Por tanto, "siendo cada uno de ellos [los individuos] titular de una porción o alícuota de esta soberanía," ello conduce a señalar que el pueblo, a través de la Asamblea Nacional, como instrumento de participación política que es, puede ejercer "el derecho y el deber de oponerse al régimen, legislación o autoridad" que resulte ilegítimo y que "contraríe

---

2 Véase en *Revista de Derecho Público*, N° 93-96, Editorial Jurídica Venezolana, Caracas 2003, p. 130.

principios y garantías democráticos o menoscabe los derechos humanos."

Cuando el pueblo ejerce dicho derecho constitucional a través de sus representantes en la Asamblea Nacional, y ello es esencialmente importante, es que en definitiva se establece no sólo frente a las leyes (legislación), sino frente a cualquier régimen o autoridad que contraríe los valores, principios y garantías democráticas o menoscabe los derechos humanos, lo que lo amplía considerablemente respecto del tradicional ámbito político institucional de la misma conocido en la ciencia política, que la reducía a la desobediencia de las leyes para lograr su reforma.

Por ello, en definitiva la desobediencia civil en la Constitución no sólo tiene el efecto demostrativo de buscar la reforma de leyes injustas, ilegítimas o inconstitucionales, sino de buscar cambiar el régimen o la autoridad que contraríe los valores, principios y garantías democráticos establecidos en la Constitución o los definidos en la Carta Democrática Interamericana; o que menosprecie los derechos humanos enumerados en la Constitución y en los tratados, pactos y convenciones relativas a derechos humanos suscritos y ratificados por Venezuela, los cuales tienen jerarquía constitucional y prevalecen en el orden interno en la medida en que contengan normas sobre su goce y ejercicio más favorables a las establecidas en la Constitución y en las leyes (art. 23).

Fue entonces y precisamente, conforme a lo dispuesto en el artículo 350 de la Constitución, que la Asamblea Nacional, como legítimo cuerpo político y legislativo representante de la soberanía popular, y en su rol de intérprete primario de la Constitución en representación del pueblo, procedió efectivamente a interpretar la Constitución, y con base en ella, decidir desconocer la ilegítima elección presidencial efectuada el 20 de mayo de 2018, en la cual supuestamente habría sido electo el Sr. Nicolás Maduro, para el período 2019-2025; y en consecuencia el régimen que representa.

La Asamblea Nacional, en efecto, además de reunir la representación de la soberanía popular, entre las instituciones del Estado puede considerarse como el intérprete primario de la Constitución, lo que, por supuesto, no significa que la interpretación de la misma sea monopolio de la Asamblea, como no lo es de órgano estatal alguno o de persona alguna, ni siquiera de la Sala Constitucional del Tribunal Supremo de Justicia. La interpretación constitucional corresponde a todas las personas, a todos los funcionarios y a todos los órganos del Estado a quienes corresponde aplicarla. Por ello es que se puede decir que nadie en el Estado constitucional, tiene el monopolio de la interpretación constitucional. Como lo expresó Néstor Pedro Sagüés:

> "A la Constitución la puede interpretar todo el mundo: legisladores, ministros, paridos políticos, simples particulares, grandes corporaciones, litigantes, sindicatos, el defensor del pueblo, los integrantes del Ministerio Público, las comunidades regionales etc. También los jueces…"[3]

En la misma orientación, como lo expresó Elisur Arteaga Nava:

> "A todos es dable interpretar la Constitución; no existe norma que atribuya el monopolio de la función a un ente o persona, lo hacen incluso aquellos que no tienen noción de lo que es el derecho."

> "Interpretar la Constitución es una función, una facultad y una responsabilidad que se ha confiado y recae en todos los poderes, órganos y entes previstos en las Constituciones. Quien está facul-

---

3 Véase Néstor Pedro Sagüés, *La interpretación judicial de la Constitución*, Segunda edición, Lexis Nexis, Buenos Aires 2006, p. 2.

tado de manera expresa para aplicar la carta magna, sin importar qué poder u órgano, está implícitamente autorizado para interpretarla."[4]

A la Asamblea Nacional, por tanto, también le corresponde interpretar la Constitución, pero dentro de la organización del Estado, con la característica de, por ser el órgano representante de la soberanía popular, lo hace con carácter primario.

Como lo expresó Javier Pérez Royo:

"El primer interprete de la Constitución y el más importante, con mucha diferencia, es el legislador. El legislador es el intérprete normal, ordinario de la Constitución. En consecuencia, la Constitución es una norma jurídica que remite en primera instancia a un intérprete político. El Parlamento es el órgano político que interpreta la Constitución de la única manera que sabe hacerlo: en clave política. Y, además, es un intérprete privilegiado, en la medida en que es el representante democráticamente elegido por los ciudadanos y expresa, por tanto, la voluntad general." Justamente, por eso, su interpretación en forma de ley se impone a toda la sociedad."[5]

Y fue como tal intérprete primario de la Constitución, y como mecanismo para expresar la voluntad popular, es decir, la voluntad del pueblo, que la Asamblea Nacional desconoció la antes mencionada elección de Nicolás Maduro efectuada el 20 de mayo de 2018 para el período constitucional 2019-2025.

---

4   Véase Elisur Arteaga Nava, "La interpretación constitucional," en Eduardo Ferrer Mac Gregor (Coordinador), *Interpretación constitucional*, Universidad Nacional Autónoma de México, Editorial Porrúa, México 2005, Tomo I, pp. 108 y 109.

5   Véase Javier Pérez Royo, "La interpretación de la Constitución," en Eduardo Ferrer Mac Gregor (Coordinador), *Interpretación constitucional*, Universidad Nacional Autónoma de México, Editorial Porrúa, México 2005, Tomo II, p. 889.

Dicha ilegítima elección había sido precedida de diversas actuaciones igualmente ilegítimas que habían ocurrido en el país, luego del triunfo electoral de la oposición democrática en las elecciones parlamentarias de diciembre de 2015, que llevaron a los partidos de oposición a controlar la mayoría en la Asamblea Nacional. [6]

Luego de que el régimen utilizó a la Sala Constitucional del Tribunal Supremo de Justicia durante todo el año 2016 y parte del 2017 para silenciar y anular a la Asamblea Nacional en el cumplimiento de sus funciones,[7] procedió durante ese año 2017 y 2018 a realizar otra serie de actos ilegítimo, y entre ellos: (i) la convocatoria en mayo de 2017, en forma inconstitucional y fraudulenta, de una Asamblea Nacional Constituyente;[8] (ii) el desconocimiento de lo que había sido decidido en una asamblea de ciudadanos realizada el día 16 de julio de 2017, en la cual el pueblo mayoritariamente se había pronun-

6   Véase Allan R. Brewer-Carías, *La ruina de la democracia. Algunas consecuencias. Venezuela 2015,* (Prólogo de Asdrúbal Aguiar), Colección Estudios Políticos, N° 12, Editorial Jurídica Venezolana, Caracas 2015, 694 pp.

7   Véase el estudio de todas las sentencias en: Allan R. Brewer-Carías, *La dictadura judicial y la perversión del Estado de derecho. El juez constitucional y la destrucción de la democracia en Venezuela* (Prólogo de Santiago Muñoz Machado), Ediciones El Cronista, Fundación Alfonso Martín Escudero, Editorial IUSTEL, Madrid 2017, 608 pp.; y *La consolidación de la tiranía judicial. El juez constitucional controlado por el Poder Ejecutivo, asumiendo el poder absoluto,* Colección Estudios Políticos, N° 15, Editorial Jurídica Venezolana International. Caracas / New York, 2017, 238 pp.

8   Véase Allan R. Brewer-Carías, *La inconstitucional convocatoria de una Asamblea Nacional Constituyente en mayo de 2017. Un nuevo fraude a la Constitución y a la voluntad popular,* Colección Textos Legislativos, N° 56, Editorial Jurídica Venezolana, Caracas 2017, pp. 178.

ciado en contra de la mencionada convocatoria de una Asamblea Constituyente, con el respaldo por más de 7.5 millones de votos;[9] (iii) la inconstitucional y fraudulenta elección de la Asamblea Nacional Constituyente el 30 de julio de 2018, donde hubo una muy escasa participación electoral, lo que contrastó con la infladas cifras presentada por el Consejo Nacional Electoral (más de 8 millones de votos), luego de la denuncia de fraude hecha por la propia empresa encargada de los cómputos electorales;[10] (iv) las elecciones de gobernadores realizadas el 15 de octubre de 2017, convocadas por la cuestionada Asamblea Nacional Constituyente, con resultados no creíbles, al punto de ser anulada la elección de gobernadores que no se sometieron a la voluntad de la Asamblea Nacional Constituyente;[11] (v) la realización también tardíamente, en diciembre de 2018, de las elecciones de Alcaldes igualmente convocada por la Asamblea nacional Constituyente, en la cual

---

9 Véase Allan R. Brewer-Carías, "La consulta del 16 de julio debe verse como una expresión de rebelión popular y de desobediencia civil en ejercicio del derecho ciudadano a la participación política," 10 de julio de 2017, en http://allanbrewercarias.net/site/wp-content/uploads/2017/07/167.-doc.-Consulta-16-de-julio-y-rebeli%C3%B3n-popular..pdf.

10 Véase Allan R. Brewer-Carías, *La inconstitucional convocatoria de una Asamblea Nacional Constituyente en mayo de 2017. Un nuevo fraude a la Constitución y a la voluntad popular,* Colección Textos Legislativos, N° 56, Editorial Jurídica Venezolana, Caracas 2017.

11 Véase Allan R. Brewer-Carías, "Crónica constitucional de un gran fraude y de una gran burla: las elecciones de gobernadores, el "dilema diabólico" que la oposición no supo resolver unida ni por unanimidad, y la humillante subordinación ante la fraudulenta Asamblea Constituyente," 24 octubre 2017, en http://allanbrewercarias.net/site/wp-content/uploads/2017/10/179.-doc.-Brewer.-Cr%C3%B3nica-constitucional-de-Gran-Fraude-y-Gran-Burla.-elecci%C3%B3n-Gobernad..-24-10-2017.pdf.

los principales partidos políticos de oposición decidieron no participar denunciándolas como fraudulentas, por lo que fueron "sancionados" por el Consejo Nacional Electoral, con el resultado de que no pudieron renovar su inscripción, quedando excluidos de poder participar en cualquier elección; [12] y (vi) la inhabilitación de los principales líderes de la oposición por parte de la Contraloría General de la República, por motivos fútiles;[13] a lo que se agregó la persecución contra otros importantes líderes de la oposición quienes fueron sometidos a procesos judiciales injustos. Y todo ello, culminando con la "reelección" presidencial del 20 de mayo de 2018, que nadie materialmente reconoció.

Ante ese panorama y cerrada como estaba la posibilidad de tener salidas electorales para resolver la crisis del sistema político, y de poder someter cualquier acto estatal a control judicial por parte de la Sala Constitucional controlada por el Poder Ejecutivo, lo que estaba totalmente descartado, a la Asamblea Nacional no le quedaba otra alternativa sino ejercer, en nombre del pueblo, su derecho a desconocer autoridades ilegítimas, que usurpan el poder, y que, además, desconocen los principios o valores de la democracia y violan los derechos humanos.[14]

12　Véase el comentario sobre estas acciones en Allan R. Brewer-Carías, *Usurpación Constituyente 1999, 2017. La historia se repite: una vez como farsa y la otra como tragedia,* Colección Estudios Jurídicos, N° 121, Editorial Jurídica Venezolana International, 2018.

13　Véase Allan R. Brewer-Carías, "La inconstitucional inhabilitación política y revocación de su mandato popular, impuestos al gobernador del Estado Miranda Henrique Capriles Radonski, por un funcionario incompetente e irresponsable, actuando además con toda arbitrariedad," en *Revista de Derecho Público,* N° 149-150, (enero-junio 2017), Editorial Jurídica Venezolana, Caracas 2017, pp. 326-337.

14　Como lo expresó Antonio Sánchez García, "Llegamos al llegadero. No nos quedan sino dos caminos hacia la libertad: la intervención

En ese marco, precisamente, y al no cumplir la antes mencionada "reelección" presidencial del 20 de mayo de 2018 con los estándares nacionales propios de un proceso democrático, libre, justo y trasparente, la Asamblea Nacional,[15] mediante un importantísimo *Acuerdo* adoptado el día 22 de mayo de 2018, denunció el proceso electoral del 20 de mayo de 2018, como una "farsa" que –como antes se ha destacado-:

> "incumplió todas las garantías electorales reconocidas en Tratados y Acuerdos de Derechos Humanos, así como en la Constitución de la República Bolivariana de Venezuela y la Ley Orgánica de Procesos Electorales, tomando en cuenta la ausencia efectiva del Estado de Derecho; la parcialidad del árbitro electoral; la violación de las garantías efectivas para el ejercicio del derecho al sufragio y para el ejercicio del derecho a optar a cargos de elección popular; la inexistencia de controles efectivos en contra de los actos de corrupción electoral perpetrados por el Gobierno; la sistemática violación a la libertad de expresión, aunada a la parcialidad de los medios de comunicación social controlados por el Gobierno, y la ausencia de mecanismos efectivos y transparentes de observación electoral."

humanitaria o la rebelión civil. O, en el mejor de los casos, una sabia combinación de ambos vectores." Véase Antonio Sánchez García, "Sin máscaras ante el abismo," en *El Nacional*, 27 de mayo de 2018, en http://www.el-nacional.com/noticias/columnista/sin-mascaras-ante-abismo_237137.

15 Dicha elección ha sido considerada ilegítima hasta por los mismos excolaboradores del régimen. Véase por ejemplo lo expresado por el exMinistro de Finanzas, Rodrigo cabezas, en marzo de 2019, cuando declaró que: "La crisis política que hoy tenemos es porque la cúpula y la nueva clase política no reconoce que la elección de mayo del año pasado fue ilegitima. No fue democrática, ni competitiva, sino que estuvo controlada por el gobierno y el partido de gobierno." Véase en Mery Martínez, "Exministro Cabezas: Elección presidencial fue ilegítima," en *Globomiami*, 21 de marzo de 2019, en https://www.globomiami.com/venezuela/exministro-cabezas-eleccion-presidencial-fue-ilegitima/m.

Por ello, además de otras razones, considerando también que la *mayoritaria abstención en el proceso* se habría configurado como una:

> "*decisión del pueblo de Venezuela*, quien en defensa de nuestra Constitución y bajo el amparo de los artículos 333 y 350 que la misma consagra, decidió rechazar, desconocer y no convalidar la farsa convocada para el 20 de mayo, a pesar de la presión gubernamental a través de los medios de control social."

En esta forma, en nombre del pueblo, e interpretando su voluntad, la Asamblea Nacional con base en el artículo 350 desconoció dicha elección del 20 de mayo de 2018, acordando – como igualmente antes se ha destacado -:

> "1. *Declarar como inexistente* la farsa realizada el 20 de mayo de 2018, al haberse realizado completamente al margen de lo dispuesto en Tratados de Derechos Humanos, la Constitución y las Leyes de la República.
>
> 2. *Desconocer los supuestos resultados* anunciados por el Consejo Nacional Electoral y en especial, la supuesta elección de Nicolás Maduro Moros como presidente de la República, quien debe ser considerado como un usurpador del cargo de la Presidencia de la República.
>
> 3. *Desconocer cualesquiera acto*s írritos e ilegítimos de proclamación y juramentación en virtud de los cuales se pretenda investir constitucionalmente al ciudadano Nicolás Maduro Moros como supuesto presidente de la República Bolivariana de Venezuela para el período 2019- 2025." [16]

---

16 Véase el texto del Acuerdo en http://www.asambleanacional.gob.ve/actos/_acuerdo-reiterando-el-desconocimiento-de-la-farsa-realizada-el-20-de-mayo-de-2018-para-la-supuesta-eleccion-del-presidente-de-la-republica. Igualmente, en la reseña "Asamblea Nacional desconoce resultados del 20M y declara a Maduro "usurpa-

Esta declaración, como lo observé días después en mayo de 2018,[17] no podía ser apreciada de otra forma que no fuera como una clara y decidida manifestación de la Asamblea Nacional expresada en nombre del pueblo, de desobediencia civil, de resistencia ante la ilegitimidad, desconociendo específicamente una supuesta "reelección" presidencial que la Asamblea Nacional consideró como fraudulenta, por lo cual la declaró inexistente, procediendo a desconocer la proclamación y juramentación subsiguiente.

En todo caso, junto con el rechazo contra Nicolás Maduro, ante la farsa y el fraude electoral cometido,[18] y con miras al rescate de la democracia en el país, en el Acuerdo antes mencionado emitido por la Asamblea Nacional el 22 de mayo de 2018, la misma decidió:

dor," en *NTN24*, 22 de mayo de 2018, en http://www.ntn24.com/america-latina/la-tarde/venezuela/asamblea-nacional-desconoce-resultados-del-20m-y-declara-nicolas.

17 Véase Allan R. Brewer-Carías, "Reflexiones sobre la dictadura en Venezuela después de la fraudulenta "reelección" presidencial de mayo de 2018," New York, 27 de mayo de 2018, publicado en: http://allanbrewercarias.com/wp-content/uploads/2018/05/184.-Brewer.-doc.-SOBRE-LA-DICTADURA.-VENEZUELA.-5-2018.-2.pdf.

18 Véase el detalle de los motivos por los cuales la elección del 20 de mayo constituyó un fraude electoral, en la declaración del Bloque Constitucional del 22 de mayo de 2018, en la cual concluyeron expresando que "Venezuela se encuentra en una situación de vacío de poder, pues no existe un titular legítimo en el cargo de presidente de la República," en *noticierodigital.com*, 22 de mayo de 2018, en http://noticierodigital.com/forum/viewtopic.php?f=1&t=100757.

"Reiterar el exhorto a la Fuerza Armada Nacional para que cumpla y haga cumplir la Constitución y se le devuelva la soberanía al pueblo venezolano."[19]

En el Acuerdo también se hizo mención a la Declaración del Grupo de Lima, a la cual siguieron declaraciones de igual valor internacional emanadas de más de 44 gobiernos de muchos Estados en el resto de América y Europa, rechazando la legitimidad de la elección.[20]

Esa presión internacional, en efecto, se comenzó a manifestar el mismo día 21 de mayo de 2018, en la importante declaración de dicho *Grupo de Lima*, en la cual los gobiernos de

---

19 Véase el texto del Acuerdo en http://www.asambleanacional.gob.ve/actos/_acuerdo-reiterando-el-desconocimiento-de-la-farsa-realizada-el-20-de-mayo-de-2018-para-la-supuesta-eleccion-del-presidente-de-la-republica. Sobre ese mismo exhorto, el 30 de abril de 1018, el Sr. Juan Cruz, *Senior Director* de la Casa Blanca para América Latina, hizo un llamado "a cada ciudadano a cumplir con sus deberes establecidas en esta Constitución y urgimos a los militares a respetar el juramento que hicieron de cumplir cn sus funciones. Cumplan su juramento" (*We call on every citizen to fulfill their duties outlined in this constitution and urge the military to respect the oath they took to perform their functions. Honor your oath,"*). Véase en David Adams, "Top Trump official denounces "Madman Maduro", calls on Venezuelans to disobey regime," en univisionnews, 30 de abril de 2018, en https://www.univision.com/univision-news/latin-america/top-trump-official-denounces-madman-maduro-calls-on-venezuelans-to-disobey-regime. Véase sobre estas declaraciones, los comentarios de Jon Lee Anderson, "How long can Nicolás Maduro hang on to power in Venezuela?," en *The New Yorker*, 22 de mayo de 2018, en https://www.newyorker.com/news/news-desk/how-long-can-nicolas-maduro-hang-on-to-power-in-venezuela.

20 Véase en general la reseña "Repudio a Maduro. La comunidad internacional rechaza la reelección del mandatario venezolano," en *El País,* Editorial, 21 de mayo de 018, en https://elpais.com/el-pais/2018/05/21/opinion/1526916038_130681.html.

Argentina, Brasil, Canadá, Chile, Colombia, Costa Rica, Guatemala, Guyana, Honduras, México, Panamá, Paraguay, Perú y Santa Lucía, acordaron ejercer presión diplomática sobre el régimen, ratificando su voluntad "de contribuir a preservar las atribuciones de la Asamblea Nacional," expresando, entre otras cosas, que:

> "No reconocen la legitimidad del proceso electoral desarrollado en la República Bolivariana de Venezuela que concluyó el pasado 20 de mayo, por no cumplir con los estándares internacionales de un proceso democrático, libre, justo y transparente."[21]

Debe destacarse también la posición de los Estados Unidos, cuyo Secretario de Estado declaró, sencillamente que:

> "Los Estados Unidos condenan la fraudulenta elección que tuvo lugar en Venezuela el 20 de mayo. Esta llamada "elección" es un ataque al orden constitucional y una afrenta a la tradición democrática de Venezuela."[22]

---

21 Véase la información en *Politico.mx*, 21 de mayo de 2018, en https://politico.mx/minuta-politica/minuta-politica-gobierno-federal/-m%C3%A9xico-y-el-grupo-lima-no-reconocen-elecci%C3%B3n-en-venezuela/ El Vice presidente de Estados Unidos Mike Pence a través de su cuenta oficial en Twitter@VP, luego de calificar de "farsa" el proceso electoral del 2° de mayo precisó que: "Estados Unidos se levanta en contra de la dictadura y a favor del pueblo venezolano que pide elecciones justas y libres."Véase en *93.1CostadelSol*, 21 de mayo de 2018, en http://www.costadel-solfm.net/2018/05/21/mike-pence-estados-unidos-se-levanta-contra-la-dictadura-vienen-mas-acciones-contra-el-gobierno-de-venezuela/.

22 Véase la declaración de Mike Pompeo: "The United States condemns the fraudulent election that took place in Venezuela on May 20. This so-called "election" is an attack on constitutional order and an affront to Venezuela's tradition of democracy," en "An Unfair, Unfree Vote in Venezuela," Press Statement, *Secretary of State*, Washington, DC.,

Igualmente se debe destacar la reacción del Grupo G7, que reúne a los líderes de Alemania, Canadá, Estados Unidos, Francia, Italia, Japón y el Reino Unido, y de la Unión Europea, quienes en declaración conjunta denunciaron el desarrollo de dicha elección presidencial por "no cumplir los estándares internacionales" ni asegurar "garantías básicas," concluyendo que "las elecciones presidenciales venezolanas y su resultado, ya que no es representativo de la voluntad democrática de los ciudadanos de Venezuela."[23]

De todo ello, como lo observó Michael Penfold, Nicolás Maduro quedó como un "presidente sin mandato," producto de la decisión del pueblo, incluyendo la "maquinaria chavista," de abstenerse de votar, con lo cual se "redujo su votación en prácticamente 2 millones de votos, comparado con su cuestionado triunfo en 2013 y un nivel de participación que ha sido el más bajo comparado con cualquiera de las contiendas presidenciales de las últimas décadas." Por eso Penfold concluyó afirmando con razón, que "si el objetivo era, frente a la presión internacional, ganar legitimidad en el plano nacional producto

---

May 21, 2018, en https://www.state.gov/secretary/remarks/2018/05/-282303.htm.

23   Véase "G7 Leaders' Statement on Venezuela," en la página oficial del primer ministro de Canadá, Justin Trudeau, 23 de mayo de 2018, en https://pm.gc.ca/eng/news/2018/05/23/g7-leaders-statement-venezuela. Véase además, en la reseña "El G7 denunció las elecciones en Venezuela por "no cumplir los estándares internacionales" ni asegurar "garantías básicas," en *infobae*, 23 de mayo de 2018, en https://www.infobae.com/america/venezuela/2018/05/23/el-g7-denuncio-las-elecciones-en-venezuela-por-no-cumplir-los-estandares-internacionales-ni-asegurar-garantias-basicas/. Véase igualmente la información en "G7 and European Union unite to reject recent election in Venezuela," en *north shore news,* The Canadian Press, 23 de mayo de 2018, en http://www.nsnews.com/news/national/g7-and-european-union-unite-to-reject-recent-election-in-venezuela-1.23310884.

de una votación masiva, esta posibilidad quedó totalmente abortada frente a los resultados de las votaciones."[24]

Desconocida, por tanto, formal y expresamente por el pueblo mediante expresión de la Asamblea Nacional, la "elección" de Nicolás Maduro que se había efectuado el 20 de mayo de 2018 para el período 2019-2025, por ilegítima, como el supuesto mandato que habría obtenido Maduro en 2013 habría sido para el período 2013-2019 que se vencía en enero de 2019, con el propósito de comenzar de inmediato, es decir, en forma anticipada, el supuesto nuevo mandato producto de la "reelección," el día 22 de mayo, en medio de absoluto sigilo, el Sr. Maduro presentó ante la Sala Constitucional del Tribunal Supremo de Justicia un recurso de interpretación constitucional (se presumía que era del artículo 231 de la Constitución),[25] para definir, según lo informó la prensa el día 24 de mayo de 2018, ese mismo día, "si el presidente electo debe esperar hasta el 10 de enero de 2019 para su toma de posesión como está establecido en la Constitución o se adelanta su juramentación."

Y por supuesto, quizás también para determinar que, en tal supuesto, la "juramentación" que conforme a la Constitución

---

24 Véase Michael Penfold, "Un presidente sin mandato," en *Prodavinci*, 22 de mayo de 2018, en https://prodavinci.com/un-presidente-sin-mandato/?platform=hootsuitepr.

25 Así lo informó oficialmente el Tribunal Supremo de Justicia el 22 de mayo de 2018, sin especificar de cuál artículo de la Constitución se trataba. Véase la información en: "Maduro introdujo un recurso de interpretación ante la Sala Constitucional del TSJ," en NTN24, 22 de mayo de 2018, en http://www.ntn24.com/america-latina/el-informativo-ntn24/venezuela/maduro-introdujo-recurso-de-interpretacion-ante-sala; y en la reseña: "El extraño movimiento de Maduro ante el TSJ," en *Noticiasvenezuela*, 23 de mayo de 2018, en https://noticiasvenezuela.org/2018/05/23/el-extrano-movimiento-de-maduro-ante-el-tsj/amp/?__twitter_impression=true.

tenía que ocurrir ante la Asamblea Nacional, tuviera lugar ante la Asamblea Nacional Constituyente y no ante la Asamblea Nacional. La noticia de prensa en la mañana del mismo día, además, ya anunciaba qué era lo que iba a resolverse al poco tiempo, al informar que:

> "La sesión [del Tribunal] está prevista a las 11:00 hora local (15:00 GMT) y una hora más tarde el jefe de Estado está convocado a una sesión especial en la Asamblea Nacional Constituyente; a ambos eventos fue invitada la prensa nacional e internacional."[26]

O sea, aparentemente se habría tratado de un proceso judicial de interpretación constitucional exprés, tramitado con todo sigilo,[27] pero con un resultado previamente anunciado que se produjo en cuestión de horas. Y así fue como ocurrió, de manera que aun sin tenerse noticias de que se hubiese dictado alguna sentencia, efectivamente, Nicolás Maduro se juramentó el 24 de mayo de 2018 ante la Asamblea Nacional Constituyente, pero con la salvedad según lo indicó la presidenta de la misma al leer un "decreto constituyente" emitido al efecto, que se trataba de una especie de "juramentación anticipada" de

---

26 Véase la reseña "El Suprema venezolano decide si adelanta juramentación de Maduro," en *sutniknews*, 24 de mayo de 2018, en https://mundo.sputniknews.com/politica/201805241078973890-justicia-venezolana-decide-toma-adelantada-de-posesion-de-maduro/

27 En el curso de la tarde de ese mismo día 24 de mayo de 2018, Ramón Escobar León indicó en su tweet: @rescobar: "La justicia en Venezuela no es clandestina y los procesos son públicos. No se justifica mantener el recurso de "interpretación" propuesto por Maduro ante la Sala Constitucional bajo reserva. Los ciudadanos tienen derecho a conocerlo y presentar los alegatos que consideren. "

manera que Maduro tomaría "posesión del cargo el próximo 10 de enero de 2019."[28]

Sobre ello, José Ignacio Hernández, el mismo día 24 de mayo de 2018 observó que, en definitiva, dicho:

"acto político realizado por la ANC demuestra que todo el proceso de las elecciones presidenciales forma parte de un fraude continuado, es decir, de un conjunto de decisiones concatenadas entre sí que pretenden tener apariencia de un proceso electoral pero que, en el fondo, no son más que actuaciones políticas orientadas a violentar la Constitución y muy en especial, los derechos políticos de los venezolanos."[29]

En definitiva, como lo resumieron acertadamente Daniel Lozano y Diego Santander en su reseña sobre los hechos en el diario *El Mundo* de Madrid:

"Recapitulando: un enredo inconstitucional en un escenario ilegítimo, ya que es en el Parlamento donde según la Constitución debería juramentarse el presidente y no la Asamblea Constituyen-

---

28 Véase las reseñas: "Maduro juró como presidente ante la Constituyente, en un acto inesperado," en *Noticias Caracol*, 24 de mayo de 2018, en https://noticias.caracoltv.com/mundo/maduro-juro-como-presidente-ante-la-constituyente-en-un-acto-inesperado-ie11269; y "Otra maniobra del dictador Nicolás Maduro: juró como presidente ante la Asamblea Constituyente y no frente al Parlamento. El mandatario reelegido en las polémicas elecciones del pasado domingo interpuso un recurso ante el Tribunal Supremo de Justicia y tomó posesión para el nuevo período de gobierno," en *infobae.com*, 24 de mayo de 2018, en https://www.infobae.com/america/venezuela/2018/05/24/el-dictador-nicolas-maduro-jurara-este-jueves-como-presidente-reelecto-de-venezuela-ante-la-asamblea-constituyente/.

29 Véase José Ignacio Hernández, "¿Qué fue lo que pasó con la "juramentación" de Nicolás Maduro ante la ANC?," en *Prodavinci*, 24 de mayo de 2018, en https://prodavinci.com/que-fue-lo-que-paso-con-la-juramentacion-de-nicolas-maduro-ante-la-anc/.

te, un órgano impuesto para redactar la nueva Constitución pero que ejerce como una mezcla del Comité de Salud Pública de la Revolución Francesa y de la Asamblea cubana del Poder Popular. "Un poder magnífico," como reconoció el propio presidente."[30]

Y en cuanto al "recurso de interpretación constitucional" publicitado por el Tribunal Supremo como presentado por Nicolás Maduro, para presumiblemente intentar darle algún presunto "orden" al enredo institucional, en la página web del Tribunal Supremo de Justicia consultada el día 25 de mayo de 2018, nada se había incluido sobre el mismo, por lo que había que presumir que no se dictó sentencia antes de la juramentación anticipada de Maduro ante la Asamblea Nacional Constituyente. Como supuestamente la misma era todopoderosa, omnipotente, soberana y omnipresente y, además en ejercicio de un supuesto "poder magnífico," es posible que le hayan dicho al Sr. Maduro que su recurso de interpretación constitucional no habría sido un ejercicio inútil.

En todo caso, lo que fue indubitable es que la Asamblea Nacional, invocando el artículo 350 de la Constitución, en representación del pueblo, mediante el antes mencionado Acuerdo de 22 de mayo de 2018, declaró la "reelección" de Nicolás Maduro como presidente de la República realizada el 20 de mayo del mismo año, como "inexistente;" desconoció "los supuestos resultados anunciados por el Consejo Nacional Electoral" sobre dicha elección; consideró a Nicolás Maduro Moros "como un usurpador del cargo de la Presidencia de la República;" y desconoció "cualesquiera actos írritos e ilegítimos

---

30 Véase Daniel Lozano y Diego Santander, "Nicolás Maduro jura como presidente ante la Asamblea Constituyente oficialista," en *El Mundo*, 24 de mayo de 2018, en http://www.elmundo.es/internacional/2018/05/24/5b06ff2946163f39148b45d0.html.

de proclamación y juramentación en virtud de los cuales se pretenda investir constitucionalmente al ciudadano Nicolás Maduro Moros como supuesto presidente de la República Bolivariana de Venezuela."

Dicha manifestación de desobediencia civil y rechazo al régimen ilegítimo, lo reiteró la Asamblea Nacional mediante Acuerdo de 13 de noviembre de 2018, en el cual "para impulsar una solución política a la crisis nacional," expresó formalmente que:

"a partir del 10 de enero de 2019 Nicolás Maduro continúa la usurpación de la Presidencia de la República, pues a pesar de no ser presidente electo, ocupa de hecho la Presidencia de la República, con lo cual todas las decisiones del Poder Ejecutivo Nacional son ineficaces a partir de ese día, en los términos del artículo 138 de la Constitución."

Y posteriormente, siguiendo la misma línea de desconocer por ilegítimo el régimen, con motivo de la juramentación que, "de nuevo," Nicolás Maduro prestó ante el Tribunal Supremo de Justicia el 10 de enero de 2019, -acto que no tuvo valor alguno, el cual, además, fue desconocido por la comunidad internacional[31]-, la Asamblea Nacional adoptó un *Acuerdo* de-

---

31 En efecto, el mismo día 10 de enero de 2019 el Consejo Permanente de la Organización de Estados Americanos, decidió "no reconocer la legitimidad del régimen de Nicolás Maduro," al aprobar la propuesta formulada por Argentina, Chile, Colombia, Costa Rica, Estados Unidos, Perú y Paragua, aprobaba con el voto favorable de Jamaica, Panamá, Paraguay, Perú, República Dominicana, Santa Lucía, Argentina, Bahamas, Brasil, Canadá, Colombia, Costa Rica, Ecuador, Granada, Guatemala, Guyana, Honduras y Haití. Véase la información en *El País*, 11 enero 2019, en https://elpais.com/internacional/2019/01/10/estados_unidos/1547142698_233272.html. Véase en *El Nacional*, 10 de enero de 2019, en http://www.el-nacio-

clarándose "en emergencia debido a la ruptura completa del hilo constitucional," y proceder, como el intérprete primario de la Constitución, a establecer "la ruta para el cese la usurpación;"[32] razón por la cual, por ejemplo, el presidente de la Asamblea Nacional expresó ese mismo día, que "Hoy no hay Jefe de Estado, hoy no hay comandante en jefe de las Fuerzas Armadas, hoy hay una Asamblea Nacional que representa al pueblo de Venezuela."[33]

La misma Asamblea Nacional, por ello, el día 15 de enero de 2019, adoptó otro importantísimo "Acuerdo sobre la declaratoria de usurpación de la Presidencia de la República por parte de Nicolás Maduro Moros y el restablecimiento de la vigencia de la Constitución,"[34] mediante el cual, interpretando

_____

nal.com/noticias/mundo/oea-aprobo-resolucion-para-desconocer-juramentacion-maduro_265882

32 Véase el reportaje "Venezuela: Asamblea Nacional se declara "en emergencia" por jura de Nicolás Maduro. Su presidente, Juan Guaidó hizo un llamado a las fuerzas militares de Venezuela para que acompañen una eventual transición política, en *Tele13*, 10 de enero de 2019, en http://www.t13.cl/noticia/mundo/venezuela-asamblea-nacional-se-declara-emergencia-jura-nicolas-maduro

33 Véase el reportaje "Juan Guaidó: Hoy no hay jefe de Estado," en *Noticiero52*, 10 de enero de 2019, en https://noticiero52.com/juan-guaido-hoy-no-hay-jefe-de-estado/

34 Véase en http://www.asambleanacional.gob.ve/actos/_acuerdo-sobre-la-declaratoria-de-usurpacionde-la-presidencia-de-la-republica-por-parte-de-nicolas-maduro-moros-y-el-restablecimiento-de-la-vigencia-de-la-constitucion. La Asamblea, ese mismo día, adoptó otros tres importantes Acuerdos que fueron: "Acuerdo para la autorización de la ayuda humanitaria para atender la crisis social que sufre el pueblo venezolano;" "Acuerdo en solicitud de protección de activos del Estado venezolano ante los países de Argentina, Brasil, Canadá, Chile, Colombia, Costa Rica, Guatemala, Guyana, Honduras Panamá, Paraguay, Perú, Estados Unidos, Bulgaria, Rusia, China, Turquía, Emiratos Árabes y la Unión Europea ante la flagrante usurpación del poder

la Constitución, constató que ante la ausencia de presidente legítimamente electo que pudiera tomar posesión del cargo para el período 2019-2025 dado el formal desconocimiento de la elección de Nicolás Maduro, por ilegítima, y considerándolo como un usurpador, en "situación de usurpación" que ,como lo expresó la Asamblea Nacional "no encuentra una solución expresa en la Constitución;" consideró entonces la propia Asamblea Nacional, con razón, que le correspondía "como única autoridad legítima del Estado y representante del pueblo venezolano," interpretar el texto fundamental y, en consecuencia, adoptar "decisiones para proceder a restablecer la vigencia del orden constitucional, con fundamento en los artículos 5, 187, 233, 333 y 350 de la Constitución."

En particular, la Asamblea Nacional en su Acuerdo del 15 de enero de 2019 se refirió al artículo 333 de la Constitución[35] que obliga a los ciudadanos, incluyendo a los funcionarios al servicio del Estado, a realizar todas las acciones necesarias para colaborar en el restablecimiento de la vigencia efectiva de la Constitución y, en particular, al antes mencionado artículo 350 de la Constitución que reconoce "el derecho a la desobediencia civil frente a la usurpación de Nicolás Maduro," considerando, en su carácter de órgano de representación popular, a través del cual el pueblo ejerce su soberanía (art. 4 de la Cons-

---

ejecutivo por parte del ciudadano Nicolás Maduro Moros," y "Acuerdo sobre la necesidad de una Ley de amnistía para los civiles y militares que apegándose al artículo 333 de la Constitución, colaboren en la restitución del orden."

35 Recordemos que esta norma del artículo 333, reza así: "Esta Constitución no perderá su vigencia ni dejará de observarse por acto de fuerza o porque fuere derogada por cualquier otro medio distinto al previsto en ella. En tal eventualidad, todo ciudadano investido o no de autoridad, tendrá el deber de colaborar en el restablecimiento de su efectiva vigencia."

tución), que era necesario, "ante la ausencia de una norma constitucional que regule la situación actual," proceder a:

"aplicar analógicamente el artículo 233 de la Constitución, a los fines de suplir la inexistencia de presidente electo al mismo tiempo que se emprendan las acciones para restablecer el orden constitucional con base en los artículos 333 y 350 de la Constitución, y así hacer cesar la usurpación, conformar efectivamente el Gobierno de Transición y proceder a la organización de elecciones libres y transparentes."

En esta forma, la Asamblea Nacional, como el intérprete primario de la Constitución y como el órgano a través del cual el pueblo ejerce su soberanía, acordó la aplicación analógica del artículo 233 de la Constitución, lo que significó que en ausencia de presidente electo legítimamente para juramentarse como presidente para el período 2019-2025, el presidente de la Asamblea Nacional se debía encargar de la presidencia de la República; acordando además, oficialmente, "en aplicación de los artículos 333 y 350 de la misma Constitución," desconocer globalmente al régimen como ilegítimo, acordando:

"*Primero*: *Declarar formalmente la usurpación* de la Presidencia de la República por parte de Nicolás Maduro Moros y, por lo tanto, asumir como jurídicamente ineficaz la situación de facto de Nicolás Maduro y reputar como nulos todos los supuestos actos emanados del Poder Ejecutivo, de conformidad con el artículo 138 de la Constitución.

Segundo: Adoptar, en el marco de la aplicación del artículo 233, las medidas que permitan restablecer las condiciones de integridad electoral para, una vez cesada la usurpación y conformado efectivamente un Gobierno de Transición, proceder a la convocatoria y celebración de elecciones libres y transparentes en el menor tiempo posible, conforme a lo previsto en la Constitución y demás leyes de la República y tratados aplicables.

Tercero: Aprobar el marco legislativo para la transición política y económica, fijando las condiciones jurídicas que permita iniciar un proceso progresivo y temporal de transferencia de las competencias del Poder Ejecutivo al Poder Legislativo, con especial atención en aquellas que permitan adoptar las medidas necesarias para restablecer el orden constitucional y atender la emergencia humanitaria compleja, incluida la crisis de refugiados y migrantes. El presidente de la Asamblea Nacional se encargará de velar por el cumplimiento de la normativa legal aprobada hasta tanto se restituya el orden democrático y el Estado de Derecho en el país.

Cuarto: Establecer un marco legislativo que otorgue garantías para la reinserción democrática, de modo que se creen incentivos para que los funcionarios civiles y policiales, así como los componentes de la Fuerza Armada Nacional, dejen de obedecer a Nicolás Maduro Moros y obedezcan, de conformidad con los artículos 7 y 328 de la Constitución, las decisiones de la Asamblea Nacional a los fines de cumplir con el artículo 333 de la Carta Magna.

Quinto: Instrumentar las medidas necesarias para que, en el marco de las competencias de control de la Asamblea Nacional, este Parlamento proteja los activos de la República a nivel nacional e internacional, y los mismos puedan ser utilizados para atender la emergencia humanitaria compleja.

Sexto: Disponer de las medidas necesarias para que, de conformidad con los tratados aplicables, la Constitución y las leyes de la República, se asegure la permanencia del Estado venezolano en organismos multilaterales y la vinculación de los mecanismos internacionales de protección de Derechos Humanos como límites al ejercicio del poder político en Venezuela."[36]

Conforme a este marco, adoptado en un acto parlamentario sin forma de Ley dictado en ejecución directa e inmediata de la Constitución, la Asamblea Nacional en Venezuela, ante la ilegitimidad declarada del régimen, representando al pueblo en acto de desobediencia civil, asumió el proceso político de res-

---

36 Véase en http://www.asambleanacional.gob.ve/actos/_acuerdo-sobre-la-declaratoria-de-usurpacionde-la-presidencia-de-la-republica-por-parte-de-nicolas-maduro-moros-y-el-restablecimiento-de-la-vigencia-de-la-constitucion.

tablecer el orden democrático, hacer cesar la usurpación de la presidencia de la República por parte de Nicolás Maduro, establecer el marco para la transición política, previendo que el presidente de la Asamblea Nacional, es decir, del Poder legislativo, asumiera progresiva y temporalmente conforme a la Constitución, las funciones que le corresponden al tenerse que encargar de la Presidencia de la República, encargándolo formalmente "de velar por el cumplimiento de la normativa legal aprobada hasta tanto se restituya el orden democrático y el Estado de Derecho en el país."

Es en tal sentido que la Asamblea Nacional, con base los artículos 7 y 333 de la Constitución, en ejecución de dicho Acuerdo del 15 de enero de 2019 y para conducir el proceso de transición democrática, sancionó el día 5 de febrero de 2019 la Ley del "Estatuto que rige la transición a la democracia para restablecer la vigencia de la Constitución de la República Bolivariana de Venezuela,"[37] con el propósito específico de "establecer el marco normativo que rige la transición democrática en la República" (art. 1). Constitucionalmente se trató de un acto estatal de carácter de "acto normativo" dictado "en ejecución directa e inmediata del artículo 333 de la Constitución," "de obligatorio acatamiento para todas las autoridades y funcionarios públicos, así como para los particulares" (art. 4).

Dicho Estatuto, conforme al artículo 333 de la Constitución, tuvo entre sus objetivos los siguientes referidos a la reordenación institucional de la República:

---

37 Véase el texto en https://www.prensa.com/mundo/estatuto-que-rige-la-transicion-a-la-democraciapara-restablecer-la-vigencia-de-la-constitucionde-la-republica-bolivariana-de-venezuela-282_LPRFIL-20190205_0001.pdf.

1. Regular la actuación de las diferentes ramas del Poder Público durante el proceso de transición democrática de conformidad con el artículo 187, numeral 1 de la Constitución,[38] permitiendo a la Asamblea Nacional iniciar el proceso de restablecimiento del orden constitucional y democrático."

2. Establecer los lineamientos conforme a los cuales la Asamblea Nacional tutelará ante la comunidad internacional los derechos del Estado y pueblo venezolanos, hasta tanto sea conformado un Gobierno provisional de unidad nacional."

En particular, en el mismo Estatuto, la Asamblea Nacional reguló en su artículo 15, diversos mecanismos para la "defensa de los derechos del pueblo y Estado venezolanos," pudiendo a tal efecto "adoptar las decisiones necesarias":

"a los fines de asegurar el resguardo de los activos, bienes e intereses del Estado en el extranjero y promover la protección y defensa de los derechos humanos del pueblo venezolano, todo ello de conformidad con los Tratados, Convenios y Acuerdos Internacionales en vigor."

En el artículo 15 del Estatuto, se le atribuyeron al presidente de la Asamblea Nacional, como "legítimo presidente encargado de la República" (art. 14) y "en el marco del artículo 333 de la Constitución," una serie de atribuciones sujetando su ejercicio al "control autorizatorio de la Asamblea Nacional bajo los principios de transparencia y rendición de cuentas:"

En consecuencia, luego de la interpretación constitucional efectuada por la Asamblea Nacional en el antes mencionado Acuerdo de 15 de enero de 2019, y en dicho Estatuto de Transición, al aplicar analógicamente el artículo 233 de la Consti-

---

38   El artículo 187.1 dice: "Corresponde a la Asamblea Nacional: 1. Legislar en las materias de la competencia nacional y sobre el funcionamiento de las distintas ramas del Poder Nacional."

tución ante la ausencia de presidente legítimamente electo que pudiera juramentarse como presidente de la República para el período 2019-2025, ello implicó que a partir del 10 de enero de 2019, el presidente de la Asamblea Nacional tenía el deber de encargarse de la Presidencia de la República, al tener éste, entre las funciones inherentes a su cargo, precisamente la de encargarse de la misma en los casos de falta absoluta del presidente de la República.

Ello puede considerarse que ocurrió de pleno derecho, sin necesidad de juramento adicional alguno ante la Asamblea, pues para ello ya se había juramentado al aceptar el cargo de presidente de la Asamblea el 5 de enero de 2019. Así, el diputado Juan Guaidó, en su carácter de presidente de la Asamblea Nacional, por mandato de la Constitución y sin perder su condición de tal, quedó de derecho encargado de la Presidencia de la República, lo que, entre otras manifestaciones, fue expresado por él mismo en acto público y popular realizado el día 23 de enero de 2019.

Desde el punto de vista del derecho constitucional, en todo caso, la importancia de todo el proceso político y constitucional anteriormente analizado, que comenzó en mayo de 2018, con el desconocimiento por parte de la Asamblea nacional de la supuesta elección de Nicolás Maduro para el período 2019-2025, considerándola como ilegitima e inexistente; y luego, en enero de 2019, con el desconocimiento global del régimen de Nicolás Maduro considerándolo como una usurpación, es que se trató de un importante y elocuente proceso desobediencia civil contra el mismo, desarrollado de acuerdo con la expresa previsión del artículo 350 de la Constitución, por la Asamblea Nacional expresando la voluntad del pueblo.

New York, 22 de marzo de 2019

VI

EL PRESIDENTE DE LA ASAMBLEA NACIONAL, JUAN GUAIDÓ, NO SE "AUTO-PROCLAMÓ" PRESIDENTE ENCARGADO DE LA REPÚBLICA.

A partir del 10 de enero de 2019, conforme a la Constitución y ante la ausencia de un presidente legítimamente electo, en tal carácter de presidente de la Asamblea quedó encargado de la Presidencia de la República [*]

1. *Los antecedentes inmediatos*

Ante la persistente "desinformación" que se refleja en la afirmación que se lee en los medios, de que Juan Guaidó, presidente de la Asamblea Nacional de Venezuela se habría "au-

---

[*] Texto de la Presentación en el evento *"Ask a Venezuelan*: On the Current Constitucional Situation of the Country, March 2019," en la *Northwestern Pritzker School of Law, Northwestern University*, Chicago, 8 de marzo de 2019, publicado en http://allanbrewercarias.com/wp-content/uploads/2019/03/1227.-Brewer-conf.-On-the-situation-of-Veneuela.-Northwestern-Univ.-March.-2019.pdf. Este estudio se incluyó en el libro: Allan R. Brewer-Carías, *Cónica Constitucional de una Venezuela en las Tinieblas*, Ediciones Olejnik, Santiago, Buenos Aires, Madrid, 2019.

toproclamado" encargado de la Presidencia de la República, bien vale la pena insistir en la falsedad y error de dicha afirmación.

El diputado Juan Guaidó, en su carácter de presidente de la Asamblea Nacional, a partir del 10 de enero de 2019, cuando terminó el período presidencial 2013-2019, quedó encargado de la Presidencia de la República de Venezuela por mandato de la Constitución, es decir, cumpliendo una obligación establecida en la misma, por no haber para esa fecha un presidente de la República que hubiese sido legítimamente electo para el siguiente periodo constitucional (2019-2025), pues la propia Asamblea Nacional, desde mayo de 2018, había declarado y considerado "inexistente" la supuesta reelección de Nicolás Maduro efectuada el 20 de mayo de dicho año, para dicho período.

No fue una decisión que el diputado Guaidó hubiese adoptado por su propia voluntad, es decir, no se "autoproclamó" como encargado de la Presidencia –como erradamente se ha afirmado–, sino que asumió esas funciones como uno de los deberes inherentes a su cargo de presidente de la Asamblea Nacional, conforme al juramento que para ello hizo el día 5 de enero de 2019.

La llamada "reelección" de Nicolás Maduro efectuada el 20 de mayo de 2018, en efecto, se realizó en un proceso electoral que no cumplió con los estándares nacionales e internacionales propios de procesos electorales democráticos, libres, justos y trasparentes, habiendo sido, además, convocado inconstitucionalmente por una fraudulenta e inconstitucional Asamblea Nacional Constituyente instalada en 2017, y no por el Consejo Nacional Electoral al cual le correspondía.

Ante esa usurpación, la Asamblea Nacional, *como cuerpo político y legislativo de representación de la soberanía popular, electo legítimamente en diciembre de 2015, e intérprete primario de la Constitución en representación del pueblo*, el día 22 de mayo de 2018 aprobó un Acuerdo denunciando la "farsa" que había sido dicho proceso electoral del 20 de mayo de 2018, indicando que:

"incumplió todas las garantías electorales reconocidas en Tratados y Acuerdos de Derechos Humanos, así como en la Constitución de la República Bolivariana de Venezuela y la Ley Orgánica de Procesos Electorales, tomando en cuenta la ausencia efectiva del Estado de Derecho; la parcialidad del árbitro electoral; la violación de las garantías efectivas para el ejercicio del derecho al sufragio y para el ejercicio del derecho a optar a cargos de elección popular; la inexistencia de controles efectivos en contra de los actos de corrupción electoral perpetrados por el Gobierno; la sistemática violación a la libertad de expresión, aunada a la parcialidad de los medios de comunicación social controlados por el Gobierno, y la ausencia de mecanismos efectivos y transparentes de observación electoral."

La Asamblea Nacional interpretó, además, que al abstenerse "el pueblo de Venezuela" de participar en forma mayoritaria en dicho ilegitimo proceso electoral, fue dicho pueblo el que:

"en defensa de nuestra Constitución y bajo el amparo de los artículos 333 y 350 que la misma consagra, *decidió rechazar, desconocer y no convalidar la farsa* convocada para el 20 de mayo, a pesar de la presión gubernamental a través de los medios de control social."

En virtud de lo anterior, entonces, la Asamblea Nacional, de nuevo, *como legítimo cuerpo político y legislativo representante de la soberanía popular, e intérprete primario de la Constitución en representación del pueblo,* acordó:

"1. *Declarar como inexistente la farsa realizada el 20 de mayo de 2018*, al haberse realizado completamente al margen de lo dispuesto en Tratados de Derechos Humanos, la Constitución y las Leyes de la República.

2. *Desconocer los supuestos resultados anunciados por el Consejo Nacional Electoral* y en especial, la supuesta elección

de Nicolás Maduro Moros como presidente de la República, quien debe ser considerado como un usurpador del cargo de la Presidencia de la República.

3. *Desconocer cualesquiera actos írritos e ilegítimos de proclamación y juramentación* en virtud de los cuales se pretenda investir constitucionalmente al ciudadano Nicolás Maduro Moros como supuesto presidente de la República Bolivariana de Venezuela para el período 2019-2025." [1]

Unos meses después, el 13 de noviembre de 2018 la misma Asamblea Nacional adoptó un Acuerdo "para impulsar una solución política a la crisis nacional" indicando, con toda precisión, que:

"a partir del 10 de enero de 2019 Nicolás Maduro *continúa la usurpación* de la Presidencia de la República, pues a pesar de no ser presidente electo, ocupa de hecho la Presidencia de la República, con lo cual todas las decisiones del Poder Ejecutivo Nacional son ineficaces a partir de ese día, en los términos del artículo 138 de la Constitución."

2. La interpretación de la Constitución

Ante esa situación, la cual había sido apreciada por otras instituciones nacionales, como la Academia de Ciencias Políticas y Sociales,[2] la Asamblea Nacional, de nuevo *como legíti-*

---

1 Véase el texto del Acuerdo en http://www.asambleanacional.gob.ve/actos/_acuerdo-reiterando-el-desconocimiento-de-la-farsa-realizada-el-20-de-mayo-de-2018-para-la-supuesta-eleccion-del-presidente-de-la-republica. Igualmente, en la reseña "Asamblea Nacional desconoce resultados del 20M y declara a Maduro "usurpador," en *NTN24*, 22 de mayo de 2018, en http://www.ntn24.com/america-latina/la-tarde/venezuela/asamblea-nacional-desconoce-resultados-del-20m-y-declara-nicolas.

2 La *Academia de Ciencias Políticas y Sociales,* en efecto, el órgano de mayor nivel de orden consultivo en el país en materias institucionala-

mo cuerpo político y legislativo representante de la soberanía popular, e intérprete primario de la Constitución en representación del pueblo, no hizo otra cosa sino *interpretar la Constitución* para comenzar a resolver la crisis política que se derivaba del hecho político inédito en la historia del país, que era para el 10 de enero de 2019 no existía un presidente legítimamente electo que pudiera juramentarse y tomar posesión del cargo de presidente de la República para el período 2019-2025 conforme al artículo 231 la Constitución; para lo cual aplicó analógicamente el artículo 233 de la propia Constitución que

les, el 4 de enero de 2019, ya destacaba que ante "la inexistencia de las condiciones necesarias para la celebración de elecciones libres y justas," la ilegítima "reelección" presidencial de mayo de 2018 había colocado al país ante "la situación inédita" (que fue la que enfrentaron los venezolanos en enero de 2019) "pues el venidero 10 de enero de 2019, fecha en la que, como manda el artículo 231 de la Constitución, ha de juramentarse al presidente de la República para el período 2019-2025, no contamos con un presidente elegido legítimamente a través de elecciones libres y justas." Por ello, la *Academia,* frente a la grave situación que se configuró por el mencionado "conjunto de hechos totalmente inconstitucionales e ilegítimos," y considerando que había que proceder a "dar cumplimiento al deber ciudadano establecido en el artículo 333 de la Constitución," exigió "a los distintos Poderes Públicos respetar la Constitución," y proceder "al restablecimiento pleno del orden constitucional y democrático en el país;" mensaje que *solo podía ser destinado a la Asamblea Nacional,* reconocida como el único órgano con legitimidad democrática en el país, ya que todos los otros órganos del Poder Público se encontraban totalmente sometidos al Poder Ejecutivo, en particular el Tribunal Supremo de Justicia, el Consejo Nacional Electoral, y los órganos del Poder Ciudadano, con el Fiscal General de la República a la cabeza. Véase el Pronunciamiento de la Academia de Ciencias Políticas y Sociales: "Ante el 1º de enero de 2019: fecha en la que ha de juramentarse al presidente de la República conforme a la Constitución," en https://www.lapatilla.com/2019/01/04/academia-de-ciencias-politicas -y-sociales-sobre-juramentacion-del-10ene-no-contamos-con-un- presidente-elegido-legitimamente/

se refiere a los casos de "falta absoluta del presidente antes de la toma de posesión del cargo."[3] Dicha norma, en la parte pertinente, regulando situaciones semejantes, indica lo siguiente:

> "Cuando se produzca la falta absoluta del presidente electo antes de tomar posesión, se procederá a una nueva elección universal, directa y secreta dentro de los treinta días consecutivos siguientes. Mientras se elige y toma posesión el nuevo presidente se encargará de la Presidencia de la República el presidente de la Asamblea Nacional."

Al interpretar la Constitución y aplicar analógicamente esta norma, la Asamblea Nacional decidió que en la situación que se dio el 10 de enero de 2019, al no haber un presidente que hubiera sido electo legítimamente, y que a pudiera ser juramentado constitucionalmente para ejercer la presidencia para el periodo constitucional 2019-2025, como la misma Asamblea Nacional lo había decidido desde mayo de 2018, debía considerar que conforme al artículo 233 de la Constitución, ante dicha falta absoluta de presidente electo, el presidente de la Asamblea Nacional tenía el deber de encargarse de la Presidencia de la República, al tener entre las funciones inherente a su cargo, precisamente la de encargarse de la misma en los casos de falta absoluta del presidente de la República; lo que ocurrió de pleno derecho, sin necesidad de juramento adicional alguno ante la Asamblea, pues para ello ya se había juramen-

---

3 Véase el texto del Acuerdo en http://www.asambleanacio-nal.gob.ve/actos/_acuerdo-reiterando-el-desconocimiento-de-la-farsa-realizada-el-20-de-mayo-de-2018-para-la-supuesta-eleccion-del-pre-sidente-de-la-republica. Igualmente en la reseña "Asamblea Nacional desconoce resultados del 20M y declara a Maduro "usurpador," en *NTN24*, 22 de mayo de 2018, en http://www.ntn24.com/america-latina/la-tarde/venezuela/asamblea-nacional-desconoce-resultados-del-20m-y-declara-nicolas.

tado al aceptar el cargo de presidente de la Asamblea el 5 de enero de 2019.

En esa situación, además, en cuanto al Sr. Maduro, al haber sido ilegítimamente "reelecto" como presidente de la República para el período 2019-2025, en una elección declarada "inexistente" por la Asamblea Nacional, y por ello, al no poder juramentarse para dicho período ante la representación popular como lo manda la Constitución, lo hizo ilegítimamente ante el Tribunal Supremo de Justicia, controlado por el Poder Ejecutivo; acto que no tiene valor alguno, el cual, además, fue desconocido por la comunidad internacional.[4]

3. *La interpretación de la Constitución efectuada por la Asamblea Nacional*

La *interpretación de la Constitución efectuada por la Asamblea Nacional como legítima representante de la soberanía popular*, comenzó a quedar plasmada en un Acuerdo emitido por la misma, el mismo día 10 de enero de 2019, al haberse declarado "en emergencia debido a la ruptura completa del hilo constitucional," y proceder, *como el intérprete primario*

---

4 En efecto, el mismo día 10 de enero de 2019 el Consejo Permanente de la Organización de Estados Americanos, decidió "no reconocer la legitimidad del régimen de Nicolás Maduro," al aprobar la propuesta formulada por Argentina, Chile, Colombia, Costa Rica, Estados Unidos, Perú y Paragua, aprobaba con el voto favorable de Jamaica, Panamá, Paraguay, Perú, República Dominicana, Santa Lucía, Argentina, Bahamas, Brasil, Canadá, Colombia, Costa Rica, Ecuador, Granada, Guatemala, Guyana, Honduras y Haití. Véase la información en *El País*, 11 enero 2019, en https://elpais.com/internacional/2019/-01/10/estados_unidos/1547142698_233272.html. Véase en *El Nacional*, 10 de enero de 2019, en http://www.el-nacional.com/noticias/-mundo/oea-aprobo-resolucion-para-desconocer-juramentacion-maduro_265882.

de la Constitución, a establecer "la ruta para el cese la usurpación;"[5] razón por la cual, por ejemplo, el presidente de la Asamblea Nacional expresó ese mismo día, que "Hoy no hay Jefe de Estado, hoy no hay comandante en jefe de las Fuerzas Armadas, hoy hay una Asamblea Nacional que representa al pueblo de Venezuela."[6]

Posteriormente, la Asamblea Nacional, "*como única autoridad legítima del Estado y representante del pueblo venezolano*," completó la interpretación de la Constitución al adoptar el Acuerdo de 15 de enero de 2019 "sobre la declaratoria de usurpación de la Presidencia de la República por parte de Nicolás Maduro Moros y el restablecimiento de la vigencia de la Constitución," procediendo a adoptar una serie de "decisiones *para proceder a restablecer la vigencia del orden constitucional, con fundamento en los artículos 5, 187, 233, 333 y 350 de la Constitución*."

En particular, la Asamblea Nacional, ante la obligación constitucional de todos los ciudadanos y funcionarios, prevista en el artículo 333 de la Constitución,[7] que los obliga a colabo-

---

5 Véase el reportaje "Venezuela: Asamblea Nacional se declara "en emergencia" por jura de Nicolás Maduro. Su presidente, Juan Guaidó hizo un llamado a las fuerzas militares de Venezuela para que acompañen una eventual transición política, en *Tele13*, 10 de enero de 2019, en http://www.t13.cl/noticia/mundo/venezuela-asamblea-nacional-se-declara-emergencia-jura-nicolas-maduro.

6 Véase el reportaje "Juan Guaidó: Hoy no hay jefe de Estado," en *Noticiero52*, 10 de enero de 2019, en https://noticiero52.com/juan-guaido-hoy-no-hay-jefe-de-estado/.

7 El artículo 333, dice: "Esta Constitución no perderá su vigencia ni dejará de observarse por acto de fuerza o porque fuere derogada por cualquier otro medio distinto al previsto en ella. En tal eventualidad, todo ciudadano investido o no de autoridad, tendrá el deber de colaborar en el restablecimiento de su efectiva vigencia."

rar en el restablecimiento de la vigencia efectiva de la Constitución cuando haya sido violada, y ante "el derecho a la desobediencia civil frente a la usurpación de Nicolás Maduro" que derivaba del artículo 350 de la Constitución,[8] "ante la ausencia de una norma constitucional que regulase la situación actual," procedió a:

> *"aplicar analógicamente el artículo 233 de la Constitución, a los fines de suplir la inexistencia de presidente electo* al mismo tiempo que se emprendan las acciones para *restablecer el orden constitucional con base en los artículos 333 y 350 de la Constitución,* y así hacer cesar la usurpación, conformar efectivamente el Gobierno de Transición y proceder a la organización de elecciones libres y transparentes."

En esta forma, *la Asamblea Nacional, como el intérprete primario de la Constitución y como órgano a través del cual el pueblo ejerce su soberanía,* acordó la aplicación analógica del artículo 233 de la Constitución, *lo que significó que en ausencia de presidente legítimamente electo para juramentarse como presidente para el período 2019-2025, el presidente de la Asamblea Nacional quedó encargado de la presidencia de la República;* acordando además, oficialmente, en aplicación de los artículos 333 y 350 de la misma Constitución, entre otros, lo siguiente:

> *"Primero: Declarar formalmente la usurpación de la Presidencia de la República por parte de Nicolás Maduro Moros* y, por lo tanto, asumir como jurídicamente ineficaz la situación de facto de Nicolás Maduro y reputar como nulos todos los supues-

---

8 El artículo 350, dice: "El pueblo de Venezuela, fiel a su tradición republicana, a su lucha por la independencia, la paz y la libertad, desconocerá cualquier régimen, legislación o autoridad que contraríe los valores, principios y garantías democráticos o menoscabe los derechos humanos."

tos actos emanados del Poder Ejecutivo, de conformidad con el artículo 138 de la Constitución.

Segundo: Adoptar, en el marco de la aplicación del artículo 233, las medidas que permitan restablecer las condiciones de integridad electoral para, una vez cesada la usurpación y conformado efectivamente un Gobierno de Transición, proceder a la convocatoria y celebración de elecciones libres y transparentes en el menor tiempo posible, conforme a lo previsto en la Constitución y demás leyes de la República y tratados aplicables."[9]

Para ese proceso de transición, la Asamblea Nacional sancionó el día 5 de febrero de 2019 la Ley del Estatuto que rige la transición a la democracia para restablecer la vigencia de la Constitución de la República Bolivariana de Venezuela,[10] en el cual se confirmó, en el artículo 14, que "el presidente de la Asamblea Nacional es, de conformidad con el artículo 233 de la Constitución, el legítimo presidente encargado de la República Bolivariana de Venezuela."

En consecuencia, luego de la *interpretación constitucional efectuada por la Asamblea Nacional* en el antes mencionado Acuerdo de 15 de enero de 2019, y en dicho Estatuto de Transición, al aplicar analógicamente el artículo 233 de la Constitución ante la ausencia de presidente legítimamente electo que pudiera juramentarse como presidente de la República para el período 2019-2025, ello implicó que *a partir del 10 de enero*

---

9 Véase en http://www.asambleanacional.gob.ve/actos/_acuerdo-sobre-la-declaratoria-de-usurpacionde-la-presidencia-de-la-republica-por-parte-de-nicolas-maduro-moros-y-el-restablecimiento-de-la-vigencia-de-la-constitucion.

10 Véase el texto en https://www.prensa.com/mundo/estatuto-que-rige-la-transicion-a-la-democraciapara-restablecer-la-vigencia-de-la-constitucion-de-la-republica-bolivariana-de-venezuela-282_LPRFIL2019-0205_0001.pdf.

de 2019, el diputado Juan Guaidó, en su carácter de presidente de la Asamblea Nacional, por mandato de la Constitución y sin perder su condición de tal, quedó de derecho encargado de la Presidencia de la República, lo que, entre otras manifestaciones, fue expresado por el propio diputado Guaidó en acto público y popular realizado el día 23 de enero de 2019.

Al encargarse de la presidencia de la República como Presidente de la Asamblea Nacional, el diputado Juan Guaidó lo que hizo fue cumplir un deber que le impone la Constitución. No se trató de ninguna "autoproclamación" como se ha afirmado, sino de la asunción de una de las competencias que tiene constitucionalmente impuestas, como presidente de la Asamblea Nacional. Como el propio Guaidó lo expresó:

> "Mi asunción como presidente interino está basada en el artículo 233 de la Constitución venezolana, de acuerdo con el cual, si al inicio de un nuevo periodo no hay un jefe de Estado electo, el poder es atribuido al presidente de la Asamblea Nacional hasta que tengan lugar elecciones justas. Por eso, el juramento que tomé el 23 de enero no puede considerarse una "auto proclamación." No fue por mi propio acuerdo que asumí la presidencia sino en ejecución de la Constitución."[11]

El "juramento" expresado en una concentración popular el 23 de enero de 2019, por tanto, si bien fue una formalidad política muy importante, no sustituyó el *formal juramento que sí prestó como presidente de la Asamblea Nacional el 5 de enero de 2019, para cumplir, entre otras, las funciones precisamente de encargarse de la Presidencia de la República*

---

11 Véase Juan Guaidó, "How the World Can Help Venezuela," en *The New York Times*, New York, 31 de enero de 2019, p. A23. Véase sobre ello, José Ignacio Hernández, "De juramentos y proclamas: una explicación," en *Prodavinci*, 24 de enero de 2019, en https://prodavinci.com/de-juramentos-y-proclamas-una-explicacion/.

cuando constitucionalmente ello procediera conforme a la Constitución, como ocurrió a partir del 10 de enero de 2019.

Así lo entendió el país, representado por la mayoría de los ciudadanos, en manifestaciones populares, así lo entendió la Comunidad internacional, reconociéndolo como el legítimo presidente encargado de la República, y así, sin duda alguna, también lo reconoció, por ejemplo, el Parlamento Europeo mediante Resolución de 31 de enero de 2019,[12] al decidir *"reconocer a Juan Guaidó ("elegido legitima y democráticamente presidente de la Asamblea Nacional") como presidente interino legítimo de la República Bolivariana de Venezuela, de conformidad con la Constitución Venezolana y con arreglo a lo establecido en su artículo 233,* y apoya plenamente su hoja de ruta."* [13]

New York / Chicago, 8 de marzo de 2019

---

12 Exhortando a todos los Estados de la Unión Europea a hacer lo mismo: Véase la Información en "El Parlamento Europeo reconoce a Juan Guaidó como "legítimo presidente interino de Venezuela," en *ABC España,* 31 de enero de 2019, en https://www.abc.es/espana/abci-parlamento-europeo-reconoce-juan-guaido-como-legitimo-presidente-interino-venezuela-201901311357_video.html.

13 Véase el texto de la resolución sobre la situación en Venezuela (2019/2543(RSP), en *Parlamento Europeo, 2014-2019,* Textos Aprobados, P8_TA-PROV(2019)0061 Situación en Venezuela, en http://www.europarl.europa.eu/sides/getDoc.do?pubRef=-//EP//NONSGML+TA+P8-TA-2019-0061+0+DOC+PDF+V0//ES.

VII

SOBRE LA REGULACIÓN DEL RÉGIMEN QUE RIGE LA TRANSICIÓN A LA DEMOCRACIA PARA RESTABLECER LA VIGENCIA DE LA CONSTITUCIÓN (FEBRERO 2019) [*]

1. *La crisis de enero de 2019*

La Asamblea Nacional, mediante Acuerdo de 22 de mayo de 2018,[1] después de haber declarado inexistente la "reelec-

---

*   Documento, New York, 13 de marzo de 2019. Publicado en http://allanbrewercarias.com/wp-content/uploads/2019/04/193.-Brewer.-doc.-Estatuto-de-transici%C3%B3n.-marzo-2019.pdf. Este estudio se incluyó en el libro: Allan R. Brewer-Carías, *Cónica Constitucional de una Venezuela en las Tinieblas*, Ediciones Olejnik, Santiago, Buenos Aires, Madrid, 2019.

1   Véase el texto del Acuerdo en http://www.asambleanacional.gob.ve/actos/_acuerdo-reiterando-el-desconocimiento-de-la-farsa-realizada-el-20-de-mayo-de-2018-para-la-supuesta-eleccion-del-presidente-de-la-republica. Igualmente, en la reseña "Asamblea Nacional desconoce resultados del 20M y declara a Maduro "usurpador," en *NTN24*, 22 de mayo de 2018, en http://www.ntn24.com/america-latina/la-tarde/venezuela/asamblea-nacional-desconoce-resultados-del-20m-y-declara-nicolas.

ción" de Nicolás Maduro realizada el 20 de mayo de 2018 para el período 2019-2025, la cual se realizó por la convocatoria inconstitucional y fraudulenta que hizo la Asamblea Nacional Constituyente instalada en 2017 para una elección presidencial anticipada, la denunció como una "farsa," ratificando dichos pronunciamientos mediante otro Acuerdo posterior, de 13 de noviembre de 2018.

Fue, por tanto, con conocimiento de causa que la Asamblea Nacional se enfrentó a la crisis política que lo ocurrido en mayo de 2018 provocaría en enero de 2019, estando consciente de que la misma:

> "tuvo sus orígenes cuando las fuerzas opositoras se negaron a participar en el proceso fraudulento del 20 de mayo de 2018, después de negarse a suscribir el Acuerdo Electoral propuesto por los emisarios de Nicolás Maduro Moros en República Dominicana. El 20 de mayo de 2018 el régimen de facto pretendió simular un proceso comicial en el que los venezolanos no pudieron ejercer su derecho al voto en libertad y se sentaron las bases para el escenario de usurpación que ocurre actualmente."[2]

Respecto de la situación que se planteaba en enero de 2019, la *Academia de Ciencias Políticas y Sociales,* como órgano consultivo del mayor nivel en el país en materias institucionales, el 4 de enero de 2019, la analizó con toda precisión y diligencia, destacando que ante "la inexistencia de las condiciones necesarias para la celebración de elecciones libres y justas," la ilegítima "reelección" presidencial de mayo de 2018 había

---

2   Véase Exposición de Motivos de la Ley del "Estatuto que rige la transición a la democracia para restablecer la vigencia de la Constitución" sancionado de 5 de febrero de 2019, en https://www.prensa.com/mundo/estatuto-que-rige-la-transicion-a-la-democraciapara-restablecer-la-vigencia-de-la-constitucionde-la-republica-bolivariana-de-venezuela-282_LPRFIL20190205_0001.pdf.

colocado al país ante "la situación inédita," como que fue la que enfrentaron los venezolanos en enero de 2019:

> "pues el venidero 10 de enero de 2019, fecha en la que, como manda el artículo 231 de la Constitución, ha de juramentarse al presidente de la República para el período 2019-2025, no contamos con un presidente elegido legítimamente a través de elecciones libres y justas."

Por ello, la *Academia*, frente a la grave situación que se configuró por el mencionado "conjunto de hechos totalmente inconstitucionales e ilegítimos," y considerando que había que proceder a "dar cumplimiento al deber ciudadano establecido en el artículo 333 de la Constitución," exigió "a los distintos Poderes Públicos respetar la Constitución," y proceder "al restablecimiento pleno del orden constitucional y democrático en el país."[3]

Dicho mensaje, sin duda, estaba destinado a la Asamblea Nacional, reconocida como el único órgano con legitimidad democrática en el país, ya que todos los otros órganos del Poder Público se encontraban totalmente sometidos al Poder Ejecutivo, en particular el Tribunal Supremo de Justicia, el Consejo Nacional Electoral, y los órganos del Poder Ciudadano, incluyendo al Fiscal General de la República a la cabeza.

---

3   Véase el Pronunciamiento de la Academia de Ciencias Políticas y Sociales: "Ante el 1° de enero de 2019: fecha en la que ha de juramentarse al presidente de la República conforme a la Constitución," en https://www.lapatilla.com/2019/01/04/academia-de-ciencias-politicas-y-sociales-sobre-juramentacion-del-10ene-no-contamos-con-un-presidente-elegido-legitimamente/

2. La interpretación primaria de la Constitución por la Asamblea nacional para enfrentar la crisis política

Y efectivamente, la Asamblea Nacional asumió el rol que le indicaban las circunstancias políticas y constitucionales, y como antes indicamos, como *legítimo cuerpo político y legislativo representante de la soberanía popular, y en su rol de intérprete primario de la Constitución en representación del pueblo,* procedió efectivamente a *interpretar la Constitución* para comenzar a resolver la crisis que se derivaba del hecho político inédito en la historia del país, que era que para el 10 de enero de 2019 no existía un presidente legítimamente electo que pudiera juramentarse y tomar posesión del cargo de presidente de la República para el período 2019-2025 conforme al artículo 231 la Constitución.

La Asamblea Nacional es, en efecto, el intérprete primario de la Constitución, lo que, por supuesto, no significa que la interpretación de la misma sea monopolio de la Asamblea, como no lo es de órganos estatal alguno o de persona alguna. La interpretación constitucional corresponde a todas las personas, a todos los funcionarios y a los órganos del Estado a quienes corresponde aplicarla. Por ello es que se puede decir, que nadie en el Estado constitucional, tiene el monopolio de la interpretación constitucional. Como lo expresó Néstor Pedro Sagüés:

> "A la Constitución la puede interpretar todo el mundo: legisladores, ministros, paridos políticos, simples particulares, grandes corporaciones, litigantes, sindicatos, el defensor del pueblo, los integrantes del Ministerio Público, las comunidades regionales etc. También los jueces…"[4]

---

4   Véase Néstor Pedro Sagüés, *La interpretación judicial de la Constitución*, Segunda edición, Lexis Nexis, Buenos Aires 2006, p. 2.

En la misma orientación, como lo expresó Elisur Arteaga Nava:

"A todos es dable interpretar la Constitución; no existe norma que atribuya el monopolio de la función a un ente o persona, lo hacen incluso aquellos que no tienen noción de lo que es el derecho."

"Interpretar la Constitución es una función, una facultad y una responsabilidad que se ha confiado y recae en todos los poderes, órganos y entes previstos en las Constituciones. Quien está facultado de manera expresa para aplicar la carta magna, sin importar qué poder u órgano, está implícitamente autorizado para interpretarla."[5]

A la Asamblea Nacional, por tanto, también le corresponde interpretar la Constitución, pero dentro de la organización del Estado, con la característico de por ser el órgano representante de la soberanía popular, lo hace con carácter primario.

Como lo expresó Javier Pérez Royo:

"El primer interprete de la Constitución y el más importante, con mucha diferencia, es el legislador. El legislador es el intérprete normal, ordinario de la Constitución. En consecuencia, la Constitución es una norma jurídica que remite en primera instancia a un intérprete político. El Parlamento es el órgano político que interpreta la Constitución de la única manera que sabe hacerlo: en clave política. Y, además, es un intérprete privilegiado, en la medida en que es el representante democráticamente elegido por los ciudadanos y expresa, por tanto, la voluntad general."

---

5 Véase Elisur Arteaga Nava, "La interpretación constitucional," en Eduardo Ferrer Mac Gregor (Coordinador), *Interpretación constitucional*, Universidad Nacional Autónoma de México, Editorial Porrúa, México 2005, Tomo I, pp. 108 y 109.

Justamente, por eso, su interpretación en forma de ley se impone a toda la sociedad."[6]

Como consecuencia entonces de sus poderes de interpretación, la Asamblea Nacional procedió a aplicar analógicamente el artículo 233 de la propia Constitución que se refiere a los casos de "falta absoluta del presidente antes de la toma de posesión del cargo,"[7] considerando entonces que el presidente de la Asamblea Nacional tenía el deber de encargarse de la Presidencia de la República, al tener éste, entre las funciones inherentes a su cargo, precisamente la de encargarse de la misma en los casos de falta absoluta del presidente de la República. Ello puede considerarse que ocurrió de pleno derecho, sin necesidad de juramento adicional alguno ante la Asamblea, pues para ello ya se había juramentado al aceptar el cargo de presidente de la Asamblea el 5 de enero de 2019.

En esa situación, además, en cuanto al Sr. Maduro, al haber sido ilegítimamente "reelecto" como presidente de la República para el período 2019-2025, en una elección declarada "inexistente" por la Asamblea Nacional, y por ello, al no poder juramentarse para dicho período ante la representación popular

---

6   Véase Javier Pérez Royo, "La interpretación de la Constitución," en Eduardo Ferrer Mac Gregor (Coordinador), *Interpretación constitucional*, Universidad Nacional Autónoma de México, Editorial Porrúa, México 2005, Tomo II, p. 889.

7   Véase el texto del Acuerdo en http://www.asambleanacional.gob.ve/actos/_acuerdo-reiterando-el-desconocimiento-de-la-farsa-realizada-el-20-de-mayo-de-2018-para-la-supuesta-eleccion-del-presidente-de-la-republica. Igualmente en la reseña "Asamblea Nacional desconoce resultados del 20M y declara a Maduro "usurpador," en *NTN24*, 22 de mayo de 2018, en http://www.ntn24.com/america-latina/la-tarde/venezuela/asamblea-nacional-desconoce-resultados-del-20m-y-declara-nicolas.

como lo manda la Constitución, lo hizo ilegítimamente ante el Tribunal Supremo de Justicia, controlado por el Poder Ejecutivo; acto que no tuvo valor alguno, el cual, además, fue desconocido por la comunidad internacional. [8]

Aparte de la interpretación del artículo 233 de la Constitución, la *Asamblea Nacional como legítima representante de la soberanía popular*, el mismo día 10 de enero de 2019, procedió a declararse "en emergencia debido a la ruptura completa del hilo constitucional," procediendo además, igualmente, *como el intérprete primario de la Constitución* a establecer "la ruta para el cese la usurpación;"[9] la cual fue la que definió posteriormente al adoptar, *"como única autoridad legítima del Estado y representante del pueblo venezolano,"* otro Acuerdo de 15 de enero de 2019, "sobre la declaratoria de usurpación de la Presidencia de la República por parte de Nicolás

---

8 En efecto, el mismo día 10 de enero de 2019 el Consejo Permanente de la Organización de Estados Americanos, decidió "no reconocer la legitimidad del régimen de Nicolás Maduro," al aprobar la propuesta formulada por Argentina, Chile, Colombia, Costa Rica, Estados Unidos, Perú y Paragua, aprobaba con el voto favorable de Jamaica, Panamá, Paraguay, Perú, República Dominicana, Santa Lucía, Argentina, Bahamas, Brasil, Canadá, Colombia, Costa Rica, Ecuador, Granada, Guatemala, Guyana, Honduras y Haití. Véase la información en *El País*, 11 enero 2019, en https://elpais.com/internacional/2019/01/10/estados_unidos/1547142698_233272.html. Véase en *El Nacional*, 10 de enero de 2019, en http://www.el-nacional.com/noticias/mundo/oea-aprobo-resolucion-para-desconocer-juramentacion-maduro_265882.

9 Véase el reportaje "Venezuela: Asamblea Nacional se declara "en emergencia" por jura de Nicolás Maduro. Su presidente, Juan Guaidó hizo un llamado a las fuerzas militares de Venezuela para que acompañen una eventual transición política, en *Tele13*, 10 de enero de 2019, en http://www.t13.cl/noticia/mundo/venezuela-asamblea-nacional-se-declara-emergencia-jura-nicolas-maduro.

Maduro Moros y el restablecimiento de la vigencia de la Constitución," conforme al cual procedió a adoptar una serie de "decisiones *para proceder a restablecer la vigencia del orden constitucional, con fundamento en los artículos 5, 187, 233, 333 y 350 de la Constitución.*"

En particular, la Asamblea Nacional, ante la obligación constitucional de todos los ciudadanos y funcionarios prevista en el artículo 333 de la Constitución,[10] que los obliga a colaborar en el restablecimiento de la vigencia efectiva de la Constitución cuando haya sido violada, y ante "el derecho a la desobediencia civil frente a la usurpación de Nicolás Maduro" que derivaba del artículo 350 de la Constitución,[11] "ante la ausencia de una norma constitucional que regulase la situación actual," procedió a:

> "aplicar analógicamente el artículo 233 de la Constitución, a los fines de suplir la inexistencia de presidente electo al mismo tiempo que se emprendan las acciones para restablecer el orden constitucional con base en los artículos 333 y 350 de la Constitución, y así hacer cesar la usurpación, conformar efectivamente el Gobierno de Transición y proceder a la organización de elecciones libres y transparentes."

---

10 El artículo 333, dice: "Esta Constitución no perderá su vigencia ni dejará de observarse por acto de fuerza o porque fuere derogada por cualquier otro medio distinto al previsto en ella. En tal eventualidad, todo ciudadano investido o no de autoridad, tendrá el deber de colaborar en el restablecimiento de su efectiva vigencia."

11 El artículo 350, dice: "El pueblo de Venezuela, fiel a su tradición republicana, a su lucha por la independencia, la paz y la libertad, desconocerá cualquier régimen, legislación o autoridad que contraríe los valores, principios y garantías democráticos o menoscabe los derechos humanos."

En esta forma, *la Asamblea Nacional, como el intérprete primario de la Constitución y como órgano a través del cual el pueblo ejerce su soberanía*, además de *"declarar formalmente la usurpación de la Presidencia de la República por parte de Nicolás Maduro Moros,"* y como consecuencia de la aplicación analógica del artículo 233 de la Constitución, *en ausencia de presidente legítimamente electo para juramentarse como presidente para el período 2019-2025, estimar que el presidente de la Asamblea Nacional quedó encargado de la presidencia de la República*; acordó, en aplicación de los artículos 333 y 350 de la misma Constitución:"

"Adoptar, en el marco de la aplicación del artículo 233, las medidas que permitan restablecer las condiciones de integridad electoral para, una vez cesada la usurpación y conformado efectivamente un Gobierno de Transición, proceder a la convocatoria y celebración de elecciones libres y transparentes en el menor tiempo posible, conforme a lo previsto en la Constitución y demás leyes de la República y tratados aplicables."[12]

3. *El Estatuto que rige la transición a la democracia para restablecer la vigencia de la Constitución*

La primera decisión adoptada en ejecución de dicho Acuerdo del 15 de enero de 2019, para conducir el proceso de transición democrática, fue la sanción por la Asamblea Nacional, el día 5 de febrero de 2019, con base en los artículos 7 y 333 de la Constitución, del *Estatuto que rige la transición a la democracia para restablecer la vigencia de la Constitución de la*

---

12 Véase en http://www.asambleanacional.gob.ve/actos/_acuerdo-sobre-la-declaratoria-de-usurpacionde-la-presidencia-de-la-republica-por-parte-de-nicolas-maduro-moros-y-el-restablecimiento-de-la-vigenciade-la-constitucion

República Bolivariana de Venezuela,[13] para "establecer el marco normativo que rige la transición democrática en la República" (art. 1), con el carácter de "acto normativo" dictado "en ejecución directa e inmediata del artículo 333 de la Constitución," "de obligatorio acatamiento para todas las autoridades y funcionarios públicos, así como para los particulares" (art. 4).

Dicho Estatuto, conforme al artículo 333 de la Constitución, tiene entre sus objetivos los siguientes referidos a la reordenación institucional de la República:

1. Regular la actuación de las diferentes ramas del Poder Público durante el proceso de transición democrática de conformidad con el artículo 187, numeral 1 de la Constitución,14 permitiendo a la Asamblea Nacional iniciar el proceso de restablecimiento del orden constitucional y democrático."

2. Establecer los lineamientos conforme a los cuales la Asamblea Nacional tutelará ante la comunidad internacional los derechos del Estado y pueblo venezolanos, hasta tanto sea conformado un Gobierno provisional de unidad nacional."

En particular, en el mismo Estatuto, la Asamblea Nacional reguló en su artículo 15, diversos mecanismos para la "defensa de los derechos del pueblo y Estado venezolanos," pudiendo a tal efecto "adoptar las decisiones necesarias":

"a los fines de asegurar el resguardo de los activos, bienes e intereses del Estado en el extranjero y promover la protección y

---

13 Véase el texto en https://www.prensa.com/mundo/estatuto-que-rige-la-transicion-a-la-democraciapara-restablecer-la-vigencia-de-la-constituciondе-la-republica-bolivariana-de-venezuela-282_LPRFIL20190205_0001.pdf.

14 El artículo 187.1 dice: "Corresponde a la Asamblea Nacional: 1. Legislar en las materias de la competencia nacional y sobre el funcionamiento de las distintas ramas del Poder Nacional."

defensa de los derechos humanos del pueblo venezolano, todo ello de conformidad con los Tratados, Convenios y Acuerdos Internacionales en vigor."

Agregó el artículo 15 del Estatuto, que el presidente de la Asamblea Nacional, como "legítimo presidente encargado de la República" (art. 14), y "en el marco del artículo 333 de la Constitución," tiene competencia para ejercer las siguientes atribuciones "sometidas al control autorizatorio de la Asamblea Nacional bajo los principios de transparencia y rendición de cuentas:"

"a. Designar Juntas Administradoras ad-hoc para asumir la dirección y administración de institutos públicos, institutos autónomos, fundaciones del Estado, asociaciones o sociedades civiles del Estado, empresas del Estado, incluyendo aquellas constituidas en el extranjcro, y cualesquiera otros entes descentralizados, a los fines de designar a sus administradores y en general, adoptar las medidas necesarias para el control y protección de sus activos. Las decisiones adoptadas por el presidente encargado de la República serán de inmediato cumplimiento y tendrán plenos efectos jurídicos."

b. Mientras se nombra válidamente un Procurador General de la República de conformidad con el artículo 249 la Constitución, y en el marco de los artículos 15 y 50 de la Ley Orgánica de la Procuraduría General de la República, el presidente encargado de la República podrá designar a quien se desempeñe como procurador especial para la defensa y representación de los derechos e intereses de la República, de las empresas del Estado y de los demás entes descentralizados de la Administración Pública en el exterior. Dicho procurador especial tendrá capacidad de designar apoderados judiciales, incluso en procesos de arbitraje internacional, y ejercerá las atribuciones mencionadas en los numerales 7, 8, 9 y 13 del artículo 48 de la Ley Orgánica de la Procuraduría General de la República, con las limitaciones derivadas del artículo 84 de esa Ley y del presente Estatuto. Tal representación se orientará especialmente a asegurar la protección, control y recuperación de activos del Estado en el extranjero, así como ejecutar cualquier actuación que sea necesaria para salvaguardar los derechos e intereses del Estado. El procurador así designado tendrá el poder de ejecutar cualquier actuación y ejercer todos los derechos que el Procurador General tendría, con respecto a los activos aquí mencionados. A tales efectos, deberá cumplir con las mismas condiciones que la Ley exige para ocupar el cargo de Procurador General de la República."

Sobre estas previsiones se debe observar, ante todo, que el Estatuto que rige la transición a la democracia para restablecer la vigencia de la Constitución, fue dictado por la Asamblea Nacional, como se dijo, con base en los artículos 7 y 333 de la Constitución.

El primero, establece el principio de que la Constitución es la norma suprema y el fundamento del ordenamiento jurídico, de manera que todas las personas y los órganos que ejercen el Poder Público están sujetos a ella; y el segundo, establece el principio de que la Constitución no pierde su vigencia si dejare de observarse por cualquier motivo, correspondiendo en tal eventualidad, todo ciudadano investido o no de autoridad, el deber de colaborar en el restablecimiento de su efectiva vigencia.

Con base en esas normas, y en particular, en *cumplimiento de su deber constitucional*, la Asamblea Nacional, integrada por los diputados representantes del pueblo electos legítimamente mediante sufragio universal directo y secreto; ante la usurpación y violación de la Constitución y conforme a la "ruta para el cese la usurpación" a los efectos de "proceder a restablecer la vigencia del orden constitucional," *asumió el deber de colaborar en el restablecimiento de su efectiva vigencia, y ello lo hizo ejerciendo su rol primario, como órgano constitucional a través del cual el pueblo ejerce su soberanía (art. 5), que como se ha dicho, no es otro que el de interpretar la Constitución, para asegurar su ejecución.*

Por ello, en la coyuntura de ruptura del hilo constitucional en el país, y en el marco del artículo 333 que le impone la obligación de contribuir al restablecimiento pleno de la efectiva vigencia de la Constitución, *la Asamblea Nacional asumió plenamente su responsabilidad constitucional, procediendo a interpretar el marco de aplicación del artículo 333 de la misma Constitución, y proceder a establecer las bases del régimen de transición política que para restablecer el orden constitucional roto*, y conducir al país a la celebración de elecciones libres, justas transparentes.

4. *Rango normativo del Estatuto, como ley especial y posterior de carácter temporal, modificatorio de las leyes preexistentes, mientras dure la transición*

Y, precisamente, en ese marco, mediante un acto dictado en ejecución directa de la Constitución y por tanto con rango de ley, como es el *Estatuto que rige la transición a la democracia para restablecer la vigencia de la Constitución*, se establecieron, una serie de regulaciones, como por ejemplo, las normas destinadas a asegurar "la defensa y representación de los derechos e intereses de la República, de las empresas del Estado y de los demás entes descentralizados de la Administración Pública en el exterior."

Dicha normativa se concretó, en ese caso, en la regulación del régimen del nombramiento por parte del presidente encargado de la República (entretanto "se nombra válidamente un Procurador General de la República de conformidad con el artículo 249 la Constitución,") de una persona para que se desempeñase como procurador especial en el marco de los artículos 15 y 50 de la Ley Orgánica de la Procuraduría General de la República.[15]

En cuanto al artículo 15 de dicha Ley Orgánica, el mismo dispone lo siguiente:

> *"Artículo 15.* La Procuraduría General de la República en coordinación con el Ministerio del Poder Popular con competencia en materia de relaciones exteriores, podrá establecer sedes permanentes o temporales fuera del territorio de la República Bolivariana de Venezuela o designar representaciones en el extranjero, con el objeto de defender los derechos, bienes e intereses patrimoniales de la República."

Al regularse en el Estatuto que rige la transición que, como se dijo, es un instrumento normativo de ejecución directa de la Constitución y de rango legal, y que, por tanto, a sus efectos temporales tiene poder modificatorio de la legislación entonces vigente, por ser ley especial y ley posterior; que el presidente de la Asamblea Nacional, como presidente encargado de la República puede proceder a nombrar a una persona "para que se desempeñe como procurador especial en el exterior;" con ello se estableció que mientras durase la transición, dicho nombramiento podía hacerse en los términos del artículo 15 de la Ley Orgánica de la Procuraduría General de la República, por el presidente encargado de la República.

En consecuencia, conforme al artículo 15.b del Estatuto que rige la transición y al artículo 15 de la Ley Orgánica de la Procuraduría General de la República, durante el período de transición a la democracia para restablecer la vigencia de la Constitución, "el presidente encargado de la República puede de-

---

15 Véase en *Gaceta Oficial* N° 6.210 Extra. de 30 de diciembre de 2015, reimpresa en *Gaceta Oficial* N° 6.220 Extra. de 15 de marzo de 2016.

signar a quien se desempeñe como procurador especial para la defensa y representación de los derechos e intereses de la República" en el exterior.[16]

El Estatuto para la transición, en todo caso, e igualmente con rango legal, y por tanto, de carácter modificatorio de la legislación entonces vigente, por ser ley especial y ley posterior, durante el período de transición a la democracia para restablecer la vigencia de la Constitución, en cuanto al régimen legal de "las empresas del Estado y de los demás entes descentralizados de la Administración Pública," dispuso igualmente, a pesar de lo que pudieran disponer los respectivos regímenes legales o estatutarios de dichas empresas del Estado y demás entes descentralizados de la Administración Pública, a los efectos de "la defensa y representación de los derechos e intereses" de las mismas en el exterior, que correspondía al presidente encargado de la República poder designar a quien se desempeñase como procurador especial para la defensa y representación de los derechos e intereses de dichas empresas del Estado y demás entes descentralizados de la Administración Pública en el exterior.

Tratándose, el Estatuto para la transición, de un acto parlamentario de ejecución directa e inmediata de la Constitución de orden normativo, el mismo, como se dijo, tiene rango de ley y, por tanto, poder modificatorio de la legislación entonces vigente, por ser ley especial y ley posterior, durante el período que dure la "transición a la democracia para restablecer la vigencia de la Constitución." Como tal, por tanto, durante el período que dure la transición a la democracia para restablecer la vigencia de la Constitución, el procurador especial designado

---

16 Lo que efectivamente ocurrió con la designación en febrero de 2019 del Dr. José Ignacio Hernández.

por el presidente encargado de la República para la defensa y representación de los derechos e intereses de la República, también puede asumir la defensa y representación de los derechos e intereses de las Empresas del Estado y demás entes descentralizados de la Administración Pública en el exterior.

En la misma materia relativa a la designación de un procurador especial para la defensa y representación de los derechos e intereses de la República, de las empresas del Estado y de los demás entes descentralizados de la Administración Pública en el exterior, la otra norma de la Ley Orgánica de la Procuraduría General de la República mencionada en el artículo 15.b del Estatuto que rige la transición a la democracia para restablecer la vigencia de la Constitución, en relación con la designación de un procurador especial, fue el 50 de la Ley Orgánica de la Procuraduría General de la República, que dispone:

> "*Artículo 50.* El Procurador General de la República puede otorgar poder a abogados que no sean funcionarios de la Procuraduría General de la República, para cumplir actuaciones fuera de la República Bolivariana de Venezuela, en representación y defensa de los derechos, bienes e intereses patrimoniales de la República. En este caso, el poder se otorgará con las formalidades legales correspondientes. Cuando los apoderados fueren de nacionalidad extranjera se debe notificar al presidente o Presidenta de la República.
>
> El Procurador General de la República puede otorgar poder a los Embajadores y Cónsules de la República acreditados en País extranjero, para que éstos, asistidos de abogado, representen a la República, judicial o extrajudicialmente, en los asuntos inherentes a las respectivas representaciones diplomáticas o consulares."

En el mismo sentido antes indicado, al regularse en un instrumento normativo de ejecución directa de la Constitución y de rango legal, como es el Estatuto que rige la transición y, por tanto, a sus efectos temporales, un régimen de designación de una persona que se desempeñe como procurador especial en el exterior, mencionándose el artículo 50 de la Ley Orgánica de la Procuraduría General de la República, dicho régimen tiene poder modificatorio de la legislación entonces vigente, por ser ley especial y ley posterior vigente, mientras dure la transición; correspondiendo por tanto a dicho procurador especial en el exterior, conforme a dicha norma, poder proceder a "otorgar poder a abogados que no sean funcionarios de la Procuraduría General de la República, para cumplir actuaciones fuera de la República Bolivariana de Venezuela, en representación y defensa de los derechos, bienes e intereses patrimoniales de la República."

En consecuencia, conforme al artículo 15.b del Estatuto que rige la transición y al artículo 50 de la Ley Orgánica de la Procuraduría General de la República, durante el período de transición a la democracia para restablecer la vigencia de la Constitución, el procurador especial designado por el presidente encargado de la República para la defensa y representación de los derechos e intereses de la República" en el exterior, tendrá competencia mientras dure la transición para otorgar poder a abogados que no sean funcionarios de la Procuraduría General de la República, para cumplir actuaciones fuera de la República, en representación y defensa de los derechos, bienes e intereses patrimoniales de la República.

El Estatuto para la transición, en todo caso, e igualmente con rango legal, y por tanto, de carácter modificatorio de la legislación entonces vigente, por ser ley especial y ley posterior, durante el período de transición a la democracia para restablecer la vigencia de la Constitución, en cuanto al régimen legal de "las empresas del Estado y de los demás entes descentralizados de la Administración Pública en el exterior," dispuso igualmente, a pesar de lo que puedan disponer los respectivos regímenes legales o estatutarios de dichas empresas del

Estado y demás entes descentralizados de la Administración Pública, a los efecto de "la defensa y representación de los derechos e intereses" de las mismas en el exterior, que corresponde al presidente encargado de la República poder designar a quien se desempeñe como procurador especial para la defensa y representación de los derechos e intereses de dichas empresas del Estado y demás entes descentralizados de la Administración Pública en el exterior.

Tratándose, el Estatuto para la transición, de un acto parlamentario de ejecución directa e inmediata de la Constitución de orden normativo, el mismo tiene rango de ley, y por tanto, de poder modificatorio de la legislación entonces vigente, por ser ley especial y ley posterior, durante el período que dure la "transición a la democracia para restablecer la vigencia de la Constitución," el procurador especial designado por el presidente encargado de la República, tendrá competencia para otorgar poder a abogados que no sean funcionarios de la Procuraduría General de la República, para cumplir actuaciones fuera de la República, en representación y defensa de los derechos, bienes e intereses patrimoniales de las Empresas del Estado y demás entes descentralizados de la Administración Pública.

Como complemento del régimen anteriormente comentado respecto de las competencias que corresponden, conforme al Estatuto para la Transición y a la Ley Orgánica de la Procuraduría General de la República, en los términos regulados en el mismo, al procurador especial designado por el presidente encargado de la República para la defensa y representación de los derechos e intereses de la República, de las empresas del Estado y de los demás entes descentralizados de la Administración Pública en el exterior, en el mismo artículo 15 de dicho Estatuto, se le atribuye a dicho procurador especial, competencia para:

"designar apoderados judiciales, incluso en procesos de arbitraje internacional, y ejercerá las atribuciones mencionadas en los numerales 7, 8, 9 y 13 del artículo 48 de la Ley Orgánica de la Procuraduría General de la República, con las limitaciones derivadas del artículo 84 de esa Ley y del presente Estatuto.

Tal representación se orientará especialmente a asegurar la protección, control y recuperación de activos del Estado en el extranjero, así como ejecutar cualquier actuación que sea necesaria para salvaguardar los derechos e intereses del Estado. El procurador así designado tendrá el poder de ejecutar cualquier actuación y ejercer todos los derechos que el Procurador General tendría, con respecto a los activos aquí mencionados."

Conforme a ello, por tanto, y de acuerdo con el Estatuto para la Transición en concordancia con las normas citadas de la Ley Orgánica de la Procuraduría General de la República, la persona designada por el presidente encargado de la República como procurador especial para la defensa y representación de los derechos e intereses de la República, de las empresas del Estado y de los demás entes descentralizados de la Administración Pública en el exterior, tiene las siguientes atribuciones especificas:

-Crear y dirigir los comités de asesores que considere convenientes" para el mejor cumplimiento de sus funciones (art. 48.7).

-Designar representantes de la Procuraduría General de la República ante los distintos organismos nacionales o internacionales (art. 48.8).

-Establecer sedes y representaciones a nivel internacional, siempre a los fines de atender los asuntos relacionados con la representación y defensa de los derechos, bienes e intereses patrimoniales de la República, de las empresas del Estado y de las demás entidades descentralizadas de la Administración Pública (art. 48.9).

-Otorgar poderes o mandatos a particulares, cuando la representación y defensa del interés de la República, de las empresas del Estado y de las demás entidades descentralizadas de la Administración Pública, así lo requiera (art. 48.13).

Como hemos señalado, siendo el Estatuto para la transición un acto parlamentario de ejecución directa e inmediata de la Constitución de orden normativo, al tener el mismo rango de ley, y por tanto, de poder modificatorio de la legislación entonces vigente, por ser ley especial y ley posterior, durante el período que dure la "transición a la democracia para restablecer la vigencia de la Constitución," estas previsiones prevalecen durante dicho período, en relación con lo establecido en el artículo 2 de la Ley Orgánica de la Procuraduría General de la República que dispone que "Las potestades y competencias de representación y defensa [judicial y extrajudicial de los derechos, bienes e intereses patrimoniales de la República, tanto a nivel nacional como internacional] no podrán ser ejercidas por ningún otro órgano o funcionario del Estado, sin que medie previa y expresa sustitución otorgada por el Procurador o Procuradora General de la República."

De todo lo anteriormente expuesto, puede afirmarse que en la coyuntura político constitucional que se presentó en enero de 2019, por la ausencia de un presidente legítimamente electo que pudiera asumir la presidencia de la República ante la Asamblea para el período 2019-2025, y ante la usurpación del cargo de presidente de la República por Nicolás Maduro a partir del 10 de enero de 2019, todo lo cual significó una ruptura del hilo constitucional, la Asamblea Nacional en cumplimiento del deber que le impone el artículo 333 de la Constitución de contribuir al restablecimiento de su efectiva vigencia, en su carácter de titular de la representación de la soberanía popular e intérprete primario de la Constitución, dictó conforme a sus atribuciones el "Estatuto para la transición a la democracia para restablecer la vigencia de la Constitución," el cual es un acto parlamentario de ejecución directa e inmediata de la Constitución, de orden normativo, que tiene el mismo rango que de ley, disponiendo la normativa necesaria para conducir dicha transición democrática, entre ella, la designación de un procurador especial para defensa y representación de los derechos e intereses de la República, de las empresas del Estado y de los demás entes descentralizados de la Administración Pública en el exterior."

La normativa que rige la actuación de dicho procurador especial, tiene por tanto, en el orden constitucional venezolano, rango legal siendo de obligatorio cumplimiento, y tiene además, carácter modificatorio de la legislación entonces vigente los aspectos pertinentes regulados, por ser ley especial y ley posterior, en, mientas dure el durante el período que dure transición a la democracia para restablecer la vigencia de la Constitución.

5. *La decisión de dejar sin efecto el retiro de Venezuela de la Organización de Estados Americanos*

Con fecha 27 de abril de 2017, el gobierno de N. Maduro notificó a la Secretaría de la Organización de Estados Americanos la "indeclinable decisión de denunciar la Carta de la Organización de los Estados Americanos conforme a su artículo 143, que da inicio al retiro definitivo de Venezuela de esta Organización."[17]

Dicha decisión fue rechazada por la Asamblea Nacional mediante Acuerdos de 2 de mayo de 2017 y 22 de enero de 2017, razón por la cual, el presidente encargado de la República, Juan Guaidó, antes de que se cumpliera el lapso de dos

---

17 Véase la información y texto de la comunicación en: "Gobierno de Venezuela entregó carta de denuncia para iniciar formalmente su salida de la OEA," en *Nodal*, 26 de abril de 2017, en https://www.nodal.am/2017/04/venezuela-inicio-formalmente-su-salida-de-la-oea/

años para que quedara formalizado dicho retiro, en ejecución de sus funciones conforme al Estatuto de Transición (art. 14) y conforme a los artículos 233, 236.4, 152 y 333 de la Constitución, dirigió al mismo Secretario General de la Organización de Estados Americanos con fecha 8 de febrero de 2019 una comunicación ratificándole "la voluntad de la nación venezolana de permanecer como Estado parte de la Carta de la Organización de Estados Americanos, tal como lo decidió la Asamblea Nacional, en los acuerdos del 22 de enero de 2019 y el 2 de mayo de 2017."

Con la comunicación, de tan importante decisión política, el presidente encargado Guaidó dejó entonces "sin efecto la supuesta denuncia de la Carta de la OEA, a los fines de que Venezuela pueda mantenerse como Estado parte de la Organización.[18]

6. *La declaratoria del estado de alarma con motivo del blackout de marzo de 2019, en el marco del régimen de transición*

Como consecuencia de la catástrofe nacional provocada por el apagón eléctrico o *blackout* que afectó al totalidad del sistema eléctrico nacional y dejó sin electricidad a la totalidad del territorio nacional a partir de la tarde de 7 de marzo de 2019, producto fundamentalmente del mal manejo durante los últimos 15 años de la industria eléctrica del país, luego de que fue totalmente nacionalizada, aunada a la ola de corrupción que la ha envuelto durante todo ese período, el presidente encargado

---

18 Véase la información y texto de la comunicación en Ana María Matute, "Guaidó dejó sin efecto salida de Venezuela de la OEA," en *El Nacional*, 7 de marzo de 2019, en http://www.el-nacional.com/noticias/mundo/guaido-dejo-sin-efecto-salida-venezuela-oea_273818.

de la República, Juan Guaidó emitió el decreto N° 2 de 10 de marzo de 2019, declarando:

"el estado de alarma, como modalidad del estado de excepción en todo el territorio nacional, debido a la calamidad pública generada por la interrupción sostenida del suministro eléctrico que ha afectado a la gran mayoría de los venezolanos desde el día jueves 07 de mano de 2019, situación que pone seriamente en peligro la seguridad de la nación y de sus ciudadanos" (art. 1).

Dicho Decreto se dictó por el presidente encargado en ejercicio de las facultades que le conferían los artículos 337, 338 y 339 de la Constitución que regulan el régimen de los estados de excepción, en concordancia con lo previsto en el artículo 14 del Estatuto que rige la transición a la democracia para restablecer la vigencia de la Constitución, y en los artículos 8 y 15 de la Ley Orgánica sobre los estados de excepción; y el mismo, conforme lo exige el artículo 339 de la Constitución, fue aprobado el mismo día por la Asamblea Nacional. Dicho decreto, por tanto, no fue dictado por la Asamblea, sino que fue dictado por el presidente encargado y éste lo presentó a la Asamblea para su aprobación por el órgano legislativo.

En cuanto al "estado de alarma," el artículo 8 de la mencionada Ley Orgánica, dispone que el mismo puede decretarse en todo o parte del territorio nacional, "cuando se produzcan catástrofes, calamidades públicas u otros acontecimientos similares que pongan seriamente en peligro la seguridad de la Nación o de sus ciudadanos," incluyendo "el peligro a la seguridad de las instituciones de la Nación."

Entre las motivaciones del decreto, no sólo se hizo un recuento de los efectos catastróficos de dicho evento en el país, sino a las mentiras del régimen que no fue capaz ni siquiera de informar la verdad de lo ocurrido, achacándolo a un supuesto e inverisímil sabotaje, que nadie creyó.

Como lo resumió Guillermo Tell Aveledo, en un artículo: "Sombras, nada mas":

"Si no fuese por la impopularidad esencial del régimen, y su historia de ineficacia administrativa, la versión del sabotaje yanqui podría tener alguna credibilidad, aun si parece sacada de las páginas más truculentas de la guerra fría. Empero, los desperfectos de la industria eléctrica son de larga data. Desde el desmantelamiento de los esfuerzos privados y la meritocracia pública y descentralizada, pasando por la desinversión y la congelación de tarifas como medida populista, la centralización burocrática y politizada de las industrias vinculadas, la falta de mantenimiento más básica, sin mencionar la extraordinaria corrupción en torno a la compra de plantas energéticas que nunca fueron propiamente construidas, Venezuela pasó de tener una de las más penetrantes y productivas industrias de generación, transmisión y servicios eléctricos de América Latina durante el siglo pasado a ser la sombra de la región."[19]

Por ello entre las motivaciones del decreto de estado de alarma se indicó que:

"de acuerdo con la evidencia de la cual se dispone, lo que en realidad ocurrió fue que la falta de mantenimiento y la ausencia de personal capacitado impidieron controlar los efectos de un incendia forestal ocurrido en las cercanías de la Subestación San Gerónimo que alteró el funcionamiento de los generadores del Guri."

El Decreto de estado de alarma, en todo caso, como se dijo, fue aprobado por la Asamblea Nacional, disponiéndose en el mismo una duración de treinta días (art. 2); y, además, las siguientes medidas:

---

19 Véase Guillermo Tell Aveledo, "Sombras. Nada más," en *Diálogo Político*, 12 de marzo de 2019, en http://dialogopolitico.org/agenda/sombras-nada-mas/.

1. Una orden dirigida "a la Fuerza Armada Nacional Bolivariana que disponga las movilizaciones que sean necesarias para que brinde la debida protección tanto a las instalaciones como a las funcionarias de CORPOELEC a los fines de que puedan cumplir con su labor de rescate del sistema eléctrico nacional.

2. Otra orden dirigida "a los integrantes de los cuerpos de seguridad ciudadana de abstenerse de impedir u obstaculizar las legítimas protestas del pueblo venezolano mediante Ias cuales, de conformidad con el artículo 68 de la Constitución, expresan no solo su rechazo al deplorable estado en que se encuentra el sistema eléctrico del país sino, sobre todo, su inmensa indignación hacia quienes con su ineptitud y corrupción son las culpables de tal deplorable estado."

3. Una instrucción a "todo el personal del servdo exterior del país a que realicen los contactos a que haya lugar a fin de coordinar la cooperación técnica internacional que se pueda brindar a nuestra Nación para lograr el mejor asesoramiento en la superación de esta calamitosa situación, todo ello de conformidad con las instrucciones giradas por la Presidencia de la República en conducción de las relaciones internacionales.

4. Otra instrucción dirigida "a todos los funcionarios de los servdos de salud público a que procuren todos los recursos de cooperación que sean posible obtener del sector privado a fin de superar las necesidades que se presentan en la atención de pacientes afectados en sus tratamientos por la calamidad eléctrica que nos aqueja.

5. Una ordene dirigida a "los órganos y entes de la Administración Pública Nacional para establecer horarios de labores del personal, acordes con la situación de excepcional anormalidad causada por la crisis del sistema eléctrico.

6. Una instrucción dirigida a "las autoridades administrativas correspondientes a que se tornen las medidas necesarias para garantizar el máximo ahorro de combustible a fin disponer de las cantidades suficientes para permitir el funcionamiento adecuado de los equipos del sistema eléctrico que lo requieran;" y

En todo caso, precisó el decreto, que con la declaratoria de estado de alarma quedaban ratificadas todas las obligaciones contraídas por la república en el Pacto Internacional de los Derechos Civiles y Políticos, con la declaración expresa de que en ningún aspecto la declaratoria implica "la suspensión de alguna de las garantías constitucionales previstas en la Constitución," lo cual, por lo demás, está prohibido expresamente en la Constitución, la cual solo permite la posibilidad de "restricción" de ciertas garantías (art. 337).

7. *La decisión de suspender el suministro de crudo, combustibles y derivados a Cuba*

Pero además de las decisiones antes indicadas adoptadas en el decreto de estado de alarma, quizás la más importante establecida en su artículo 7, particularmente por los efectos internacionales, fue la orden de suspender inmediatamente ("la inmediata suspensión") "el suministro de crudo, combustible y sus derivados a la República de Cuba," a los efectos de lograr el "cumplimiento cabal del ahorro de combustible que se requiere para permitir el funcionamiento adecuado de los equipos del sistema eléctrico."

Con ello, el presidente encargado dejó sin efecto uno de los compromisos más graves derivados del Convenio Integral de

Cooperación suscrito entre Venezuela y Cuba en 2000,[20] –el cual nunca fue sometido a la aprobación de la Asamblea Nacional–, mediante el cual Venezuela se comprometió a enviar ingentes cantidades de crudo, combustible y sus derivados a Cuba, que incluso compraba en el mercando internacional,[21] y que ésta supuestamente pagaba con servicios prestados por médicos y otros asesores. Con el decreto de estado de alarma, cesó este desagüe energético, que en le ha costado a Venezuela en 17 años algo más de 40 mil millones de dólares.[22]

---

20   Véase en http://www.embajadacuba.com.ve/cuba-venezuela/convenio-colaboracion/; y en: http://www.cubadebate.cu/especiales/-2010/11/07/convenio-integral-de-coopera-cion-venezuela-cuba/#.Wtysb61DnMU. Véase sobre dicho Convenio de Cooperación lo que hemos expresado en Allan R. Brewer-Carías, *Crónica de una destrucción. Concesión, Nacionalización, Apertura, Constitucionalización, Desnacionalización, Estatización, Entrega y Degradación de la Industria Petrolera*, Colección Centro de Estudios de Regulación Económica-Universidad Monteávila, N° 3, Universidad Monteávila, Editorial Jurídica Venezolana, Caracas, 2018.

21   Véase la reseña de Marianna Parraga y Jeanne Liendo/Reuters, "Exclusive: As Venezuelans suffer, Maduro buys foreign oil to subsidize Cuba," en *Reuters*, 15 de mayo de 2017, en https://ca.reuters.com/article/idCAKCN1IG1TO-OCABS?utmsour-ce=34553&utm_medium-=partner; y "Mientras los venezolanos sufren, gobierno de Maduro compra petróleo extranjero para subsidiar a Cuba," en *Lapatilla.com*, 15 de mayo de 2018, en https://www.lapatilla.com/site/2018/05/15/-insolito-venezuela-compro-petroleo-extranjero-para-subsidiar-a-cuba-en-medio-de-crisis-interna/.

22   Como lo expreso Orlando Avendaño: "Para febrero de 2018, según el analista financiero Orlando Zamora, Cuba había recibido de Venezuela "en petróleo y dólares, USD $40.000 millones en 17 años." Véase en Orlando Avendaño, "Venezuela entregó a Cuba más dinero que la Unión Soviética en casi 30 años," en *PanamPost*, 26 de febrero de 2018, en https://es.panampost.com/orlando-avendano/-2018/02/26/venezuela-entrego-a-cuba-mas-dinero-union-sovietica/. A ello agregó Avendaño, "Son cifras escandalosas que no se correspon-

Al adoptar la medida, el presidente encargado de la República expresó:

"Hemos decretado no más envío de petróleo a Cuba, no se van a seguir chuleando el dinero del pueblo de Venezuela (…), además no solamente lo decretamos, sino que solicitamos la cooperación internacional para hacer efectiva esta medida." [23]

La ejecución de esta medida, por tanto, obviamente, podía comenzar a hacerse realidad con la cooperación internacional, a lo cual podía contribuir, sin duda, el régimen de sanciones que los países de occidente han impuesto en relación con Venezuela, y que afecta al transporte marítimo. [24] Ello podría con-

_____

den con la masiva crisis humanitaria que padece el país secuestrado por Nicolás Maduro. Y aún hoy, en medio de esa crisis, pese a la inmensa deuda que guarda con otras naciones como Rusia o China, Venezuela continúa regalando unos cincuenta mil barriles diarios a la isla, de acuerdo con la agencia Reuters." Véase Orlando Avendaño, "La brillante jugada de Guaidó contra Cuba: preludio de una intervención. La medida de hoy es la primera gran estocada a Cuba como Estado invasor en Venezuela," en *PanamPost,* 11 de marzo de 2019, en https://es.panampost.com/orlando-avendano/2019/03/11/guaido-contra-cuba/.

23 Véase "Guaidó pide ayuda internacional para detener envío de crudo venezolano a Cuba," en Efe Noticias, 11 de marzo de 2019, en http://udgtv.com/noticias/internacional/guaido-pide-ayuda-internacional-detener-envio-crudo-cuba/.

24 El 13 de marzo de 2019, apareció la siguiente información "(Extraoficial) Devuelven a Venezuela tanquero petrolero con destino a Cuba. www.noticiascandela.informe25.com. Un tanquero petrolero que había partido de Venezuela rumbo a Cuba fue interceptado en aguas internacionales por buques de EEUU y devuelto a su origen, según información dada a conocer extraoficialmente por Fuentes ligadas a la industria petrolera. La medida contra el buque ocurre en medio de las restricciones impuestas por el gobierno de Donald Trump a las negociaciones con crudo venezolano y después que el líder Juan Guaidó solicitase la ayuda exterior para impedir el envío de petróleo

tribuir, además, a arrastrar al régimen de Cuba hacia lo más oscuro del laberinto en el cual el gobierno ya entró y del cual ya no podrá salir.

New York, 13 de marzo de 2019

---

a Cuba." Véase la información en http://www.noticiascandela.in-forme25.com/2019/03/extraoficial-devuelven-venezuela.html#more; la cual se reprodujo posteriormente en https://www.youtube.com/-watch?v=ZI7pODYZ19w&feature=youtu.be.

VIII

EL INCONSTITUCIONAL ALLANAMIENTO DE LA INMUNIDAD PARLAMENTARIA DEL DIPUTADO JUAN GUAIDÓ.

Comentarios en torno a un Voto disidente a una decisión inexistente del Tribunal Supremo en Sala Plena, supuestamente dictada el 1º de abril de 2019[*]

El día 1 de abril de 2019, el presidente del Tribunal Supremo de Justicia anunció verbalmente a los medios de comunicación que la Sala Plena del mismo, integrada por sus treinta y cinco (35) magistrados, había dictado una "sentencia," cuyo número nunca se informó, y cuyo texto hasta el día de hoy 12 de abril de 2019 (cuando concluyo este escrito), no se ha publicado, no habiendo sido conocido por los magistrados que supuestamente la aprobaron; mediante la cual supuestamente el Tribunal había decidido que el diputado Juan Guaidó, presi-

---

[*] Documento, New York, 12 de abril de 2019. Publicado en http://allanbrewercarias.com/wp-content/uploads/2019/04/194.-Brewer.-Inconstitucional-allanamiento-inmunidad-parlamentaria-J.-Guad%C3%B3-11-4-2019-1.pdf.

dente de la Asamblea Nacional, habría incurrido en "desacatado" de una también desconocida decisión previa de la Sala Penal del mismo Tribunal, supuestamente adoptada el 29 de enero de 2019, contentiva de unas medidas cautelares que lo afectaban (entre otras, la prohibición de salida del país) anunciadas ese día también solo verbalmente por un magistrado, y cuyo texto tampoco se publicó ni fue conocido por los magistrados que supuestamente "dictaron" la sentencia.

El presidente del Tribunal Supremo de Justicia también anunció verbalmente que en la supuesta decisión o sentencia se había decidido remitir su texto (en "copia certificada"), que nadie conocida, a la Asamblea Nacional Constituyente para que ésta se pronunciase sobre el allanamiento de la inmunidad parlamentaria del mencionado diputado Juan Guaidó, lo que efectivamente hizo el día siguiente, el 2 de abril de 2019, sin tener competencia alguna para ello.

La supuesta "sentencia" del Tribunal Supremo, puede decirse que simplemente no existe, pues no tiene texto conocido, y además, por supuesto no tiene efectos, pues no ha sido publicada; es decir, no fue dictada conforme lo exige la Ley Orgánica del Tribunal Supremo de Justicia (LOTSJ), siendo totalmente inválida e ineficaz; y además, al "dictarla," si ello realmente ocurrió, el Tribunal cometió todas las inconstitucionalidades imaginables, tal y como se resume en un "Voto Disidente" formulado respecto de la supuesta sentencia, el cual comenzó a circular por las redes sociales el 7 de abril de 2019, como emitido por la Magistrada Marisela Valentina Godoy Estaba de la Sala Penal del Tribunal Supremo.

1. *La "sentencia" que no es sentencia del Tribunal Supremo de 1 de abril de 2019, sin texto conocido, que no fue ni discutida ni publicada, en la cual supuestamente se acordó proceder al allanamiento de la inmunidad parlamentaria del diputado Juan Guaidó*

Conforme a los artículos 99 y siguientes de la Ley Orgánica del Tribunal Supremo de Justicia (LOTSJ), para que en cualquiera de sus Salas el Tribunal se pueda dictar una sentencia, deben seguirse ineludiblemente los siguientes pasos:

1. Que exista un magistrado ponente de la sentencia, designado por el presidente de la Sala respectiva, quien es el llamado a redactar y presentar "el proyecto de sentencia," pudiendo el presidente de la Sala reservarse ponencias (arts. 99, 100 LOTSJ).

2. Que el "proyecto de ponencia" elaborado por el magistrado ponente se presente "para su consideración" por todos los otros magistrados en la sesión de las Sala que el presidente de la misma convoque al efecto, para la "discusión y decisión de los proyectos de sentencia que sean sometidos a su conocimiento" (art. 101, 102 LOTSJ).

3. Que el proyecto de sentencia se apruebe con el voto favorable de la mayoría absoluta de los magistrados que componen la Sala (art. 103 LOTSJ); pudiendo los mismos disentir de la sentencia o de su motivación (su motiva), en cuyo caso deben anunciar en la misma sesión "su voto salvado o concurrente, según corresponda," el cual deben consignar por escrito, con el fundamento de "las razones de su desacuerdo, dentro de los tres días de despacho siguientes a la aprobación del proyecto de sentencia." Este escrito de los Votos Salvados (disidentes) o Concurrentes, al igual que la sentencia "debe ser firmado por todos los magistrados de la Sala respectiva y se agregará a la sentencia" (art. 104 LOTSJ).

5. Que, para tener efectos, tanto la sentencia como los Votos Salvados o Concurrentes, firmados por todos los magistrados "que hubieren asistido a la sesión en la cual se aprobó la sentencia, con inclusión de los que hubieren disentido" (art. 105 LOTSJ), se deben publicar mediante la incorporación de su texto en el expediente respectivo (art. 247 del Código de Procedimiento Civil). Excepcionalmente, sin embargo, "la decisión puede publicarse, aunque no haya sido suscrita por todos los magistrados que integren la Sala respectiva, si sus firmantes constituyen, por lo menos la mayoría absoluta de quienes la conforman, y entre los firmantes se encuentre la mayoría que esté conforme con ella" (art. 105 LOTSJ).

En este caso de la supuesta sentencia dictada por el Tribunal Supremo el 1º de abril de 2019, declarando al diputado Juan Guaidó en supuesto "desacato" y ordenando enviar "copia certificada" de su texto a la Asamblea Nacional Constituyente para que procediera a allanarle su inmunidad parlamentaria, competencia que es exclusiva de la Asamblea Nacional que el diputado Guaidó preside, puede decirse que la misma no existe, por no haberse emitido conforme a lo previsto en la Ley Orgánica del Tribunal, antes comentado.

En realidad, sobre la "sentencia" anunciada a los magistrados, solo verbalmente y por lo que se refirió a su dispositiva, en la sesión de la Sala Plena del 1º de abril de 2019, lo único que aproximadamente se conoció de la misma, "por escrito," fue lo "publicado" ese mismo día 1º de abril de 2019, por el presidente del Tribunal Supremo de Justicia en su cuenta Tweeter (Maikel Moreno @MaikelMoreno TSJ), informando que:

"1/6. Hoy informé al país la decisión de la Sala Plena del TSJ donde se declaró el desacato de Juan Guaidó a la sentencia de esta Sala Plena dictada el 29 de enero de 2019.

2/6.   En consecuencia, se le impuso la multa de 200 U.T. la cual podrá reclamar conforme está dispuesto en el Art. 125 de la Ley Orgánica del TSJ.

3/6.   Se ordenó remitir copia certificada de esta decisión al presidente de la ANC, a los fines del allanamiento de la inmunidad parlamentaria de Juan Guaidó, en su condición de diputado de la AN por Vargas.

4/6.   La sentencia con ponencia del Mag. Juan José Mendoza Jover, ratificó respecto a Juan Guaidó, las siguientes medidas: prohibición de salida del país...

5/6.   Además, la prohibición de enajenar y gravar los bienes de su propiedad, bloqueó e inmovilización de cuentas bancarias.

6/6.   Informé que se ordene remitir las presentes actuaciones al Fiscal General de la República a los fines de la continuación del procedimiento para el enjuiciamiento de altos funcionarios."[1]

Es decir, lo único que existía de la sentencia del Tribunal Supremo, aparte de las informaciones de prensa,[2] fue una información escrita en tweets de lo que el presidente del Tribunal informó verbalmente al país, consistente básicamente en que el Tribunal había declarado el desacato del diputado Juan Guaidó y había remitido "copia certificada" de la "sentencia" a

---

1   Véase en https://twitter.com/MaikelMorenoTSJ.

2   Por ejemplo, el reportaje: "TSJ venezolano ordena allanar inmunidad parlamentaria a Guaidó," en *msn.com*, 1 de abril de 2019, en el cual se informó que el Tribunal Supremo "ordenó el allanamiento a la inmunidad parlamentaria del presidente (e) Juan Guaidó, y remitió la orden a la Fiscalía para continuar el proceso penal en su contra." Véase en https://www.msn.com/en-us/news/newsvenezuela/tsj-venezolano-ordena-allanar-inmunidad-parlamentaria-a-guaid%C3%B3/ar-BBVvfkf?li=AAggXBX.

la Asamblea Nacional Constituyente a los fines del allanamiento de su inmunidad parlamentaria, sin realizar el antejuicio de méritos a que tiene derecho conforme a la Constitución.

En el caso, sin embargo, era obvio, no había "copia certificada" alguna de la sentencia que pudiera haber sido enviada de
inmediato, ese mismo día, a la Asamblea Nacional Constituyente, para que ésta, al día siguiente, 2 de abril de 2019, como
se informó en la prensa, hubiera podido decidir allanarle la
inmunidad parlamentaria del diputado Juan Guaidó,[3] en medio
de gritos de los integrantes de dicho órgano de "paredón," su-
giriendo que lo que habría que hacer era fusilarlo.[4]

La decisión de la Asamblea Constituyente se publicó posteriormente en *Gaceta Oficial* de fecha 3 de abril de 2019, cuyo
texto a su vez solo estuvo disponible en la página web de la
Imprenta nacional el 9 de abril de 2019, contentiva de un "Decreto Constituyente mediante el cual se autoriza la continua-

---

3   Véase "La Asamblea Constituyente de Venezuela allana la inmunidad
     parlamentaria de Guaidó y autoriza un juicio en su contra," en *actua-
     lidad.rt,* 3 de abril de 2019, en https://actualidad.rt.com/actua-
     lidad/310559-constituyente-venezuela-allanar-inmunidad-juan-
     guaido; "El régimen de Maduro le retira la inmunidad a Guaidó y
     allana su detención. La decisión fue tomada después de que el lunes
     el presidente del Tribunal Supremo de Justicia, Maikel Moreno, soli-
     citara a la Asamblea Constituyente «el allanamiento a la inmunidad
     parlamentaria," en *ABC International*, 3 de abril de 2019, en
     https://www.abc.es/internacional/abci-asamblea-constituyente-vene-
     zuela-aprueba-continuar-enjuiciamiento-guaido-
     201904030412_noticia.html.

4   Véase "Miembros de la Asamblea Constituyente chavista pidieron
     "paredón" para Juan Guaidó. Ocurrió durante el acto en el que se des-
     pojó de su inmunidad parlamentaria el presidente interino de Vene-
     zuela<'Infobae, 3 de abril de 2019, en https://www.infobae.com/ame-
     rica/venezuela/2019/04/03/miembros-de-la-asamblea-constituyente-
     pidieron-paredon-para-juan-guaido/

ción de la Investigación Penal del ciudadano Diputado de la Asamblea Nacional Juan Gerardo Guaidó Márquez, y en consecuencia se aprueba el allanamiento de la Inmunidad Parlamentaria y la aplicación en todas sus partes del Artículo 200 de la Constitución de la República Bolivariana de Venezuela."[5]

Aparte de que conforme al mencionado artículo 200 la Constitución solo la Asamblea Nacional tiene competencia para autorizar el enjuiciamiento de los diputados que pueda afectar su inmunidad –lo cual es contradictorio con lo decidido en el mismo Decreto, donde la que decidió fue la Asamblea Constituyente-, siempre respetándose el necesario desarrollo del antejuicio de méritos (art. 266.3), lo cierto es que la inconstitucional decisión de la Asamblea Nacional Constituyente se adoptó luego de que el Tribunal Supremo decidiera no desarrollar en este caso dicho antejuicio de mérito a que tienen derecho los diputados, con base en una supuesta flagrancia; y todo, sin que existiera sentencia alguna del Tribunal Supremo de Justicia ni, por supuesto "copia certificada" alguna que hubiera podido ser sido enviada a dicha Asamblea Constituyente para su consideración.

Todo ello, precisamente, quedó en evidencia del texto del "Voto Disidente" a la supuesta sentencia del Tribunal Supremo, antes mencionado, que fue del conocimiento público a partir del día 7 de abril de 2019, cuando circuló en diversas redes sociales, de la Magistrada de la Sala Penal del Tribunal Supremo, Marisela Valentina Godoy Estaba, de cuyo contenido se puede apreciar la absoluta forma irregular cómo el Tribunal Supremo supuestamente dicta sentencias, sin que haya sentencias.

---

5   Véase *Gaceta Oficial* N° 41.609 de 3 de abril de 2019.

La Magistrada Godoy, en efecto, redactó su Voto Disidente, refiriéndose a la sentencia solo por el número del Expediente de la causa (AA10-L-2019-000002 1), conforme a lo previsto en los artículos 104 de la Ley Orgánica del Tribunal Supremo de Justicia, y 63 del Reglamento Interno del Tribunal, expresando que disentía "del criterio sostenido por la mayoría sentenciadora," a cuyo efecto comenzó por resumir los antecedentes del caso, así:

1. Que el 29 de enero de 2019, el Fiscal General de la República Tarek William Saab, había solicitado de la Sala Plena del Tribunal Supremo de Justicia, "permiso para instaurar una pre investigación" (institución procesal que no existe en el ordenamiento jurídico) en contra de Juan Guaidó Márquez, Diputado Presidente de la Asamblea Nacional, pidiendo demás a la misma Sala que se decretasen "las medidas cautelares de prohibición de salida del país sin autorización de movilizarse hasta tanto culmine la investigación, prohibición de enajenar y gravar bienes de su propiedad, bloqueo e inmovilización de cuentas bancarias o cualquier otro instrumento financiero en el territorio venezolano."

2. Que en la misma fecha 29 de enero de 2019, la Sala Plena del Tribunal Supremo de Justicia declaró con lugar las solicitudes planteadas por el Fiscal General, acordando las medidas cautelares solicitadas, otorgándole, además, al mismo "el permiso para la pre-investigación requerida," en una sentencia, según afirma la Magistrada disidente, que fue "producida y no publicada."

3. Que el 1° de abril de 2019, la Sala Plena del Tribunal Supremo "decretó varios pronunciamientos," que fueron precisamente objeto del Voto Disidente, ratificando las medidas cautelares que habían sido dictadas con anterioridad, declarando "en desacato" al diputado Guaidó, pues según la Sala Plena el mismo no habría cumplido "con la orden emanada de prohi-

bición de salida del país," que constaba en "la sentencia producida y no publicada en fecha 29 de enero de 2019." En el Voto Disidente se indicó que la decisión se adoptó con base en el "hecho notorio y comunicacional," que era que el diputado Guaidó se había desplazado "a diferentes países, tal y como se desprende de las informaciones que al respecto plenaron las noticias nacionales e internacionales."

4. Que la Sala Plena autorizó, además, "el antejuicio de mérito en contra del presidente de la Asamblea Nacional, en virtud de la flagrancia" en la cual, a juicio del Tribunal, supuestamente estaba incurso. El texto exacto de lo afirmado por la Magistrada en la parte introductoria de su Voto disidente, sobre esto, fue que: "Además, la misma Sala Plena autorizó el antejuicio de mérito en contra del presidente de la Asamblea Nacional, en virtud de la flagrancia en la cual, a juicio de esta Alta Instancia Judicial, está incurso el mencionado ciudadano." Sin embargo, de todo lo que argumenta la Magistrado disidente en el Voto Salvado sobre lo que implicó la "sentencia" dictada, lo que realmente resolvió el Tribunal fue más bien obviar (no autorizar) el antejuicio de mérito "en virtud de la flagrancia," y proceder a enviar la "sentencia" a la Asamblea Nacional Constituyente a los fines del allanamiento de la inmunidad parlamentaria, sin que se desarrollara antejuicio de mérito alguno.

5. Que el Tribunal Supremo "ordenó enviar las actuaciones judiciales a la Asamblea Nacional Constituyente" a fin de que dicho organismo conociera y se pronunciara "sobre el allanamiento de la inmunidad parlamentaria del Presidente de la Asamblea Nacional," por cuanto a juicio del Tribunal Supremo de Justicia, el órgano legislativo (es decir, la Asamblea Nacional) supuestamente aún se encontraba "en desacato," dejando la Magistrada disidente sentado su criterio correcto en relación con esto, en el sentido de que la Asamblea Nacional

es en todo caso "el único competente, de acuerdo a las disposiciones de la Carta Magna, para pronunciarse sobre el fuero de privilegio contenido en la norma constitucional," lo que significó su rechazo a que se pretendiera fuera la Asamblea Nacional Constituyente la que pudiese pronunciarse sobre ello.

6. Y finalmente, que el Tribunal Supremo ordenó enviar las actuaciones procesales a la Fiscalía General, a fin de la continuación de las investigaciones que pesaban en contra del Diputado Guaidó, "conforme a la Ley Orgánica del Tribunal Supremo de Justicia, el Código Orgánico Procesal Penal y la Jurisprudencia de este Máximo Tribunal."

Ahora bien, en cuanto a la supuesta "sentencia" respecto de la cual la Magistrada salvó su Voto, conforme ella misma lo explicó, "en las sesiones plenas del Tribunal Supremo de Justicia de los días 29 de enero y 1 de abril de 2019" no le fueron presentadas a la Magistrada, y se supone, que a ninguno de los magistrados del Tribunal Supremo "para su conocimiento y análisis, ni las solicitudes realizadas por el Fiscal General de la República, ni las ponencias hechas públicas a través de los medios de comunicación social."

Por ello, la Magistrada disidente explicó que su Voto Disidente lo emitía, no de acuerdo con algún texto de sentencia publicado o consignado en el expediente, sino "de acuerdo al pronunciamiento oral del dispositivo de la sentencia, emitido en la Sala Plena emanado el día 1 de abril de 2019."

Lo que pone en evidencia y confirma que el Tribunal Supremo en Venezuela, decide sin dictar sentencia por escrito, cuyo texto por tanto no se publica ni mediante consignación de su texto en el expediente respectivo y ni siquiera mediante su inclusión en la página web del Tribunal Supremo, de cuyo supuesto contenido solo se enteran los magistrados por lo que se expone verbalmente en las sesiones de las Salas, respecto a la parte dispositiva, o mediante mensajes Tweets publicados por el presidente del Tribunal.

En esos casos, por tanto, no habiendo texto escrito de la sentencia, como fue el caso referido por la Magistrado disidente, la misma nunca fue publicada, y no podía haber "copia certificada" de la misma que hubiera podido ser enviada ni al Fiscal General de la República, ni a la Asamblea Nacional Constituyente para que se pronunciara sobre el allanamiento de la inmunidad parlamentaria del diputado Guaidó.

Sin embargo, al día siguiente de "dictarse" la sentencia, el día 2 de abril de 2019, según anunció la prensa, aún sin publicarse la sentencia ni que existiera texto escrito de la misma, y menos "copia certificada," la Asamblea Constituyente como antes se dijo, efectivamente se pronunció sobre lo decidido.

En todo caso, como se dijo para el 12 de abril de 2019 (cuando concluyo estos comentarios), nada se sabía aún sobre el texto de la "sentencia," y lo único que había por escrito, sobre la misma, fueron los tweets del presidente del Tribunal.

En un Tribunal Supremo de Justicia que funciona en un régimen autoritario y dictatorial como el que lamentablemente existe en Venezuela, el cual desde hace lustros ha estado bajo el control del Poder Ejecutivo y al servicio del autoritarismo, sus decisiones, particularmente aquellas que tienen relación con cuestiones políticas, por lo que se deducía de las que se publicaban en la página web del Tribunal, puede decirse que normalmente se han adoptado por unanimidad e, incluso, con harta frecuencia, mediante la modalidad de "Ponencia Conjunta," de manera de comprometer a todos los magistrados involucrados así no estuviesen enterados de lo que decidían.

Por ello hay que destacar, en contraste con esa "tradición," como un hecho importantísimo para el mundo del derecho, que una Magistrada de la Sala Penal del Tribunal Supremo, la Magistrada Marisela Godoy Estaba, haya emitido un Voto Salvado (disidente) respecto de la supuesta "sentencia" dictada por la Sala Plena del Tribunal Supremo de Justicia con el propósito de buscar allanar a inmunidad parlamentaria al Presidente de la Asamblea Nacional, Juan Guaidó, por un órgano totalmente incompetente, como es la fraudulenta Asamblea Constituyente instalada en 2017. Emitirlo, fue un acto de honestidad y valentía de la Magistrada Godoy, que los estudiosos de las sentencias del Tribunal Supremo tenemos que agradecerle.

Pero el Voto Disidente de la Magistrada Godoy tiene aún mayor importancia por su contenido, en el cual la misma, aparte poner en evidencia y criticar el irregular funcionamiento del propio Tribunal Supremo de Justicia en la emisión de sus sentencias, cuyos textos no se publican y son desconocidos hasta por los propios magistrados que votan por las mismas, hizo importantes consideraciones sobre los temas más importantes del debate constitucional desarrollado en Venezuela en los últimos años, y en particular, *primero*, sobre el largo proceso de consolidación de lo que he llamada la "dictadura judicial"[6] desarrollada por la Sala Constitucional sofocando, anulando y aniquilando a la Asamblea Nacional, con base en un supuesto "desacato" a decisiones judiciales; *segundo,* sobre los supuestos podres soberanos, omnipotentes y supraconstitucionales de

---

6　Véase Allan R. Brewer-Carías, *Dictadura judicial y perversión del Estado de derecho. La Sala Constitucional y la destrucción de la democracia en Venezuela*, Colección Estudios Políticos, N° 13, Editorial Jurídica Venezolana International (Con presentaciones de Asdrúbal Aguiar, José Ignacio Hernández, y Jesús María Alvarado Andrade); Segunda edición actualizada, Primera edición, New York-Caracas, 2016. 488 pp. *La dictadura judicial y la perversión del Estado de derecho. El Juez Constitucional y la destrucción de la democracia en Venezuela* (Prólogo de Santiago Muñoz Machado), Ediciones El Cronista, Fundación Alfonso Martín Escudero, Editorial IUSTEL, Segunda edición, Madrid 2017, 608 pp.

la que hemos llamado fraudulenta Asamblea Nacional Constituyente,[7] para tomar decisiones, considerando que, al contrario, la misma no puede asumir las competencias de la Asamblea Nacional como es la de autorizar el allanamiento de la inmunidad parlamentaria de diputados; *tercero*, sobre las ilegales actuaciones del Fiscal General de la República al iniciar un irregular proceso en contra del Presidente de la Asamblea Nacional, habiéndose acordado medidas judiciales *inaudita parte*, violándose el debido proceso, y sin que se conozca el texto de las sentencias que supuestamente las contienen; y por último, en *cuarto* lugar, que entre el Tribunal Supremo, el Fiscal General y la Asamblea Constituyente se haya pretendido ordenar el allanamiento de la inmunidad parlamentaria del presidente de la Asamblea Nacional, con base en una falaz flagrancia.

2. *El rechazo al proceso de ahogamiento institucional de la Asamblea Nacional por parte de la Sala Constitucional con base en "el supuesto desacato y las sanciones que se han pretendido derivar del mismo."*

Uno de los capítulos del Voto Disidente de la Magistrada Godoy se titula con precisión como "El supuesto desacato y las sanciones que se han pretendido derivar del mismo," con referencia al proceso desarrollado a partir de 2016 por el régi-

---

7 Véase Allan R. Brewer-Carías, *La inconstitucional convocatoria de una Asamblea Nacional Constituyente en mayo de 2017. Un nuevo fraude a la Constitución y a la voluntad popular,* Colección Textos Legislativos, N° 56, Editorial Jurídica Venezolana, Caracas 2017, pp. 178 pp.; y en Allan R. Brewer-Carías y Carlos García Soto (Coordinadores*), Estudios sobre la Asamblea Nacional Constituyente y su inconstitucional convocatoria en 2017*, Colección Estudios Jurídicos N° 119, Editorial Jurídica Venezolana, Caracas 2017.

men autoritario, de ahogamiento y aniquilación contra la Asamblea Nacional, utilizando para ello a la Sala Electoral y a la Sala Constitucional del Tribunal Supremo, luego de que la oposición democrática obtuviera la mayoría calificada de diputados en las elecciones parlamentarias de diciembre de 2015; con base en considerar que la Asamblea Nacional, como institución, se encontraba en supuesto "desacato" respecto de una sentencia del propio Tribunal Supremo; proceso continuo y persistente, mediante el cual la Sala Constitucional ha declarado la nulidad de todos los actos adoptados desde 2016 por la Asamblea Nacional.[8]

El Voto Salvado o disidente, para analizar ese proceso, comenzó por referirse a la sentencia de la Sala Electoral del Tribunal Supremo de Justicia, N° 260 de 30 de la diciembre de 2015 (Caso: *Nicia Marina Maldonado Maldonado vs. Elecciones Estado Amazonas*),[9] mediante la cual, al decidir la solicitud de medidas cautelares formuladas en un recurso contencioso electoral contra la elección de diputados por el Estado

---

8 Sobre ese proceso de ahogamiento y neutralización de la Asamblea nacional nos hemos referido detalladamente en Allan R. Brewer-Carías, *La dictadura judicial y la perversión del Estado de derecho. El Juez Constitucional y la destrucción de la democracia en Venezuela* (Prólogo de Santiago Muñoz Machado), Ediciones El Cronista, Fundación Alfonso Martín Escudero, Editorial IUSTEL, Madrid 2017, 608 pp.; y *La consolidación de la tiranía judicial. El Juez Constitucional controlado por el Poder Ejecutivo, asumiendo el poder absoluto*, Colección Estudios Políticos, N° 15, Editorial Jurídica Venezolana International. Caracas / New York, 2017, 238 pp.

9 Véase en http://historico.tsj.gob.ve/decisiones/selec/diciembre/184-227-260-301215-2015-2015-000146.HTML. Véase los comentarios en Allan R. Brewer-Carías, "El desconocimiento judicial de la elección popular de diputados," en *Revista de Derecho Público*, N° 145-146, enero-junio 2016, Editorial Jurídica Venezolana, Caracas 2016, pp. 285-318.

Amazonas, lo admitió y acordó como medida cautelar la disparatada "suspensión de efectos de los actos de totalización, adjudicación y proclamación" de los diputados electos el 6 de diciembre de 2015 en el Estado Amazonas.

Los diputados "suspendidos," sin embargo, a pesar de tal improcedente suspensión – porque no pueden "suspenderse" los efectos de un acto jurídico que ya produjo efectos - se juramentaron el día 28 de Julio de 2016, lo que provocó que la Sala Electoral del Tribunal Supremo de Justicia, dos días después, dictara la sentencia N° 108 de 1° de agosto de 2016, [10] mediante la cual se preparó el camino para la adopción de un acto más irresponsable y definitivo en la confrontación de poderes del Estado,[11] consistente en la "disolución" de hecho de la Asamblea Nacional, al declarar no sólo que la nueva juramentación de los diputados electos por el Estado Amazonas efectuada ante la Asamblea el 28 de julio de 2016, carecía "de validez, existencia y no produce efecto jurídico alguno" por haber sido la proclamación de los mismos "suspendida" judicialmente desde el 30 de diciembre de 2015; sino que a partir de dicho día 1° de agosto de 2016, también decidió la Sala, que carecían "de validez, existencia y no producen efecto jurídico alguno" todos "aquellos actos o actuaciones *que en el futuro*

---

10 Véase en http://www.tsj.gov.ve/decisiones/scon/marzo/162025-138-17314-2014-14-0205.HTML. Véase los comentarios en Allan R. Brewer-Carías, "El acoso por parte de la "justicia" constitucional contra la Asamblea Nacional como órgano de representación popular," en *Revista de Derecho Público*, N° 147-148, julio-diciembre 2016, Editorial Jurídica Venezolana, Caracas 2016, pp. 367 ss.

11 Véase sobre este proceso lo expuesto por Ernesto Estévez León, "El enfrentamiento de poderes," en *La Caja de Pandora*, 5 de agosto de 2016, en https://cajadepandora49.wordpress.com/2016/08/05/elenfrentamiento-de-poderes/.

dictare la Asamblea Nacional" con la participación de los diputados juramentados.

Se trató, así, de una nulidad declarada sobre actos inexistentes y desconocidos, por ser futuros e inciertos, lo que fue un soberano, arbitrario y peligroso disparate.

Ello, además, fue ratificado por la Sala Constitucional en sentencia N° 808 de 2 de septiembre de 2016, a la cual también hizo referencia el Voto Salvado, mediante la cual se declaró la nulidad de la Ley Reserva al Estado las Actividades de Exploración y Explotación de Oro sancionada unas semanas antes,[12] en la cual, dado que la proclamación de los diputados había sido "suspendida" por la Sala Electoral mediante la antes indicada sentencia cautelar N° 260 de 30 de diciembre de 2015; la Sala Constitucional declaró que:

> "resultan manifiestamente inconstitucionales y, por ende, absolutamente nulos y carentes de toda vigencia y eficacia jurídica, los actos emanados de la Asamblea Nacional, incluyendo las leyes que sean sancionadas, mientras se mantenga el desacato a la Sala Electoral del Tribunal Supremo de Justicia. En consecuencia, el máximo tribunal ha anulado todas las decisiones de la Asamblea Nacional desde el 28 de Julio de 2016, fecha de la juramentación de los usurpadores del estado Amazonas, esto sin contar con las sentencias que han anulado los proyectos de ley y de enmienda constitucional por ser abiertamente violatorias a la Constitución."

Posteriormente, y en forma sucesiva, todo esto fue ratificado en múltiples sentencias dictadas posteriormente (por ejemplo, sentencias N° 810 de septiembre de 2016, N° 952 de 21 de noviembre de 2016, Nos. 1012, 1013 y 1014 de 25 de noviem-

---

12 Véase en http://historico.tsj.gob.ve/decisiones/scon/septiembre/190-395-808-2916-2016-16-0831.HTML.

bre de 2016 y N° 1086 de 13 de diciembre de 2016), hasta que en enero de 2017, mediante la sentencia N° 3 de 11 de enero de 2017,[13] se le cercenó definitivamente al pueblo su derecho más elementar en un Estado de derecho, que es el de ejercer la soberanía mediante sus representantes, imponiéndose a la Asamblea como institución una "sanción" por el supuesto "desacato" en el que habría incurrido, consistente en la "declaración de nulidad de todos sus actos, incluso los futuros." Ello no es más que una aberración que no tiene asidero en el ordenamiento venezolano, pues en los casos de desacato de decisiones judiciales, lo que se establece en la Ley Orgánica del mismo Tribunal Supremo de Justicia como sanción, es una multa, pero nunca de nulidad de las decisiones.

En el caso concreto de las decisiones de la Asamblea Nacional, declaradas nulas "por supuesto desacato," en el Voto Salvado, la Magistrado Godoy hizo referencia, sin embargo, a que incluso:

"Posteriormente y en diversas oportunidades los diputados electos por el pueblo de Amazonas, según consta de las sesiones ordinarias de la Asamblea Nacional, y en los diferentes medios de comunicación social, siendo este un hecho noticioso, emitieron su voluntad de desincorporarse al Parlamento con el propósito que la Sala Electoral en la decisión que está por pronunciar, resuelva esta situación que hace permanecer a este estado federal en situación de ausencia de representación en la Asamblea Na-

---

13 Véase en http://historico.tsj.gob.ve/decisiones/scon/enero/194892-03-11117-2017-17-0002.HTML. Véase los comentarios en Allan R. Brewer-Carías, "Comentarios a la sentencia de la Sala Constitucional N° 3 de 11 de enero de 2017, declarando la omisión de la Asamblea Nacional, disponiendo que el mensaje anual de presidente de la República no podía presentarse ante la Asamblea Nacional," en *Revista de Derecho Público*, N° 149-150, enero-junio 2107, Editorial Jurídica Venezolana, Caracas 2017, pp. 271-275.

cional. Es de aclarar que todavía se encuentran separadas de la misma."

Por tanto, como indica el Voto salvado, hasta el presente:

"según la Sala Constitucional del Tribunal Supremo de Justicia se mantienen los diputados de la Asamblea Nacional, en situación de desacato, a pesar del cumplimiento por parte del órgano de cumplir con el mandato judicial una vez que votó por la desincorporación de los representantes indígenas de Amazonas en varias oportunidades, cuando éstos solicitaron no formar parte del Parlamento, así como en la ocasión en la cual la Junta Directiva de la Asamblea Nacional, después de juramentada el 05 de enero de 2017, procedió en sesión ordinaria y con el voto de la mayoría calificada, a desincorporar a aquéllos con el propósito de cumplir con la orden emanada por la Sala Constitucional del Tribunal Supremo de Justicia."

Sin embargo, argumentó la Magistrada Godoy en su Voto Salvado, con toda razón, que del texto de todas las sentencias de la Sala Constitucional:

"a pesar de lo antes expuesto, se considera al Parlamento Nacional en desacato sin que haga discriminación alguna de sus componentes, circunstancia tal que amerita concluir que en Venezuela no existe Poder Legislativo."

En criterio de la Magistrada disidente, en todo caso, con todas las antes mencionadas sentencias de la Sala Electoral y de la Sala Constitucional,

"se ha pretendido sancionar con el desacato a las actuaciones del Poder Legislativo, con la anulación de todas las actuaciones de la Asamblea Nacional, a futuro, lo cual, sin duda alguna, contraviene el principio de legalidad sancionatoria contemplado en el artículo 49 de la Constitución Nacional. Se pretende, a través de la figura del desacato, desaparecer las atribuciones constitucionales otorgadas al Poder Legislativo, toda vez que le impiden actuar en el radio de acción que le es pretermitible como Poder del Estado."

Es evidente que un Poder del Estado no puede ser declarado en "desacato," en este caso, la Asamblea Nacional, que es un órgano de la República (la cual es una persona de derecho público) que ejerce el Poder Legislativo, pues sería lo mismo que declarar en desacato a la República misma, como persona de derecho público.

Por ello, la Magistrada disidente, en su Voto Salvado, aun cuando erradamente confundió un "órgano" con una "persona jurídica," al calificar a la Asamblea Nacional, que es un órgano de la República (y no una persona jurídica), como persona jurídica de derecho público, siendo la República la persona jurídica de derecho público, concluyó su apreciación, con razón, señalando que la Asamblea Nacional (como órgano de una persona de derecho público):

"no puede cometer delitos, pues salvo disposición expresa en tal sentido (v.gr. artículo 31 Ley Orgánica Contra la Delincuencia Organización y el Financiamiento al Terrorismo) sólo las personas naturales pueden incurrir en ilícitos penales y ser castigadas por ello."

Argumentó la Magistrada disidente, abundando en el tema, afirmando sobre "la imposibilidad" de la Asamblea Nacional de cometer delito, pues aún en el caso de que:

"un acto parlamentario (resolución, acuerdo, ley o acto con forma de ley) pueda ser equiparado a desacato (122 LOTSJ), serían a los parlamentarios que votaron tal acto los pretendidos perpetradores, solo que éstos tampoco podrían ser sancionados en el ámbito personal, en oblación a la inmunidad que les otorga el artículo 200 de la Constitución Nacional."

Para reforzar su argumentación de que no se puede declarar el desacato respecto de órganos de personas jurídicas, y de que aún en el supuesto de que "la Asamblea Nacional o aún los diputados que la integran, pudiesen cometer el delito de desacato, la pena no podría ser diferente a la fijada *ex lege*" en textos que lo establecen, como los 121 y 122 de la Ley Orgánica del Tribunal Supremo de Justicia, que prevé sanciones de multas;[14] la Magistrada disidente se refirió a la jurisprudencia reiterada de varias Salas del Tribunal Supremo de Justicia, en el sentido de que "el desacato de sus decisiones se sanciona con multa y en cabeza de las personas naturales que incurren en tal ilícito, no en las corporaciones o entes de los cuales los perpetradores formen parte."

Entre las sentencias citadas en el Voto Disidente para reforzar su argumentación, la Magistrada Godoy se refirió a la sentencia N° 795 de Tribunal Supremo de Justicia en Sala Constitucional de 19 de Agosto de 2016, en la cual conforme al artículo 122 de la ley Orgánica del Tribunal, se impuso multa "a los integrantes del Concejo Municipal del Municipio Páez del Estado Apure," es decir, en ese caso "los sancionados fueron a los concejales, no al Concejo Municipal);" a la sentencia N° 107 de Tribunal Supremo de Justicia de Sala Electoral de 17 de Julio de 2012, en la cual se hace mención a la "pena del desacato en que puedan incurrir los integrantes del Consejo Universitario de la aludida Casa de Estudios, incluyendo al Rector, de conformidad con lo previsto en el artículo 122 de la Ley Orgánica del Tribunal Supremo de Justicia..."; y a la sentencia N° 149 de Tribunal Supremo de Justicia de Sala Electo-

---

14 Artículo 121, LOTSJ: "Las Salas del Tribunal Supremo de Justicia sancionarán con multa de hasta cien unidades tributarias (100 U.T.) a quienes [...] desacaten las decisiones, acuerdos u órdenes judiciales." Artículo 122, LOTSJ: Las Salas del Tribunal Supremo de Justicia sancionarán con multa equivalente hasta doscientas unidades tributarias (200 U.T.) a las personas funcionarios o funcionarias que no acataren sus órdenes o decisiones [...], sin perjuicio de las sanciones penales, civiles, administrativas o disciplinarias a que hubiere lugar/"

ral de 1 de Noviembre de 2016, donde se establece una sanción de multa "para cada uno de los integrantes de la Comisión Electoral […] en virtud de su desacato a la orden contenida en una sentencia anterior (sentencia N° 88 del 21 de junio de 2016).

Con base en ello, y del análisis de "todas las decisiones dictadas por las Salas Electoral y Constitucional del Tribunal Supremo de Justicia en materia de desacato" la Magistrada disidente aseguró, sin duda con conocimiento de causa:

"con muy poco margen de error, que con anterioridad a las sentencias del 30 de diciembre de 2015 y 11 de enero de 2016 e inclusive en fallos posteriores arriba citados, ninguna decisión del Tribunal Supremo de Justicia: 1) impuso a quienes desacataron decisiones de este alto Tribunal de Justicia sanciones diferentes a las previstas en los artículos 121 y 122 antes citados y, 2) que todas las multas impuestas, recayeron sobre personas naturales (concejales, integrantes de comisiones electorales, presidentes de corporaciones) y no contra personas jurídicas."

De lo que concluyó afirmando que "castigar a la Asamblea Nacional, con una sanción por el pretendido desacato quebranta los preceptos constitucionales siguientes:"

En primer lugar, "el artículo 49, ordinal 3° al ser impuesta una sanción diferente a la establecida *ex lege* para el supuesto ilícito."

En segundo lugar" el artículo 44 ordinal 3°, porque la pena no puede trascender la persona del supuesto autor del ilícito," considerando que, en este caso, "se está sancionando a una persona de derecho público" (en realidad, a la República que es la persona jurídica de derecho público, actuando a través de su órgano que es la Asamblea Nacional) "por las supuestas faltas cometidas por sus integrantes."

En tercer lugar, "los artículos 266, 137 y 138 *eiusdem*, porque entre las funciones del Tribunal Supremo de Justicia no figura la de legislar y es el caso, que, al sancionar a una rama del Poder Público, sin preexistir norma legal que prevea tal sanción, infringió los citados artículos que rigen la vida de este alto Tribunal."

De todo lo anterior, concluyó la Magistrada Godoy, que aún en caso de que "alguien pretendiese que el desacatado imputado a la Asamblea Nacional" no pudiera ser subsumido en los preceptos antes citados de la Ley Orgánica del Tribunal, entonces lo que sería aplicable es "la norma general que en materia de desacato contiene el Código Penal en su artículo 483" incluido en el Capítulo I, Título I, del Libro Tercero relativo a "De las faltas en general," en cuyo supuesto, en ningún caso se podría establecer "la sanción de nulidad que le ha pretendido imponer el Tribunal Supremo de Justicia a los actos emanados de la Asamblea Nacional."

Es decir, no hay asidero alguno en el ordenamiento jurídico venezolano para la pretensión del Tribunal Supremo de imponer como "sanción," por "supuesto desacato" de la Asamblea Nacional a decisiones del Tribunal Supremo, la nulidad de sus actuaciones, de manera que, al hacerlo, conforme al criterio de la Magistrada disidente, el Tribunal violó el principio de "reserva legal en materia sancionatoria que desde antiguo se han establecido en Venezuela." Este principio ha sido "ratificado por numerosos fallos más recientes," entre los cuales, la Magistrada disidente mencionó a la sentencia N° 1633 de Tribunal Supremo de Justicia en Sala Constitucional de 20 de noviembre de 2014, en la cual se resolvió:

"A este respecto, la Sala precisa que en lo que corresponde al principio de legalidad y su vinculación con la potestad sancionatoria en materia administrativa, el artículo 49.6 de la Constitución de la República Bolivariana de Venezuela establece que los entes u órganos con potestad en el ejercicio de la función administrativa no pueden aplicar su potestad coactiva sin fundamento en normas de rango legal. Este principio establece una doble connotación: por un lado, impone el deber del Estado de legislar en materia sancionatoria, como restricción o delimitación de los derechos constitucionales; y, por el otro, comporta una garantía para la ciudadanía de que solamente tendrán comprometida su responsabilidad cuando así se encuentre prevista legalmente. (Cfr. Sentencia de esta Sala número 834 del 18 de junio de 2009, caso: "Corpomedios GV Inversiones, C.A., –Globovisión–")".

En todo caso, la Magistrada disidente concluyó su análisis sobre el "supuesto desacato" atribuido a la Asamblea Nacional por el Tribunal Supremo de Justicia, y a la absurda e inconstitucional "sanción" de nulidad" de todas sus decisiones, actos y actuaciones, que la Sala Constitucional le impuso por ello, que:

> "lo medular en el caso que nos ocupa no está en la circunstancia de que los diputados sean o no reos del delito de desacato, lo importante en esto es la circunstancia de que por esta vía se ha eliminado a uno de los Poderes del Estado por causas no contempladas en el Pacto Social que supone es La Constitución de la República Bolivariana de Venezuela."

Es decir, se ha acabado con el Poder Legislativo, ahogándolo y neutralizándolo, privándose al pueblo además de manifestar su voluntad a través de sus representantes electos.

3. *El irregular procedimiento seguido por el Fiscal General de la República para perseguir al diputado presidente de la Asamblea Nacional*

Según lo explicó la Magistrada Godoy en su Voto Salvado, al referirse al "contexto jurídico e histórico" que fundamentó la emisión del mismo, y que tiene relación con el procedimiento irregular que siguió el Fiscal General de la República ante el Tribunal Supremo de Justicia, indicó que el procedimiento respectivo comenzó cuando dicho Fiscal General de la República se dirigió a Tribunal Supremo de Justicia en enero de

2019, solicitando del mismo "autorización para iniciar una pre investigación, y que se acordaran las medidas cautelares de prohibición de salida del país sin autorización hasta tanto culmine la investigación, prohibición de enajenar y gravar bienes de su propiedad, bloqueo e inmovilización de cuentas bancarias o cualquier otro instrumento financiero en el territorio venezolano," contra el presidente de la Asamblea Nacional Juan Guaidó.

Ante ello, la Magistrada disidente observó, con razón, que era "obvio" que dicho Fiscal General:

"ya se encontraba realizando actividades propias de la etapa investigativa, la cual se estaba ejecutando a espaldas del supra identificado ciudadano, teniéndose que resaltar que requerir medidas cautelares contra un individuo que no está oficialmente imputado o investigado, violenta sus derechos y garantías judiciales previstas en el ordenamiento jurídico patrio, así como en los Tratados Internacionales suscritos por la República con fuerza de ley."

A juicio de la Magistrada Godoy, lo que debió hacer el Fiscal General, en todo caso, "y no lo hizo en esa oportunidad," era pedir el antejuicio de mérito contra el diputado Juan Guaidó, con lo cual se hubiera cumplido irrestrictamente las previsiones de la legislación pertinente. Sin embargo, al proceder de esa forma, el Fiscal General violó y distorsionó el ordenamiento jurídico en la materia, pues como lo afirmó la Magistrada disidente "no existe en el ordenamiento jurídico nacional la figura de pre-investigación, no siendo dable instaurar esta figura vía jurisprudencial, por cuanto de hacerlo se estaría violentando el principio de reserva legal."

A juicio de la Magistrada disidente:

"resulta una incongruencia solicitar permiso para pre-investigar a una persona, y a su vez restringirlo de ciertos derechos constitucionales con medidas cautelares, sobre todo cuando la pre investigación es una novedad perniciosa e inexistente en los instrumentos legales,", y en este caso con el agravante de que a su vez se violenta el fuero de privilegio que ampara a los funcionarios de alta jerarquía, es decir la inmunidad parlamentaria y la posibilidad de ser sometido al antejuicio de mérito a que se contrae su alta investidura del Presidente de la Asamblea Nacional, Juan Gerardo Antonio Guaidó Márquez."

De lo cual concluyó afirmando la misma Magistrada disidente, que "al no estar ceñido el Ministerio Público a estas órdenes de estricto cumplimiento, sobre todo cuando es este el funcionario llamado a tener la misión de defender la constitucionalidad y la ley, debiendo actuar bajo el imperio de las mismas," se deben considerar *"nulas"* no solo *"las solicitudes del Fiscal General,"* sino también deben considerarse *"nulas"* las propias *decisiones posteriores de la Plena del Tribunal Supremo de Justicia relativas a "admisiones y declaratorias con lugar."*

La Magistrada disidente, en efecto, consideró que en el Tribunal Supremo de Justicia, "el derecho, la equidad y la justicia" deberían "resplandecer y estar sustentada en los principios que la sostienen, inclusive en los casos inéditos que se nos vayan presentando;" precisamente al contrario de lo que sucedió en este caso, en el cual "el Fiscal General y luego la Sala Plena del Tribunal Supremo de Justicia, obviaron el procedimiento claramente establecido para los altos funcionarios a los cuales se contrae el ordenamiento jurídico."

En particular, la Magistrada Godoy consideró, con razón, específicamente en relación con las medidas cautelares en materia penal, que las mismas "son aquellas dictadas mediante resoluciones judiciales, teniendo por objeto asegurar y conservar la participación de una persona en un proceso, o bien las resultas del fallo del reclamo planteado," de manera que "dichas medidas cautelares, son solicitadas dentro del contexto de un proceso donde jamás deberán ser *inaudita parte* por cuanto con ello se violenta el sacratísimo derecho a la defensa, y el equilibrio procesal como la igualdad de las partes, principios rectores del debido proceso."

Sin embargo, en el caso analizado, la Magistrada disidente consideró que:

"hasta la fecha, el Ministerio Público actuó realizando actos de investigación propios de un proceso, y de espaldas al investigado, y posteriormente pretendió con su solicitud de permiso de pre investigación, darle legalidad y plataforma a las medidas que hoy restringen al ciudadano Juan Gerardo Antonio Guaidó Márquez en su cotidianidad, como el libre tránsito y la administración de sus bienes, negándosele la oportunidad que le emerjan sus derechos."

Contrariando la actuación del Fiscal General, la Magistrada disidente se refirió a la posición prolija que en esta materia ha tenido la Sala Constitucional y la doctrina "de reconocimiento de las garantías que le surgen a aquél que es minimizado en sus derechos ciudadanos, sin que haya tenido la oportunidad de defenderse," constatando, al contrario que en el caso analizado, "se le reduce y se le niega" al diputado Juan Guaidó con base en "una pretendida flagrancia," su "derecho a ser enjuiciado conforme al procedimiento a los altos funcionarios."

Concluyendo la Magistrada disidente con su afirmación de que:

"justo es afirmar que en la situación jurídica del ciudadano Juan Gerardo Antonio Guaidó Márquez, no se respetaron ni las formas ni el fondo, y ni siquiera los fallos emanados de este Tribunal Supremo de Justicia, por lo que no se puede establecer que haya cometido desacato o delito alguno que amerite su enjuiciamiento o el allanamiento de la inmunidad parlamentaria."

4. *La violación de las previsiones constitucionales sobe la inmunidad parlamentaria y el antejuicio de mérito*

El artículo 200 de la Constitución establece, en efecto, sobre la inmunidad parlamentaria, que "los diputados a la Asamblea Nacional gozarán de inmunidad en el ejercicio de sus funciones desde su proclamación hasta la conclusión de su mandato o la renuncia del mismo," lo que implica que en caso de estimarse que han cometido delitos, los diputados tienen el privilegio, en razón de sus funciones, *primero,* que del asunto solo debe conocer "en forma privativa el Tribunal Supremo de Justicia," que es la "única autoridad" que puede ordenar "su detención y continuar su enjuiciamiento;" y *segundo*, que para que el Tribunal Supremo pueda adoptar esas órdenes, debe necesariamente obtener la "previa autorización de la Asamblea Nacional."

La única excepción a estos privilegios es en cuanto a la posibilidad de detención en los casos de delito flagrante cometido por un parlamentario, en cuyo caso, la autoridad competente lo puede poner "bajo custodia en su residencia" pero en todo caso debe comunicar "inmediatamente el hecho al Tribunal Supremo de Justicia."

El diputado presidente de la Asamblea Nacional goza, por tanto, de inmunidad parlamentaria, y cualquier proceso penal que se inicie contra el mismo, requiere ineludiblemente que se inicie ante el Tribunal Supremo de Justicia, el cual, para ordenar la detención del parlamentario y para continuar su enjuiciamiento, debe obtener previamente autorización de la Asamblea Nacional, órgano que tiene la potestad de negarla.

Sobre la inmunidad parlamentaria, la Magistrada Godoy en su Voto Disidente constató que, como lo dice la Constitución, la misma es un privilegio de los diputados "desde su proclamación hasta la conclusión de su mandato o la renuncia del mismo," y se vincula con el ejercicio de las funciones de diputado, sin que se pueda caer en el "error de pensar que solo mientras se está cumpliendo alguna misión de la Cámara se goza de la inmunidad." Al contrario, argumentó la Magistrada disidente, que:

> "la inmunidad acompaña al diputado durante todo su mandato, y será la Asamblea Nacional la que deberá apreciar, cuando se solicite su enjuiciamiento, previa observancia de las exigencias constitucionales, si el juzgamiento y/o detención del diputado pone en riesgo el funcionamiento del parlamento."

Adicionalmente, para que el Tribunal Supremo de Justicia pueda proceder a enjuiciar a un diputado, siempre debe seguirse el procedimiento denominado "antejuicio de méritos" que regula el artículo 266.3 de la Constitución, para determinar si en el caso "hay o no mérito para su enjuiciamiento," y, "en caso afirmativo, remitir los autos al Fiscal General de la República o a quien haga sus veces, si fuere el caso; y si el delito fuere común," el Tribunal Supremo "continuará conociendo de la causa hasta la sentencia definitiva."

Con vista en estas previsiones, como lo consideró la Magistrada disidente "el antejuicio de mérito no constituye sino una etapa previa al posible enjuiciamiento de aquellos funcionarios respecto a los cuales se les hace señalamiento," por lo cual en ningún caso "debe adelantarse opinión sobre el fondo del asunto, pues de lo que se trata es de apreciar los recaudos y deducir la precalificación de los hechos."

Sin embargo, en el caso del diputado Juan Guaidó, como lo afirmó la Magistrada Godoy en su Voto Salvado, "no hubo la oportunidad por parte de los integrantes de la Sala Plena del Alto Tribunal de imponerse de las actuaciones y recaudos que acompañaban a la solicitud fiscal, procediéndose a emitir un pronunciamiento definitivo respaldado por la mayoría," sin que los magistrados supieran de que se trataba.

De ello la Magistrada disidente concluyó afirmando al comparar el procedimiento realizado en la causa con las exigencias normativas, atinentes a la solicitud realizada por el Fiscal General de la República," que en el caso del diputado Guaidó los miembros de la Sala Plena desconocieron todo sobre el caso, "con la característica adicional" de que entre los magistrados no hubo "debate sobre las ponencias presentadas el 29 de enero y 1 de abril de 2019," siendo de ello:

> "lógico concluir que se violentaron los requisitos esenciales para poder acceder a los pasos previos a una eventual investigación contra el Diputado Juan Gerardo Antonio Guaidó Márquez."

La Magistrada disidente observó, además, que la misma Sala Plena en anteriores casos "ha indicado que en este tipo de procedimiento se exige una investigación propiamente dicha," pues no es posible que se pueda obtener en un inicio "la existencia de fundados elementos," sin que se instaure "la etapa investigativa contenida en la norma adjetiva penal." Cómo el proceso penal venezolano es de carácter acusatorio, no debe darse por comprobado la comisión de un hecho punible sin la participación del imputado en su defensa, pues de lo contrario consideró la Magistrada disidente, "se estaría violentando el artículo 49 de la Constitución."

Sobre este proceder de la Sala Plena del Tribunal Supremo, la Magistrada Godoy advirtió que:

> "No es técnico ni dable en estos momentos que vive la nación, proceder en casos como el que nos ocupa, no ser rigurosos en el cumplimiento del texto legal, máxime con una población despierta y ávida de confiar."

En consecuencia, argumentó la Magistrada disidente que en el caso del diputado Juan Guaidó, si existiese "alguna imputación penal" en su contra, "en su condición de diputado electo popularmente a la Asamblea Nacional por el Estado Vargas, lo procedente sería que el Ministerio Público solicitara el antejuicio de mérito ante el Tribunal Supremo de Justicia, lo cual podría dar lugar, si hay razones suficientes para el enjuiciamiento, a una solicitud de autorización de antejuicio de mérito y posteriormente dirigirse a la Asamblea Nacional, correspondiendo a este órgano decidir si allana o no la inmunidad parlamentaria."

5. *Sobre la institución de la flagrancia y su interpretación abusiva para eliminar el privilegio del antejuicio de mérito de los altos funcionarios*

Como se ha dicho, el artículo 200 de la Constitución, al consagrar la inmunidad parlamentaria dispone que para que el Tribunal Supremo de Justicia pueda ordenar "la detención y continuar el enjuiciamiento" de los diputados a la Asamblea Nacional que se presuma hayan cometido delito, debe necesariamente obtener la "previa autorización de la Asamblea Nacional," pudiendo sin embargo, la autoridad competente, en casos de delitos flagrantes, poner "bajo custodia en su residencia" al diputado debiendo en todo caso comunicar "inmediatamente el hecho al Tribunal Supremo de Justicia."

La existencia de un presunto delito flagrante, por tanto, lo único que permite es que se adopte por la autoridad competente una medida preventiva antes de la intervención previa tanto del Tribunal Supremo como de la Asamblea Nacional, consistente en poner "bajo custodia en su residencia" al diputado involucrado, lo que constitucionalmente no significa que se establezca alguna excepción al principio de que el proceso se tenga que desarrollar en todo caso ante el Tribunal Supremo, ni que se deba, en todo caso, desarrollar ante el mismo el antejuicio de mérito correspondiente. Es decir, en caso de flagrancia lo único que cambia en el régimen del enjuiciamiento de un diputado es que antes de que el Tribunal Supremo conozca del asunto y se remitan los autos a la Asamblea Nacional para la autorización del continuar el enjuiciamiento, al diputado involucrado se lo puede poner bajo custodia en su residencia.

En este caso, como lo denunció, la Magistrada disidente Marisela Godoy en su Voto Salvado, al contrario de lo previsto en las referidas normas constitucionales, al diputado Juan Guaidó se le negó toda oportunidad de defenderse, y se le negó además, con base en "una pretendida flagrancia," su "derecho a ser enjuiciado conforme al procedimiento a los altos funcionarios," es decir, conforme al antejuicio de méritos que debe seguirse.

Ello mismo, tal como lo informó en su cuenta Tweeter, había llevado el mismo día 1° de abril de 2019, a otro Magistrado, Danilo Mojica, a salvar su voto en el caso, porque "la decisión de la Sala Plena autoriza el enjuiciamiento de Juan Guaidó sin antejuicio de mérito."[15]

Sobre este tema de la institución de la flagrancia, la Magistrada Godoy fue prolija en consideraciones en su Voto Salvado, pues consideró que:

"En el caso del ciudadano Juan Gerardo Antonio Guaidó Márquez, ha sido declarado en flagrancia y por ende, para la Sala Plena del Tribunal Supremo de Justicia, la consecuencia jurídica de ello es declarar al mencionado ciudadano en esta condición, enviarlo a la Asamblea Nacional Constituyente, órgano no competente en ningún instrumento legal, con el propósito de arreba-

---

15 Véase en danilomojica, Ph.D@danilomojica. Véase igualmente la referencia en el reportaje: "TSJ venezolano ordena allanar inmunidad parlamentaria a Guaidó," en *msn.news*, 1 de abril de 2019 en https://www.msn.com/en-us/news/newsvenezuela/tsj-venezolano-ordena-allanar-inmunidad-parlamentaria-a-guaid%C3%B3/ar-BBVvfkf?li=AAggXBX.

tarle el fuero de privilegio que arropa como un manto a los funcionarios de alta jerarquía del Estado, allanándosele la inmunidad, y restarle la posibilidad de un debido proceso conforme a las disposiciones jurídicas atinentes al antejuicio de mérito que le corresponde.

Para fundamentar su análisis, la Magistrada Godoy destacó la "definición, alcances y duración en el tiempo que la hacen posible en su aplicación," y sobre todo, respecto del caso, teniendo en cuenta que el término abstracto "proviene según el DRAE del vocablo latino *flagrans* que significa flagar. Adjetivo de un hecho o una cosa o algo que se esté ejecutando."

En tal sentido, indicó la Magistrada disidente que el delito flagrante es "el que se esté cometiendo o el que se acaba de cometer," teniendo también tal carácter de delito flagrante:

> "aquél por el cual el sospechoso se vea perseguido por la autoridad policial, por la víctima o por el clamor público, o el que se sorprenda a poco de haberse cometido el hecho, en el mismo lugar o cerca del lugar en donde se cometió con armas, instrumentos u otros objetos que de alguna manera hagan presumir con fundamento que él es el autor."

Por ello, concluyó que de esa definición acerca de la flagrancia, "no es posible subsumir la actuación del mencionado presidente de la Asamblea Nacional, diputado Juan Gerardo Antonio Guaidó Márquez, en ninguno de los supuestos allí expresados," considerando que lo que ha ocurrido es que se ha "venido desnaturalizando la esencia y el concepto de la flagrancia en el sentido de que hasta el ciudadano común, utiliza el término en su lenguaje coloquial, entendiendo por flagrante a aquel sujeto que lo han aprehendido "con las manos en la masa", o recién cometido el hecho."

En materia jurídica, en Venezuela, como lo destacó la Magistrada disidente, "la flagrancia no es sempiterna," por lo que es errado aplicar la institución en cualquier momento a un investigado de un supuesto delito que se haya cometido con mucha anterioridad, sin importar el tiempo transcurrido de la supuesta comisión, lo que produce la grave consecuencia, "como en el caso que nos amerita, que tal circunstancia lo haga susceptible inclusive de aprehensión. Visto así, la como lo destacó la Magistrada disidente, la flagrancia entonces no tendría tiempo, no sería finita como la define el legislador, y en Venezuela sería infinita, lo que es totalmente errado.

Por ello, en relación con el caso, la Magistrada Godoy consideró que era necesario hacer la observación de que "para la oportunidad en la cual le acordaron las medidas cautelares a Juan Gerardo Antonio Guaidó Márquez, estas eran ilegales por carecer de los requisitos de fondo y de forma" como lo analizó en su Voto Salvado, y solo fue "transcurrido el tiempo después de esta decisión y sin antejuicio de mérito instaurado, cuando el ciudadano Juan Gerardo Antonio Guaidó Márquez, viajó a diferentes países."

Sin embargo, en esa situación temporal, la Magistrada Godoy destacó que la Sala Plena, con su decisión, "pretende señalar que los desplazamientos incumplían de manera flagrante las órdenes impartidas en la Sala Plena del Tribunal Supremos de Justicia traducida en las medidas cautelares írritamente solicitadas por el Ministerio Público," concluyendo que por la "confusión o desnaturalización" del término flagrancia, lo "obvio es concluir que no le es aplicable al ciudadano Juan Gerardo Antonio Guaidó Márquez."

A lo que hay que agregar que, incluso, si la institución fuera aplicable en este caso, ello no significaría que pudiera haber constitucionalmente posibilidad alguna de enjuiciar a un diputado sin que se desarrolle el antejuicio de mérito. El concepto de flagrancia en el artículo 200 de la Constitución es solo para permitir poner bajo custodia en su residencia al diputado, lo que debe ser comunicado de inmediato al Tribunal Supremo donde debe realizarse su enjuiciamiento y agotarse para ello el antejuicio de mérito.

6. *La competencia exclusiva de la Asamblea Nacional para autorizar o no el allanamiento de la inmunidad parlamentaria de los diputados y el rechazo a que ello lo pueda hacer la Asamblea Nacional Constituyente*

Es decir, conforme a la Constitución, es potestad exclusiva de la Asamblea Nacional de autorizar el enjuiciamiento de sus propios miembros (art. 200), no pudiendo dicha función ser asumida por ningún otro órgano del Estado. De lo contrario, el mismo incurriría en usurpación de autoridad, siendo los actos que así se dicten nulos e ineficaces (art. 138).

En consecuencia, como lo apreció la misma Magistrada Godoy, la decisión adoptada en la "sentencia" del 1 de abril de 2019, respecto de la cual salvó su Voto:

> "de enviar a la Asamblea Nacional Constituyente la solicitud para que pondere el allanamiento del presidente de la Asamblea Nacional, está contra derecho toda vez que solo la Asamblea Nacional tiene facultad constitucional de allanar la inmunidad parlamentaria a sus diputados, cumpliéndose de manera irrestricta el procedimiento pautado en la Magna Carta."

A juicio de la Magistrada disidente, efectivamente "cualquier otra fórmula es inexistente y violentaría el ordenamiento jurídico nacional e internacional para el tratamiento de los funcionarios de alta jerarquía," para los cuales

> "existe un procedimiento prescrito en la Constitución y el instrumento adjetivo penal que no puede desordenarse o aplicarse sin cumplir uno a uno las exigencias allí previstas, de ser así, el caos procesal violenta los principios sobre los cuales está sustentado."

De ello se deduce, por supuesto, el rechazo de la Magistrada disidente a considerar que la Asamblea Nacional Constituyente pueda tener algún carácter soberano, supra constitucional u omnipotente,[16] debiendo considerarse la decisión adoptada por la Asamblea Nacional Constituyente el día 2 de abril de 2019, como nula e inexistente.

Con esa decisión, en efecto, contenida en un "Decreto constituyente" que no tiene motivación alguna, la Asamblea Nacional Constituyente, usurpando los poderes constitucionales de la Asamblea Nacional, resolvió:

> "Autorizar la continuación del enjuiciamiento del ciudadano diputado de la Asamblea Nacional Juan Gerardo Guaidó Márquez, titular de la Cédula de Identidad número 16.726.086, y en consecuencia se aprueba el allanamiento de su inmunidad parlamentaria y la aplicación en todas sus partes lo establecido en cl artículo 200 de la Constitución de la República Bolivariana de Venezuela."

Se destaca que la Asamblea Nacional Constituyente, luego de incurrir en la inconstitucional decisión de aprobar el allanamiento de la inmunidad parlamentaria del diputado Guaidó, incurrió en la bizarra contradicción de aprobar "la aplicación en todas sus partes" del artículo 200 de la Constitución, lo que es un reconocimiento de su propia incompetencia para tomar la decisión, pues la norma no le atribuye competencia para dictarla, sino que se la atribuye a la Asamblea Nacional.

---

16 Véase sobre ello Allan R. Brewer-Carías, *Usurpación Constituyente 1999, 2017. La historia se repite: una vez como farsa y la otra como tragedia*, Colección Estudios Jurídicos, N° 121, Editorial Jurídica Venezolana International, 2018, 654 pp.

Reflexión final sobre el significado de un Voto Disidente

Es extraño y extraordinario que en estos tiempos de dictadura, una Magistrada de un Tribunal Supremo de Justicia que ha estado controlado por el Poder Ejecutivo, decida salvar su Voto respecto de una supuesta "sentencia" con tantas implicaciones políticas como la que acordó someter a la Asamblea nacional Constituyente el allanamiento de la inmunidad parlamentaria del diputado presidente de la Asamblea Nacional, Juan Guiadó; y haya decidido emitirlo por escrito, como un Voto Disidente, no pudiendo hacer menos que saludar tan honesta y valiente decisión.

Ello es lo que explica por qué la Magistrada Godoy haya concluido su Voto Disidente explicando las razones, no de orden jurídico que lo motivaron que son los que están en los ricos y serios razonamientos contenidos en el documento antes comentados, sino las de orden moral, al considerar que había llegado "la hora de fijar posturas," a cuyo efecto trajo la reflexión de Martin Luther King, cuando expresó que:

> "...Los espacios más ardientes del infierno están reservados para quienes en tiempo de crisis asumen la actitud de la neutralidad. Hasta el silencio se convierte en traición...".

Y es así, y ello explica el Voto Disidente que hemos comentado, el cual para emitirlo, como explicó la Magistrada fue "producto de profundas reflexiones" en las cuales no dejó "de ponderar como ser humano las ventajas e inconvenientes que tal decisión conllevaba desde todo punto vista," pero considerando que su conciencia y su deber le daban la paz que necesitaba. Por ello expresó que:

> "Disentir, en este caso, por tanto, era, además de un deber jurídico por los argumentos extensamente señalados en esta opinión particular, un deber ético. Un deber que constituye en este caso también un acto de valentía, concepto sostenido por los

griegos que implica saber por lo que vale la pena arriesgarse, es decir, la valentía como conciencia de lo debido, lo que supone de suyo, la existencia del entramado social que necesita, para efectos del bienestar social, de normas morales que faciliten la convivencia, siendo este precisamente el sentido de toda moralidad.

Esa es la moralidad exigible de los servidores públicos. Cuando un sujeto se encuentra en el centro del entramado social, dirigiendo su porvenir, es imprescindible una auto delimitación, estar en la tensión del yo y del nosotros, en donde las particularidades del individuo se encuentran las consideraciones por el otro que también están en el afán de realizar su propia vida. Es este el lugar y el sentido fundamental del comportamiento ético de la "Res Pública."

Después de estudiar y analizar con detenimiento el Voto Salvado Disidente de la Magistrada Godoy, no puedo sino concluir este comentario-glosa que he hecho del mismo, sin agradecerle a la Magistrada haberlo escrito, primero por habernos enseñarlos a los abogados del país así sea en parte, cómo funciona el Tribunal Supremo de Justicia; y segundo, por la honestidad y valentía que tuvo al dejar su opinión por escrito, y por tanto, preferir, en favor de la República y de la *Res Publica*, en estos tiempos de crisis, no dejarse llevar por una supuesta neutralidad y así rechazar que el silencio se pudiera convertir en traición a sus propias convicciones.

Y por lo que se refiere a la "sentencia" no publicada a la cual se refirió el Voto Disidente, si se llegase a publicar, estamos seguros que nada adicional tendrá en sus inconstitucionalidades e ilegalidades, a lo que la Magistrada Godoy denunció en su excelente Voto Disidente.

New York, 12 de abril de 2019

IX

LA ÚLTIMO Y DESESPERADO ATAQUE DEL RÉGIMEN CONTRA LA ASAMBLEA NACIONAL: EL INCONSTITUCIONAL ALLANAMIENTO DE LA INMUNIDAD DE LOS DIPUTADOS A LA ASAMBLEA NACIONAL

Después del inconstitucional allanamiento de la inmunidad parlamentaria del diputado Juan Guaidó, mediante la sentencia de 1° de abril de 2019, que antes se ha comentado al analizar el Voto Salvado disidente de la magistrada Marisela Godoy respecto de la misma, que fue hecho público incluso antes de que la sentencia se conociera, el régimen usurpador comenzó a desplegar su último desesperado ataque contra la Asamblea Nacional, para tratar de impedir que la misma, como legítimo órgano de representación popular y en representación del pueblo, continuara en su empeño de conducir el proceso de transición a la democracia, frente a la usurpación, que definió a partir de enero de 2019.

Ello lo comenzó a hacer el régimen utilizando para ello en forma combinada, como simples instrumentos, al Ministerio Público, al Tribunal Supremo de Justicia y a la fraudulenta Asamblea Nacional Constituyente, procediendo, conforme a la misma "doctrina" sentada en el caso del diputado Juan Guaidó, a allanarle la inmunidad parlamentaria a otra serie de diputados, y no solo eso, procediendo a detenerlos y secuestrarlos arbitrariamente e, incluso, con violación de todos los derechos imaginables, a "desaparecerlos." [1]

Ello comenzó particularmente a partir de los sucesos de la madrugada del 30 de abril de 2019, cuando un grupo de militares se rebelaron contra el régimen apareciendo en las cercanías de la Base Aérea La Carlota en Caracas, donde también estuvieron un grupo de diputados a la Asamblea Nacional, encabezados por el presidente de la misma Juan Guaidó, y el Sr. Leopoldo López, quien había sido liberado de la prisión domiciliaria en la que se encontraba por la autoridad del Servicio Bolivariano de Inteligencia. Ese mismo día, según consta del texto de la sentencia N° 17 dictada por el Tribunal Supremo de Justicia en Sala Plena dos días después, el día 2 de mayo de 2019,[2] el Fiscal General de la República presentó escrito en

---

1   Para el 15 de mayo de 2019, cuando termino de redactar estas notas, nada se había sabido del diputado Gilber Caro, detenido por el régimen (Véase el reportaje "Voluntad Popular denunció que se desconoce el paradero de Gilber Caro, diputado detenido hace 17 días," en Infobae, 14 de mayo de 2019, en https://www.infobae.com/america/venezuela/2019/05/14/voluntad-popular-denuncio-que-se-desconoce-el-paradero-de-gilber-caro-diputado-detenido-hace-17-dias/; y para esa misma fecha el diputado Edgar Zambrano, también secuestrado por el régimen, llevaba más de 100 horas desaparecido. Véase el reportaje de Yira Yoyote, "Zambrano tras 100 horas desaparecido: ¿Víctima del patrón de «acostumbramiento»?" en *El Carabobeño*, 13 de mayo de 2019, en http://www.caraotadigital.net/nacionales/diputado-edgar-zambrano-lleva-mas-de-100-horas-desaparecido/

2   Magistrado Ponente: Dr. Juan Luis Ibarra Verenzuela. Expediente AA10-L-2019-000026, en: http://www.tsj.gob.ve/decisiones#. La Magistrado Marisela Godoy anunció públicamente que se había retirado de la sesión en la cual se aprobó esta sentencia. Véase el reportaje de Dayimar Ayala Altuve, "TSJ aprobó sentencia en contra del parlamentario Edgar Zambrano," en *El pitazo*, 1 de mayo de 2019, en

esa misma fecha ante el Tribunal Supremo, acusando específicamente al diputado Edgar Zambrano Ramírez, *Primer Vicepresidente* de la Asamblea Nacional, de haber participado en todos los actos desarrollados por la Asamblea Nacional desde la elección de su nueva directiva el 5 de enero de 2019 en adelante, alegando entre otros argumentos que dicho diputado Edgar Zambrano, en resumen: (i) apoyó al diputado Juan Guaidó en la convocatoria que este hizo a Cabildo Abierto, en el cual se delineó la ruta a seguir ante la usurpación de funciones del Sr. Nicolás Maduro Moros, conforme a los artículos 233, 333 y 350 de la Constitución, habiéndose el mismo encargado de Presidencia de la república; (ii) "silenció o no rechazó en forma expresa" parte del Acuerdo adoptado por el Grupo de Lima sobre expulsión de unos buques por la Fuerza Armada venezolana; (iii) "guardó silencio" en lo afirmado por el diputado Juan Guaidó quien en el sentido de que se apegaba "al artículo 233, 333 y 350 de la CRBV para convocar elecciones libres y la unión del pueblo, FAN y comunidad internacional, para lograr el cese ..."' (iv) participó en la sesión de la Asamblea Nacional del 15 de marzo de 2019, en la cual se aprobaron diversos Acuerdos para asegurar la protección de activos del Estado, sobre la usurpación de la Presidencia de la República por parte de Nicolás Maduro Moros y el restablecimiento de la vigencia de la Constitución, sobre la autorización de la Ayuda Humanitaria para atender la crisis social que sufre el pueblo venezolano, sobre la necesidad de una Ley de amnistía para los civiles y militares que conforme al artículo 333 de la Constitución, colaboren en la restitución del orden constitucional en Venezuela y sobre el marco legislativo para la transición política a la democracia; Acuerdos mediante los cuales según el

---

https://elpitazo.net/politica/tsj-aprobo-sentencia-en-contra-de-edgar-zambrano/.

Fiscal General de la República se desconoció a la Asamblea Nacional Constituyente, al Consejo Nacional Electoral y al Sr. Nicolás Maduro como Presidente de la República calificándose su elección de fraudulenta, ilegítima y jurídicamente inexistente, y su actuación como de usurpación del cargo del presidente de la República; y a los actos realizados por Nicolás Maduro en la Administración Pública, a partir del 10 de enero de 2019; (v) no contradijo, rechazó, ni objetó "en forma clara e inequívoca" no la declaración de los representantes del Grupo de Lima, del 10 de enero de 2019, considerando como ilegítimo el período presidencial del Presidente Nicolás Maduro (2019-2025); y (vi) tampoco contradijo, rechazó, ni objetó "la declaración del secretario general de la Organización de Estados Americanos Luis Almagro, al saludar la asunción de Juan Guaidó como Presidente Interino de Venezuela conforme el artículo 233 de la Constitución Política, al igual que no lo hicieron los "diputados Juan Gerardo Guaidó Márquez, Iván Stalin Gonzalez Montaño, Edinson Daniel Ferrer Arteaga y José Luis Cartaya Piñango."

O sea, los "delitos" imputados al mencionado diputado, fueron absurdamente una especie e inexistente "delitos de omisión," por supuestamente no haber contradicho, rechazado u objetado en forma clara e inequívoca todas las declaraciones y decisiones antes reseñadas; unos supuestos delitos en los cuales, por lo visto, habría incurrido la casi totalidad de la población venezolana que nada dijo "clara e inequívocamente" sobre lo que "exigió" el Fiscal General.

Éste, además, en su "acusación," como consta de lo resumido en la antes indicada sentencia, luego de citar diferentes "normas constitucionales y de carácter internacional" conforme a las cuales, en su criterio, "ningún venezolano ni actor político puede solicitar, incitar o admitir activa o pasivamente, la intervención de potencias extranjeras," concluyó indicando de nuevo, que el diputado Edgar Zambrano simplemente "no han contradicho ni se han opuesto de manera expresa a la intervención en los asuntos internos de Venezuela por parte del Grupo de Lima, todo lo contrario, con la usurpación al cargo de presidente de la Asamblea Nacional generó un grave clima de tensión política que enerva la paz pública y la forma constituida de gobierno que democráticamente se dieron todos los venezolanos."

De ello concluyó el Fiscal General, deduciendo que "la intención del diputado Zambrano," fue la de "desestabilizar al Poder Ejecutivo" al "invocar la desobediencia por parte de la población civil, de la Fuerza Armada Nacional Bolivariana y la de confundir al resto de los países (sociedad internacional), con respecto a quien ejerce el poder político en Venezuela, configurándose así el vicio de desviación de poder y de delitos establecidos en nuestro Código Penal, como sería la conspiración permanente contra los intereses de la patria, como en efecto quedó evidenciado a través de las declaraciones emitidas por parte del Grupo de Lima; los Estados Unidos de América y el secretario general de la Organización de Estado Americanos (OEA)."

Posteriormente, después de hacer referencia a una llamada "Operación Jericó" que comprendería todas las actividades que denunció, el Fiscal General se refirió a un plan que "iba a ser ejecutado en fecha 12/02/2015," mediante "ataque a instituciones importantes del Estado Venezolano" con la "participación de civiles y de funcionarios de la Fuerza Armada Nacional Bolivariana, especialmente adscritos al componente Fuerza Aérea Nacional Bolivariana;" refiriéndose finalmente a lo que denominó:

"como último hecho registrado comunicacionalmente y que fuera público y notorio, en fecha 30-04-2019, el diputado: Edgar José Zambrano Ramírez, en horas tempranas, hizo acto de presencia aproximadamente siete de la mañana a las cercanías del aeropuerto Francisco de Miranda (la Carlota), donde un grupo de militares activos y el diputado Juan Gerardo Guaidó Márquez y el ciudadano Leopoldo López, desconocían las instituciones y la Presidencia del ciudadano Presidente de la República Bolivariana de Venezuela Nicolas Maduro Moros, generando intranquilidad y temor en la población venezolana."

Por todo ello, el Fiscal General de la República solicitó al Tribunal Supremo que formalmente calificase "de situación de flagrancia contra el diputado a la Asamblea Nacional ciudadano, EDGAR JOSÉ ZAMBRANO RAMÍREZ, al haber presuntamente cometido delitos de: Traición a la Patria, Conspiración, Instigación a la Insurrección, Rebelión Civil, Concierto para Delinquir, Usurpación de Funciones; Instigación Pública a la desobediencia de las leyes y el odio Continuada, previstos y sancionados en los artículos 128, 132, 143,145, 163, 213, 285, todos del Código Penal, respectivamente y Asociación, previsto y sancionado en el artículo 37 de la Ley Contra la Delincuencia Organizada y Financiamiento al Terrorismo;" solicitando entonces que:

"Primero: Declare la existencia de la flagrancia en el presente caso motivado a que los tipos penales son de naturaleza permanente, y en consecuencia se declare la no procedencia del antejuicio de mérito, de conformidad con lo dispuesto en el artículo 200 de la Constitución y 116 de la Ley Orgánica del Tribunal Supremo de Justicia.

Segundo: Se determine la naturaleza de delitos comunes y conforme a la decisión N° 1684 del 4 de noviembre de 2008, dictada por la Sala Constitucional del Tribunal Supremo de Justicia, se proceda al enjuiciamiento del mencionado diputado ante los tribunales ordinarios competentes, según lo dispuesto en el artículo 378 del Código Orgánico Procesal Penal, todo ello por la presunta comisión de los delitos antes mencionados;

Tercero: Que se ordene la remisión de copias certificadas de las actuaciones a la Presidencia de la Asamblea Nacional Constituyente, a los fines que se determine lo conducente, conforme a lo dispuesto en el artículo 200 de la Constitución de la República Bolivariana de Venezuela, en virtud de encontrarse el parlamento en desacato, conforme a las múltiples decisiones emanadas de la Sala Electoral y la Sala Constitucional del Tribunal Supremo de Justicia."

La Sala Plena del Tribunal Supremo de Justicia, para decidir, argumentó fundamentalmente sobre "delito flagrante" en la misma errada forma antes mencionada con ocasión de comentar el Voto Salvado disidente de la magistrada Marisela Godoy respecto de la sentencia de la Sala Plena del 1 de abril de 2019, a la cual se hizo referencia en la parte anterior, aplicándolo al diputado Edgar Zambrano, considerando que debía decidir "en cuanto al enjuiciamiento del prenombrado funcionario que goza de la prerrogativa procesal del antejuicio de mérito," considerando que dicha prerrogativa " "en tales casos no es pertinente ni necesario, pues no existe duda sobre la comisión del delito ni sobre su autoría."

De ello, la Sala Plena concluyó que a diferencia de lo que establecía la Constitución de 1961, de que en caso de flagrancia, una vez el señalado "bajo custodia domiciliaria, la autoridad competente comunica el hecho al órgano legislativo para que autorice dicha detención mientras se decide el allanamiento (ver artículo 143); conforme a la Constitución de 1999 "sí interviene el Tribunal Supremo de Justicia pero no para el antejuicio de mérito, sino que ahora el máximo Tribunal de la República y no la Cámara respectiva, es quien debe decidir si se mantiene la detención domiciliaria." De todo lo cual concluyó indicando que:

"en el presente caso, no procede el antejuicio de mérito (…) toda vez de las actuaciones que cursan en el expediente se evidencia que el mencionado ciudadano fue aprehendido en flagrancia por '(…) encontrase presuntamente incurso en uno de los delitos contemplados en la Ley de Armas y Explosivos y de los contemplados en la Legislación Venezolana."

Considerando finalmente la Sala Plena que el enjuiciamiento del diputado Zambrano "ineludiblemente corresponde a la jurisdicción de los tribunales penales ordinarios, en aras de la garantía consagrada en el artículo 49, numeral 4, de la Constitución de la República Bolivariana de Venezuela;" considerando que lo que entonces procedería era remitir las actas del expediente, conforme al artículo 200 de la Constitución, "a la Asamblea Nacional para que esta ejerza su facultad de levantar la inmunidad parlamentaria;" lo que sin embargo consideró que no era procedente por "encontrarse el Parlamento en desacato conforme a las sentencias N° 01, del 11 de enero de 2016, dictada por la Sala Electoral; y las Nos. 808, 810, 952, 1012, 1013, 1014 y 1, del 2 y 21 de septiembre de 2016, 21 y 25 de noviembre de 2016, y 6 de enero de 2017, respectivamente, todas emitidas por la Sala Constitucional de este Máximo Tribunal;" acordando entonces remitir copia de las actuaciones a la "Asamblea Nacional Constituyente, como máxima expresión del Poder Constituyente Originario;" "a la Sala Constitucional de este Tribunal Supremo de Justicia, para su conocimiento y demás fines, y al ciudadano Fiscal General de la República para que continúe con la tramitación de la causa penal correspondiente."

La consecuencia de esta inconstitucional sentencia fue el secuestro del diputado por agentes policiales del gobierno, quienes ante la resistencia del diputado a que lo detuvieran, estando en su automóvil, el mismo fue arrastrado por una grúa, con él dentro, sin que a partir de entonces se tuviera más noticia del diputado. [3]

Una semana después, los días 7 y 8 de mayo, la Sala Plena dictó dos nuevas sentencias N° 18 y 19, con los mismos argumentos sobre la flagrancia, a solicitud del mismo Fiscal general de la República, autorizando el allanamiento de la inmunidad parlamentaria de los diputados Henry Ramos Allup, Luis Germán Florido, Marianela Magallanes López, José Simón Calzadilla Peraza, Américo De Grazia y Richard José Blanco Delgado, en una; y en la otra de los diputados Carlos Alberto Paparoni Ramírez, Miguel Alejandro Pizarro Rodríguez, Franco Manuel Casella Lovaton y Winston Eduardo Flores Gómez, cuya supuesta "responsabilidad" encontró comprometida en la comisión flagrante de los delitos de "Traición a la Patria, Conspiración, Instigación a la Insurrección, Rebelión Civil, Concierto para Delinquir, Usurpación de Funciones, Instigación Pública a la desobediencia de las leyes y el odio continuada, previstos y sancionados en los artículos 128, 132, 143, 145, 163, 213, 285, todos del Código Penal, respectivamente y Asociación, previsto y sancionado en el artículo 37 de la Ley Orgánica Contra la Delincuencia Organizada y Financiamiento al Terrorismo".

---

3   El Sr. Diosdado Cabello, presidente de la Asamblea Nacional Constituyente declaró el día 8 de mayo de 2019 que "Edgar Zambrano, primer vicepresidente de la Asamblea Nacional, fue detenido y lo llamó "uno de los jefes principales del golpe". Cabello dijo que Zambrano "se encerró en el carro creyendo que el SEBIN se iba a comer ese cuento" pero que "le metieron una grúa." Véase el reportaje de CNN: "Diosdado Cabello confirma detención de Edgar Zambrano: El SEBIN le metió una grúa," en CNN, 8 de mayo de 2019, en https://cnnespanol.cnn.com/video/diosdado-cabello-edgar-zambrano-detenido-venezuela-grua-sebin-sot-brk/

Ello provocó nuevas detenciones, y que algunos de los diputados involucrados se hubiesen visto forzados a pedir protección diplomática o a salir del país, lo que provocó entre otros, que la Academia de Ciencias Políticas y Sociales, denunciara tales inconstitucionalidades del Tribunal Supremo de Justicia mediante pronunciamiento de fecha 10 de mayo de 2019, en el cual expresó, entre otros argumentos, que las actuaciones de dicho Tribunal

> "se apartan de las normas constitucionales que expresamente disponen la figura de la inmunidad parlamentaria y el antejuicio de mérito como mecanismos de protección del correcto y continuo funcionamiento del órgano parlamentario y garantía esencial de la separación de poderes, pilar del Estado democrático de derecho, instituciones ambas contempladas a letra expresa en los artículos 136, 200 y 266, numeral 3 del Texto Fundamental."

Y en cuanto a la deformación de la utilización en las sentencias del concepto de "delito flagrante" la Academia expresó con razón que:

> "delito flagrante" significa el que se está cometiendo en el mismo momento en que su autor o autores son detenidos, antes de haber podido huir del sitio de los hechos. Siendo que a los Diputados se imputan supuestos hechos punibles ocurridos el día 30 de abril y las actuaciones se emiten varios días después (2, 7 y 8 de mayo) sin que hubiere mediado detención alguna el día de los hechos, no existe flagrancia sino aquella que se afirma por la mera distorsión del concepto en la práctica desviada y antijurídica en que incurre el Tribunal, para violentar la institucionalidad democrática afectando el funcionamiento normal y regular del órgano parlamentario garante del Estado Constitucional Derecho. 7. A todo evento, denuncia la Academia, asimismo, que aún en el supuesto de "delito flagrante" que en este caso no hubo, la Constitución en su artículo 200 ordena a la autoridad competente poner al parlamentario bajo custodia en su residencia y comunicar inmediatamente el hecho al Tribunal Supremo de Justicia."

En todo caso, la Academia, coincidente con lo que antes hemos argumentado y lo expresó la Magistrada Marisela Godoy en su Voto disidente antes comentado a la sentencia referida al diputado Zambrano, que con estas actuaciones que calificó como "vías de hecho o actos de fuerza que comprometen la responsabilidad penal" de los magistrados del Tribunal Supremo, el mismo ha violado "los principios, derechos y garantías procesales que rigen la función jurisdiccional de todo órgano de administración de justicia, porque incluso ante una verdadera flagrancia, que en este caso no la hay, no se habría podido omitir, como lo hizo este Tribunal, el antejuicio y el allanamiento de la inmunidad por parte de la Asamblea Nacional, ni el derecho de presunción de inocencia ni la posibilidad de defensa de los afectados, por todo lo cual se violó también el artículo 49 de la Constitución;" concluyendo su pronunciamiento denunciando:

> "que el carácter inconstitucional, antijurídico y ajeno a la institucionalidad democrática del Estado de Derecho de estos actos emitidos por la Sala Plena del Tribunal Supremo de Justicia se evidencia además en la circunstancia de que éstos se ordenan remitir a la írrita Asamblea Nacional Constituyente, que como ha dicho en otros pronunciamientos de esta Academia es un órgano absolutamente inexistente, destacando que aún una legítima Asamblea Constituyente en el marco de la Constitución no tiene competencia alguna en este ámbito." [4]

A nivel internacional, en la Iniciativa Democrática España y las Américas IDEA, los expresidentes Oscar Arias (Costa Rica), José María Aznar (España), Nicolás Ardito Barletta (Panamá), Enrique Bolaños (Nicaragua), Felipe Calderón H. (México), Rafael Ángel Calderón (Costa Rica), Laura Chin-

---

4   Véase en http://www.acienpol.org.ve/

chilla (Costa Rica), Alfredo Cristiani (El Salvador), Fernando de la Rúa (Argentina), Vicente Fox Q. (México), Eduardo Frei Ruiz-Tagle (Chile), César Gaviria T. (Colombia), Felipe González (España), Osvaldo Hurtado (Ecuador), Luis Alberto Lacalle (Uruguay), Jamil Mahuad (Ecuador), Mireya Moscoso (Panamá), Gustavo Noboa B. (Ecuador), Andrés Pastrana (Colombia), Miguel Ángel Rodríguez (Costa Rica), Jorge Tuto Quiroga (Bolivia), Álvaro Uribe V. (Colombia), Juan Carlos Wasmosy (Paraguay), con fecha 11 de mayo de 2019 condenaron "las acciones de la dictadura de Maduro y la estructura militar que lo apoya dirigidas a clausurar el único órgano legítimo y democrático con el que cuenta Venezuela, reconocido internacionalmente, la Asamblea Nacional," y en particular "el atentado contra la inmunidad de otros diez diputados a la Asamblea Nacional y la persecución a que los somete la dictadura en colusión con jueces sin independencia y a su servicio."

Además, el hecho fue objeto de consideración por el Consejo Permanente de la Organización de Estados Americanos, el cual en sesión del 13 de mayo de 2019 acordó "rechazar la violación de la inmunidad parlamentaria de los diputados de la Asamblea Nacional de Venezuela, legítimamente constituida a través del voto popular, por constituir una vulneración del Estado de Derecho y de la división de poderes."[5]

---

5   Véase la información en "El Consejo Permanente de la OEA condenó el secuestro del diputado opositor venezolano Edgar Zambrano," en Infobae, 16 de mayo de 2019, en https://www.infobae.com/america/venezuela/2019/05/13/el-consejo-permanente-de-la-oea-se-reune-y-vota-una-resolucion-para-condenar-el-arresto-de-edgar-zambrano/; y en Luis Alonso Lugo, "OEA rechaza retiro de inmunidad a legisladores venezolanos," en *Chicago Tribune*, 1 de mayo de 2019, en https://www.chicagotribune.com/sns-bc-amn-gen-oea-venezuela-20190513-story.html

Las actuaciones del Tribunal Supremo de Justicia, y de todos los otros órganos sometidos del Estado, en su empeño de tratar de silenciar, de hecho a la Asamblea Nacional, persiguiendo globalmente a los diputados a la misma, e incluso, bloqueando militarmente el acceso al Palacio Federal Legislativo,[6] sede de la Asamblea Nacional, mediante contingentes policiales y militares, no puede considerarse sino como uno de los últimos estertores de un régimen que *"ha dejado de existir"* en palabras de Heinz Dietrich, uno de los ideólogos iniciales del propio régimen, en un artículo publicado en marzo de 2019 con el título *"Ha muerto el gobierno de Maduro,"* agregando que estando *"las señales vitales de su corporalidad en cero. Desaparece, Requiescat in pace* (RIP);*"*[7] y ello, con la gravedad, en este caso, de que los que lo conducen ni siquiera se están dando cuenta de su propia desaparición.[8]

Nueva York, 16 de mayo de 2019

6   Véase el reportaje "Sebin bloquea acceso a la Asamblea Nacional," en Infobae, 16 de mayo de 2019, en https://www.infobae.com/america/5e90d097-1702-4632-b59c-cd42674174bd_video.html.

7   Véase Heinz Dietrich, "Ha muerto el gobierno de Maduro," en *Informe 21, 13 de marzo de 2019,* en https://informe21.com/blog/heinzdieterich/ha-muerto-el-gobierno-de-maduro (Fuente: https://www.aporrea.org/ideologia/a276932.html).

8   Véase Allan R. Brewer-Carías, Crónica Constitucional de una Venezuela en las Tinieblas, Ediciones Olejnik, Santiago de Chile, Buenos Aires, Madrid 2019, p. 13.

EPÍLOGO

BLOQUE CONSTITUCIONAL DE VENEZUELA

COMENTARIOS Y REFLEXIONES SOBRE EL ESTATUTO DE TRANSICIÓN DE LA DICTADURA A LA DEMOCRACIA DE VENEZUELA

Román J. Duque Corredor

I. *Las formas de protección de la Constitución y de las garantías de su vigencia. La cláusula de apertura para el restablecimiento de la vigencia de la Constitución derogada de hecho como mecanismo del constitucionalismo transicional para resolver la inexistencia de la institucionalidad del Estado de derecho democrático.*

El Bloque Constitucional de Venezuela ha sostenido que en la Constitución venezolana, en el Título VIII, *"De la protección de la Constitución"*, y concretamente, en su Capítulo I, *"De la garantía de la Constitución"*, se contempla en su artículo 333, en concordancia con su artículo 350, el deber y el derecho de restablecer la efectiva vigencia de la Constitución que fuere derogada por cualquier medio distinto al previsto en ella; y, que además, es uno de los tipos de garantías de protección de la Constitución para los casos en que fuere derogada de hecho y para desconocer la usurpación de autoridad. En efecto, el artículo 333, antes citado, contempla un medio de proteger y garantizar la supremacía de la Constitución, como lo es el restablecimiento del orden constitucional, el cual consiste en un régimen transitorio de sujeción de los órganos del Poder Público a los principios y disposiciones de la Constitución, contenido en sus artículos 2° y 3°, y de garantizar su supremacía, a que se contrae el artículo 7°. Este medio, como una medida excepcional, vendría a ser *"un addendum provisional de la Constitución"* para resolver transitoriamente una crisis constitucional por la pérdida de la institucionalidad y para restablecer su normalidad, como una suerte de poder constituyente delegado de emergencia transitorio. Cuyo objeto es resolver transitoriamente una crisis constitucional por la pérdida de la institucionalidad y para restablecer su normalidad y la supremacía de la Constitución. La crisis constitucional viene dada por una situación anormal o anómala que impide el normal funcionamiento de las instituciones del Estado democrático de Derecho. Ese régimen excepcional transitorio es un modo de desconocer la autoridad usurpada, o régimen de facto, que contraría los valores, principios y garantías democráticos, que se reconoce en el artículo 350, de la misma Constitución. En criterio del Bloque Constitucional de Venezuela, de los artículos 333 y 350, constitucionales, se desprende, como clausula implícita, la facultad o el derecho de desconocer la usurpación del poder por un gobierno de hecho, ante la inexistencia o la falta de institucionalidad del Estado de derecho, que permite ejercer un control constitucional popular para restablecer la vigencia de la Constitución, derogada de hecho; y que faculta a los poderes legítimos, en este caso, la Asamblea Nacional, como representante de la soberanía popular, de quien emanan los poderes del Estado, de acuerdo con el artículo 5°, de la misma Constitución; para que adopte medidas extraordinarias con esa finalidad de reinstitucionalización del Estado constitucional de derecho. En efecto, esta facultad o derecho de restablecimiento de la Constitución, habilita a la Asamblea Nacional por su investidura legítima de la representación popular, de acuerdo con el artículo 201, constitucional, para dictar medidas extraordinarias con la finalidad de reconstruir la institucionalidad del Estado de derecho. En ejercicio de la referida facultad, la Asamblea Nacional, conforme su legitimidad que la habilita, dictó, en fecha 5 de febrero de 2019, un estatuto transitorio para encausar jurídicamente el hecho político de la transición democrática de la cesación la usurpación, el establecimiento de un gobierno de transición y la realización de elecciones libres y competitivas. Ante la inexistencia o la falta de institucionalidad democrática, por la derogatoria de hecho de la Constitución, se habilitaron por la Asamblea Nacional medidas extraordinarias para reconstruir esa institucionalidad, con base al artículo 333, ya citado.

A nuestro juicio, el Estatuto, en comento, es el medio de excepción de protección de la Constitución para restablecer la normalidad institucional dentro del sistema constitucional del Estado de derecho en Venezuela. En efecto, se trata de una emergencia, entendiéndola como crisis extrema que afecta la existencia y supervivencia del mismo Estado de derecho, a la comunidad y a la integridad del orden constitucional. En estas condiciones, se reconoce al poder político legítimo para recuperar ese orden la potestad de adoptar decisiones sin los condicionamientos legales normales, que se traduce en el principio *"necesitas non habet legem"*. Tal potestad responde a la necesidad de salvaguardar la legitimidad del sistema de gobierno democrático en los casos de emergencia por la falta de la institucionalidad constitucional, es decir, de *"un gobierno de elección popular, de las leyes"* y de *"respeto a los derechos individuales básicos"*. Y responde también al requerimiento de decisiones eficaces para resolver la emergencia y de eliminar la conducta de un gobierno cuando éste recurre a medios no democráticos para su elección o para adoptar decisiones; de modo de resolver tal anormalidad y de eliminar la concentración del poder en el gobierno para restituir la vigencia del principio de la separación de los poderes y la división de sus funciones[1]. En estas situaciones, según, Juan Linz, *"un excesivo legalismo hace la emergencia insoluble y puede conducir a una quiebra democrática"*[2]. La doctrina del constitucionalismo moderno, que reconoce a los poderes legítimos democráticos estas potestades extraordinarios, para restablecer la institucionalidad, en los casos de su alteración o rompimiento, de crear y reglar un derecho de excepción para esos casos de emergencia, son calificados de *"gobiernos democráticos de emergencia en los Estados de derecho"*, cuyos límites son los valores y principios irrenunciables constitucionales y los fines superiores del Estado, que en el caso de Venezuela, se contemplan en los artículos 2° y 3°, de su Constitución. Esta doctrina se basa en los casos de emergencia en el principio de la defensa del Estado (*"salus populi suprema lex est"*), es decir, de su supervivencia como estado democrático de derecho y de garantía de la libertad y de los derechos humanos, que justifica *"un derecho constitucional de excepción de la institucionalidad democrática"*[3], donde no solo caben los estados de excepción en casos de alarma, de emergencia económica y de conmoción interior, a que se contrae el artículo 338, de la Consti-

---

1   Ver, mi libro "Temario de Derecho Constitucional y de Derecho Público", LEGIS Temas Constitucionales, 1ª Edición, Bogotá-Carcas, 2008. PP 147-148.

2   Linz, Juan, "The breakdown of democratic regimes: crisis, breakdown and reequilibration", John Hopkins University Press, Baltimore, 1978, P. 150

3   Ver, mi libro "Temario de Derecho Constitucional y de Derecho Público", ya citado, p. 148.

tución, sino también, la clausula de apertura para el restablecimiento de la vigencia de la Constitución derogada de hecho como mecanismo del constitucionalismo transicional para resolver la inexistencia de la institucionalidad del Estado de derecho democrático, que, sin lugar a dudas, se contempla en el artículo 333, de la misma Constitución; que integrado con el texto de su artículo 350, es un medio para garantizar el derecho vivir en democracia. Derecho este, que procede contra los llamados "*desgobiernos*", que, según Alejandro Nieto, son los que estratégicamente se basan en el deterioro de la institucionalidad democrática, cuando convierten la Constitución en papel mojado, por su incumplimiento sistemático; cuando aprueban decisiones o promulgan leyes que dificultan gobernar racional y democráticamente y cuando bloquean todo lo que funcione o pueda funcionar dentro del Estado de derecho[4]. Finalmente, el incumplimiento estratégico, reiterado y sistemático de la Constitución, por parte del poder ejecutivo, secundado por un poder judicial subordinado, un poder ciudadano inexistente y un poder electoral comprometido y por una asamblea constituyente ilegitima; así como la violación grave y masiva de los derechos humanos, la total falta de independencia de los poderes mencionados; y el desconocimiento de principios básicos como el de la supremacía de la Constitución y de la soberanía popular, configuran lo que la jurisprudencia comparada denomina "*estado de cosas inconstitucionales*" [5], soportados por los poderes citados, que justifica la aplicación del derecho excepcional de restablecimiento de la vigencia de

---

4   Nieto, Alejandro, "La nueva organización del desgobierno", Editorial, Ariel, Barcelona, España, 1996, pp. 9-10 y 15 Citado. en mi libro mencionado, p. 298.

5   Sentencias SU-559 de 1997 y T-025 del 2004, de la Corte Constitucional de Colombia.

la Constitución derogada fácticamente por el gobierno de usurpación, como mecanismo del constitucionalismo transicional para resolver la inexistencia de la institucionalidad del Estado de derecho democrático. Este estado de cosas inconstitucionales constituye una crisis de tal gravedad que atenta contra la existencia misma del Estado de derecho, al suplantársele por un paraestado mediante una constitución paralela. Es decir, que existe una emergencia causada por *Crisis constitucional*, que significa una derogación de hecho de la Constitución, que determina la aplicación del medio de garantía de su protección, contemplado en su artículo 333. Crisis esta que se manifiesta:

1. Por el nombramiento de un Tribunal Supremo de Justicia (TSJ) y de un Consejo Nacional Electoral (CNE) ilegítimos

2. Por la elección ilegítima de una Asamblea Nacional Constituyente no convocada, ni votada universalmente, sino sectorialmente.

3. Por la celebración Elecciones presidenciales nulas por su fijación antes del plazo constitucional por un órgano incompetente, como lo es la ANC; y sin garantías electorales mínimas y la inhabilitación de los principales líderes y partidos opositores.

4. La inexistencia de un presidente electo para el período 2019-2025

5. La Eliminación de la autonomía de la Asamblea Nacional y la suplantación de sus funciones por el TSJ, la ANC y el poder ejecutivo.

6. La violación masiva de derechos humanos, una corrupción grave y la existencia de una emergencia humanitaria compleja y un alto riego de falta de salud y alimentación.

7. La usurpación de las funciones de gobierno por un presidente ilegitimo

8. La usurpación de las funciones del Ministerio Público y de la Defensoría del Pueblo y de la Contraloría General de la

República por un Fiscal, un Defensor y un Contralor, designados ilegítimamente por la ANC y no por la AN.

9. El error e intimidación a que está sometido el Poder Judicial ("Efecto Affiuni"[6])

10. La violación de los derechos políticos por la estrategia de estado de persecución de la disidencia.

11. La violación masiva de los derechos sociales y económicos de la población por actos de corrupción y la total ausencia de una gestión eficiente de los servicios públicos básicos.

El Poder Ejecutivo, de origen ilegitimo o de hecho, es el factor causante de la crisis institucional por su control absoluto del Tribunal Supremo de Justicia, del Poder Electoral, de la Defensoría del Pueblo, del Banco Central de Venezuela, de la Contraloría General de la República, de la sediciente Asamblea Nacional Constituyente y de las Fuerzas Armadas, a las que ha convertido en un agente político y un comisariato político.

1.   Indicadores de la crisis institucional

El mejor indicador de esta falta absoluta de la institucionalidad del Estado constitucional, es la colocación de Venezuela en el puesto 126, es decir, el último, en el Índice Mundial sobre el Estado de Derecho, de 2019. Fundamentalmente, como lo ha señalado el Bloque Constitucional de Venezuela, por el paralelismo constitucional o dualismo estatal, por la existencia, de un régimen de hecho inconstitucional y de un régimen constitucional derogado ilegítimamente. Esta anormalidad,

---

6   Se conoce como "Efecto Affiuni", al intimidación judicial cuyo ejemplo paradigmático es el enjuiciamiento y encarcelamiento de la Jueza Maria Affiuni por haber dictado medidas cautelares a favor de un procesado considerado enemigo del gobierno

apareja una falta de control absoluto de la corrupción en la gestión pública, por lo que según el Índice de Percepción de la Corrupción del 2017 de 180 países, a Venezuela se le ubica en el puesto 169 en el nivel grave de corrupción; y dentro de la escala de 0 a 100, en la que 0 es el más alto nivel de corrupción y 100 el más limpio, Venezuela alcanza el índice de 18, junto con Siria, Sudan, Guinea Ecuatorial, Guinea Bissau, Corea del Norte, Libia y Yemen. Por ello, se le coloca entre los países de mayor grado de corrupción. Lo cual, además, determina en *"Venezuela un alto grado de impunidad en materia de delitos de corrupción". Y respecto, del sistema de justicia,* el Latinobarómetro, en su Informe 2018, señala que Venezuela se encuentra entre los 15 países de la región donde menos del tercio de la población confía en el Poder Judicial y que solo 18% confían en este Poder. En este contexto, Trasparencia Venezuela, en su Informe de 2017, incluye como un caso grave de corrupción, por acentuar la falta de justicia, *"el establecimiento de un Gobierno constituyente, a través de un poder legislativo paralelo que dio el zarpazo final a la autonomía e independencia de los poderes públicos, rasgos fundamentales del Estado de Derecho".* Ello en razón de que en Venezuela existe un sistema judicial radicalmente político e ideológico, totalmente dominado por el Gobierno, para inculpar y condenar a quienes califica de *"desestabilizadores del Estado"* y para amordazar y acorralar a los grupos políticos más activos, limitar la libertad de expresión, perseguir a periodistas y defensores de derechos humanos y restringir los derechos políticos y electorales. Según el acreditado Foro Penal, en Venezuela, para el 31 de enero de 2019, hay 966 presos políticos, 1003 personas detenidas arbitrariamente, de las cuales 741, a esta fecha, se encuentran aún detenidas, pendientes de su presentación ante tribunales o a la espera de presentar fiadores o de ser privados de libertad, y 7.300 personas sujetas a procesos penales bajo medidas cautelares. A estos datos se agrega por el mencionado Foro Penal, sobre la represión entre el 22 y el 23 de febrero, del mismo año, como consecuencia del intento de ingresar ayuda humanitaria a Venezuela, de 107 personas arrestadas arbitrariamente detenidas, 7 personas asesinadas y 58 personas heridas de bala El nivel de impunidad en Venezuela es alarmante según el último informe de la Comisión Internacional de Juristas, que llega a 95% en casos de delitos sin justicia y a 98% en casos de violaciones a derechos humanos.

2. *Indicadores de la crisis social y de la emergencia humanitaria compleja y alto riesgo en salud y alimentación.*

A lo anterior se une, el deterioro social, principalmente por el despilfarro de los recursos públicos y la corrupción, que determina la violación de los derechos económicos sociales, hasta el punto, por ejemplo, que el Centro de Investigaciones Económicas de la Universidad Católica Andrés Bello, ha señalado que la capacidad de compra de las familias venezolanas ha experimentado "*la mayor contracción en toda la historia socioeconómica del país y esto explica por qué hemos batido todos los récords de pobreza de ingreso. Hoy 73% de los hogares y 76% de los venezolanos están en pobreza de ingresos*". Y, que la inflación acumulada se calcula en 2.999%, que superaría a la proyección del Fondo Monetario Internacional que es de 2.349%. Por otro lado, de acuerdo con el Índice de Desarrollo Humano (IDHH) de la ONU, Venezuela continúa su descenso y acumula uno de los mayores retrocesos del mundo durante el presente gobierno. Lo que confirma el Informe Preliminar del Grupo de Trabajo sobre migrantes y refugiados venezolanos, del 8 de marzo de este año de 2019, de que cada día hay 5.000 nuevos refugiados y que, de seguir así, el 2019 terminará con más de 5 millones de desplazados, que equipararía a los venezolanos con los desplazados con los conflictos bélicos de Siria o Afganistán. Estos datos son suficientes para entender porque según el Índice de los estados frágiles o fallidos del Fondo para la Paz de 2018, Venezuela cayó al nivel del caos, para ubicarse en el tercer país en el mundo más empeorado y en el segundo estado más frágil o fallido del hemisferio occidental, detrás de Haití. Ello debido, de acuerdo con el Índice citado, a la mala gestión del gobierno y *"al control autoritario que ejerce Maduro sobre el poder"*[7]. Además, siendo Venezuela un país rico en recursos naturales, sin embargo, conforme la Alerta Semanal de Atrocidad del Centro Global para la Responsabilidad de Proteger, actualizado al 15 de este mes de marzo de 2019, es un país afectado por masivas violaciones de derechos humanos y ataques sistemáticos a la población civil, que colocan a la población en riesgo de posibles crímenes de lesa humanidad (http://www.globalr2p.org/regions/venezuela)[8]. Igualmente, la FAO, en su Informe de Alerta Temprana sobre Seguridad Alimentaria, de junio

---

7 (http://fundforpeace.org/fsi/2018/04/19/fragile-states-index-2018-issues-of-fragility-touch-the-worlds-richest-and-most-developed-countries-in-2018/).

8 **"NECESSARY ACTION.** The government must immediately end systematic human rights violations and abuses, demobilize auxiliary militias –including "colectivos"- and ensure the security forces refrain from the disproportionate and deadly use of force against protesters. UN member states should impose targeted sanctions on all government officials responsible for systematic violations and abuses of human rights in Venezuela, including the torture of political detainees. The UN, with the support of Latin American states and the OAS, should help negotiate an end to the crisis. Humanitarian relief efforts should be strictly guided by the principles of independence and impartiality, and aid deliveries should be coordinated with UN agencies"- (http://www.globalr2p.org/media/files/r2p_monitor_march-2019_final.pdf.

de 2018, coloca a Venezuela dentro de los países de alto riesgo alimentario de nivel crítico, por encima de países de la región africana, como Nigeria, Sudan, Camerún Cuerno de África y el Niño[9].

II. *Naturaleza jurídica del Estatuto de Transición.*

Puede definirse este Estatuto, conforme el razonamiento anterior, dentro de los mecanismos de protección de la Constitución y de garantías de su vigencia, como marco normativo transitorio de carácter constitucional de restablecimiento de la vigencia del orden constitucional derogado absolutamente de hecho. Así como un mecanismo de carácter extraordinario por la ausencia del Estado de Derecho y por ser diferente al marco normativo previsto dentro de la normalidad institucional de protección de dicho orden mediante el control de la constitucionalidad de los actos inconstitucionales y diferente de la aplicación del estado de excepción como medio de defensa de la institucionalidad amenazada. Así se define en el artículo 4°, del Estatuto en comento. Y desde el punto de vista, de las fuentes del derecho constitucional, el Estatuto de Transición es un acto parlamentario normativo de ejecución directa de la Constitución, conforme el artículo 333 para restablecer su vigencia ante su derogación de hecho y para encauzar la transición democrática. Es decir, acto normativo del proceso de reinstitucionalización del Estado de Derecho y de democratización del sistema político para salir de la dictadura. Es decir, regulador de un proceso de transacción democrática. Por ello, es un acto normativo superior a las leyes formales, que regula la liberación de la dictadura, es decir, el cese de la usurpación, la formación de un gobierno provisional y la realización de

_____

9 http://www.fao.org/3/CA0353EN/ca0353en.pdf (pp. 21-22).

elecciones libres y competitivas, con las garantías electorales. Y, que en postconflicto prevé la legitimación de los poderes electoral y ciudadano y del Tribunal Supremo de Justicia, así como el establecimiento de la justicia transicional. En criterio del Bloque Constitucional de Venezuela, de los artículos 333 y 350, constitucionales, se desprende, como clausula implícita, la facultad o el derecho de desconocer la usurpación del poder por un gobierno de hecho, ante la inexistencia o la falta de institucionalidad del Estado de derecho, que permite ejercer un control constitucional popular para restablecer la vigencia de la Constitución, derogada de hecho; y que faculta a los poderes legítimos, en este caso, la Asamblea Nacional, como representante de la soberanía popular, de quien emanan los poderes del Estado, de acuerdo con el artículo 5°, de la misma Constitución; para adoptar medidas extraordinarias con esa finalidad de reinstitucionalización del Estado constitucional de derecho. En efecto, esta facultad o derecho de restablecimiento de la Constitución, habilita a la Asamblea Nacional por su investidura legítima de la representación popular, conforme el artículo 201 constitucional, para dictar medidas extraordinarias con la finalidad de reconstruir la institucionalidad del Estado de derecho. En ejercicio de la referida facultad, la Asamblea Nacional, conforme su legitimidad que la habilita, dictó, en fecha 5 de febrero de 2019, el Estatuto transitorio para encausar jurídicamente el hecho político de la transición democrática de la cesación la usurpación, el establecimiento de un gobierno de transición y la realización de elecciones libres y competitivas.

Como acto normativo constitucional, el Estatuto en comento, permite a la Asamblea Nacional modificar los lapsos y requisitos legales de los procedimientos de renovación de los poderes públicos para designar o ratificar sus titulares y preparar las elecciones libres, tal como se reconoce en el artículo 20, estatutario transicional. Ese régimen excepcional transitorio es un modo de desconocer la autoridad usurpada que contraría los valores, principios y garantías democráticos, conforme el artículo 350, de la Constitución. Por tanto, al inicio del período presidencial 2019-2025, el 10 de enero, no había un presidente electo, por lo que por derecho el presidente de la Asamblea Nacional se encarga interinamente de la Presidencia de la República, hasta tanto cese la usurpación y el Presidente del gobierno provisorio, que se designe posteriormente, convoque a elecciones libres y transparentes, por derivación del principio general, contenido en el artículo 233 de la Constitución, de que el Presidente de la Asamblea Nacional asume la presidencia cuando no hay un presidente que pueda asumirla y haya que realizar elecciones para cubrir la vacante,

III. *Distinción y diferencia con el resto de los medios de protección de la Constitución y de las formas de sus garantías de restablecimiento de la efectiva vigencia de la Constitución y del medio de proteger el orden interno mediante estados de excepción.*

En situaciones de normalidad institucional, la Constitución prevé como medios y formas de su protección y garantías, por un lado, la aplicación del control de la constitucionalidad (artículos 334, 335 y 336), que supone la existencia de un tribunal supremo legítimo y de un poder judicial independiente y no subordinado. Y, por otro lado, los de estados de excepción, para los casos de amenaza a la institucionalidad por conmoción interior o exterior; o emergencias o de crisis económicas, sociales, políticas, naturales o ecológicas. Estos estados corresponde aplicarlos al Poder Ejecutivo, si son insuficientes las facultades que posee, bajo el control del Tribunal Supremo de Justicia y de la Asamblea Nacional, mediante decretos de excepción, temporales, que tienen naturaleza de ley, y que permiten al Ejecutivo adoptar medidas extraordinarias para proteger la estabilidad de las instituciones que se vean afectadas gravemente (Arts. 337 a 339). En los casos de estados de excepción, la institucionalidad existe, pero está amenazada o en peligro. Mientras que en los casos de institucionalidad inexistente, por la derogación de la Constitución, por los otros poderes del Estado, por actos no previstos en ella; con fundamento en la facultad y derecho contemplados en los artículos 333 y 350, constitucionales, la Asamblea Nacional, por su legitimidad democrática, tiene la habilitación general para tomar medidas extraordinarias, para el restablecimiento de la institucionalidad democrática, mediante actos normativos de naturaleza constitucional, para restablecer la vigencia de la Constitución, como el Estatuto de Transición que aprobó en fecha 5 de febrero de 2019.

IV. *El deber del estado venezolano de garantizar el derecho a la democracia.*

Por otro lado, el Estatuto de Transición Democrática aprobado por la Asamblea Nacional de Venezuela el 5 de febrero de 2019, es una materialización del derecho a la democracia y de la obligación de los estados de promoverla y defenderla; por cuanto, la democracia es garantía indispensable para el ejercicio efectivo de las libertades fundamentales y los derechos humanos. Y, además el Estatuto en cuestión es coherente con la obligación de los estados de normalizar la institucionalidad democrática en casos de ruptura del orden democrático o la alteración grave del orden constitucional, para evitar la aplicación de los mecanismos de preservación de la institucionalidad democrática, en el caso de la región latinoamericana, por parte de la Organización de Estados Americanos. Todo ello según los elementos y principios de la Carta Democrática Interamericana, del 11 de septiembre del 2001. Carta esta que por su preámbulo puede considerarse como *Ius Constitutionale*

Comune en América Latina, de donde puede extraerse el principio de que la democracia y su régimen constitucional, es la base del Estado de derecho y del desarrollo social, económico y político de los pueblos latinoamericanos, como se define en los artículos 1° y 2°, de dicha Carta; y que su ejercicio efectivo es parte del derecho interamericano, en atención la declaración contenida en el artículo 3, literal "d", de la Carta de la OEA. Por esto, el restablecimiento de la gobernabilidad democrática es un derecho irrenunciable de los pueblos y una obligación de los poderes legítimos de los estados. Y cuyo restablecimiento, a tenor de lo dispuesto en el artículo 17, de la citada Carta, corresponde principalmente a los poderes del Estado, puesto que la asistencia internacional para el sostenimiento y preservación de la institucionalidad democrática, rota o alterada, en los casos de los países latinoamericanos, es subsidiaria. Por lo expuesto, el estatuto que rige la transición a la democracia para restablecer la vigencia de la Constitución de la República Bolivariana de Venezuela, aprobado por la Asamblea Nacional, es conforme con los principios del *ius constitutionale comune* latinoamericano.

V. *La Asamblea Nacional y su Presidente como Poder habilitado para dictar las medidas extraordinarias y temporales de restablecimiento de la institucionalidad democrática*

Es potestad de la AN, porque le corresponde como poder legítimo, por ser el único órgano con legitimidad de origen y en ejecución de sus Acuerdos anteriores de fechas 13.11.2018 y 15.01. 2019, declarar la existencia de la crisis constitucional por la usurpación del Poder Ejecutivo por un gobierno de facto dictatorial, Y, por ello, la AN puede establecer el marco normativo de la transición de la dictadura hacia la democracia para superar la crisis constitucional. Por tanto, mientras cesa la usurpación, el Estatuto, en comento, contempla un gobierno de base parlamentaria, de la AN y de su presidente. Y, además, en base a la facultad que se deriva del artículo 333, constitucional, adopta decisiones para la defensa de los derechos del pueblo y del Estado venezolanos ante la comunidad internacional. Entre otras, medidas para reinsertar el Estado venezolano en el concierto de las Naciones libres, conforme la Carta de la OEA, la Carta Democrática Interamericana, la Carta de la ONU y en el sistema interamericano y en el sistema universal. Asimismo, dicta las leyes que promuevan la transición política para crear incentivos para que los funcionarios civiles y militares actúan bajo la Constitución y no obedezcan órdenes de quien usurpa la Presidencia de la República; para desarrollar el sistema de justicia transicional; para decretar las amnistías para quienes están privados de libertad por razones políticas y otorgar garantías de reinserción democrática a las personas que coadyuven al restablecimiento del orden constitucional; y para el efectivo cumplimiento del artículo 328 y a la integración constitucional de la Fuerzas Armadas en el proceso de transición democrática.

Un aspecto importante, de este Addendum Constitucional, para restablecer la vigencia de la Constitución, derogada por actos no previstos en ella, es la facultad de la AN de conformar un gobierno provisional de unidad nacional y elecciones libres, una vez cesada la usurpación de la presidencia de la República y demás personeros del régimen de facto, según la cual la AN garantizará la continuación de la aplicación del artículo 233, que se aplicó, transitoriamente, en virtud de que la Presidencia de la República estaba siendo usurpada, que si bien no es una situación de falta absoluta, pero que, sin embargo, la Asamblea Nacional puede adoptar dentro de las medidas necesarias para restablecer el orden constitucional con fundamento en los artículos 333 y 350 de la Constitución. Para ello, el presidente de la AN, durante 30 días continuará como presidente encargado, para lo cual cesa en la presidencia de dicha Asamblea. El presidente encargado conducirá el proceso de formación de un gobierno de unidad nacional y adoptará las medidas necesarias para la realización de elecciones presidenciales libres y competitivas. En caso de imposibilidad para convocar y realizar elecciones dentro de los 30 días, la AN podrá ratificar al presidente encargado como presidente provisional a los fines de conformar un Gobierno de unidad nacional que dará inicio a la segunda etapa de la transición democrática. La AN, previa consulta con la sociedad civil y con las organizaciones con fines políticos, aprobará mediante acuerdo parlamentario las reglas de gobernabilidad y las directrices del programa mínimo, que, dentro de los principios de la economía social de mercado, ejecutará el Gobierno provisional. El mandato del Gobierno provisional culminará con la juramentación del nuevo presidente electo en las elecciones libres y competitivas convocadas y organizadas por el Poder Electoral bajo todas las garantías, para dar lugar a la culminación del período presidencial 2019-2025. Las elecciones deberán realizarse en el menor tiempo posible, tan pronto como las condiciones técnicas lo permitan dentro de un plazo máximo de 12 meses. El Gobierno provisional tramitará la cooperación financiera internacional de organismos multilaterales para la transición económica y la reversión de la emergencia humanitaria. La conformación de un Gobierno de unidad Nacional fue una de las preguntas aprobadas por el pueblo en el referéndum del 16 de julio de 2017. Electo el presidente en las elecciones efectuadas al efecto, y una vez que tome posesión, cesa la transición. Cuestiones todas estas previstas en el Estatuto de Transición.

VI. *Distinción entre el medio de garantía constitucional de restablecimiento de la efectiva vigencia de la Constitución y el medio de proteger el orden interno mediante estados de excepción*[10].

1. En los casos de emergencia, o de crisis económicas, sociales, políticas, naturales o ecológicas, si son insuficientes las facultades que posee, corresponde al Poder Ejecutivo, bajo el control del TSJ y de la AN, mediante decretos de excepción, que tienen naturaleza de ley, adoptar medidas extraordinarias para proteger la estabilidad de las instituciones que se vean afectadas gravemente (Arts. 337 a 339).

2. En los casos de inexistencia de la institucionalidad democrática por la derogación de la Constitución, por los otros poderes del Estado, por actos no previstos en ella, corresponde a la AN la habilitación general para tomar medidas extraordinarias, mediante actos normativos de naturaleza constitucional, para restablecer la vigencia de la Constitución (Arts. 233, 333 y 350).

3. En el primer caso la institucionalidad existe, pero está amenazada o en peligro.

4. En el segundo caso, la institucionalidad es inexistente, por eso se atribuye a un poder constituyente de emergencia transitorio para el restablecimiento de la institucionalidad.

---

10 Criterio tomado del estudio *"Unas notas sobre el proyecto de "Ley del estatuto que rige la Transición a la Democracia y el Restablecimiento de la Vigencia de la Constitución de la República Bolivariana de Venezuela"*, del académico, Dr. Henrique Iribarren Monteverde, a la Academia de Ciencias Políticas y Sociales, el día 5 de febrero de 2019.

VII. *Presidencia interina de pleno derecho del diputado Juan Guaidó por aplicación del artículo 233 de la Constitución y la inaplicación del lapso para convocar elecciones presidenciales previstas en dicho artículo, por la inexistencia propiamente del supuesto de hecho de una falta absoluta de un presidente electo que exige dicho artículo.*

Es necesario enfatizar que el 10 de enero de 2019 finalizó el período presidencial iniciado en 2013, y, que, por tanto, se iniciaba un nuevo período por seis años, según los artículos 230 y 231 de la Constitución. Ahora bien, en dicha fecha, el presidente electo para el período 2019-2025 debería asumir la presidencia mediante juramento, prestado ante la Asamblea Nacional. Ahora bien, Nicolás Maduro no era un presidente electo por el ilegitimo origen de su elección, porque las elecciones bajo las cuales se le eligió, violaron todas las garantías electorales constitucionales y los estándares internacionales sobre tales garantías, por lo que estas elecciones no pueden considerarse legítimas, por aplicación de los artículos 25 y 138 de la Constitución; y, por cuanto la elección del 20 de mayo de 2018 carece de efecto jurídico alguno. En efecto, además de lo anteriormente expuesto, dicha elección fue convocada por ente ilegitimo como lo es la Asamblea Nacional Constituyente, que fue convocada por Nicolás Maduro y no por el pueblo venezolano como titular del poder constituyente, y en violación de los plazos constitucionales y legales, puesto que las referidas elecciones debieron realizarse en diciembre de 2018. En consecuencia, no podía considerarse a Nicolás Maduro como un presidente electo que pudiera legítimamente asumir la presidencia, mediante juramento prestado ante la Asamblea Nacional el 10 de enero de 2019; fecha, que, según la Constitución, se iniciaba un nuevo período constitucional. Ante la inexistencia de un presidente electo para el día del inicio del período presidencial, que es un supuesto no previsto en la Constitución, como falta absoluta, en su artículo 233; sin embargo, por las reglas de la integración del derecho, ante lagunas legales que no pueden suplirse por la aplicación analógica de normas que regulen supuestos de hecho parecidos, como lo es el caso,; mediante las reglas de la integración del derecho para recomponer su unidad, es posible extraer del segundo párrafo del artículo 233 de la Constitución, el principio según el cual, si para el 10 de enero de 2019 no hay un presidente electo, entonces, el Presidente de la Asamblea Nacional deberá ser juramentado como Presidente encargado hasta tanto se realice una nueva elección presidencial. Es así, entonces, que *"Así, en torno al 10E hay cuatro hechos que difieren del artículo 233. Primero, ese artículo está previsto para aplicarse en situaciones en cuales la Constitución rige perfectamente en el marco del principio de separación de poderes. Pero ese no es el caso de Venezuela, tal y como ya expliqué. Segundo, ese artículo está previsto para aplicarse luego de la elección de un presidente que ha sido reconocida como tal. Tampoco es el caso de Venezuela, pues no se ha celebrado ninguna elección presidencial válida y reconocida. Tercero, esa norma está prevista para cuando no hay quien pueda ejercer la Presidencia de la República (pues el presidente electo no está). Sin embargo, actualmente la Presidencia de la República es ejercida por Nicolás Maduro (un ejercicio que viola la Constitución, pero ejercicio, en fin). Cuarto y último: esa norma está prevista para condiciones que permitan celebrar elecciones de manera inmediata. No creo necesario explicar por qué no es posible realizar elecciones presidenciales en Venezuela el 10 de febrero de 2019, o sea, dentro de treinta días. Es por todo lo anterior que corresponde a la Asamblea Nacional decidir cómo interpretar el artículo 233 para ajustar esa norma a la situación actual, lo cual pasa por una condición previa: que pueda restaurarse el orden constitucional, tal y como lo prevé el artículo 333. Solo restableciendo el orden constitucional es que la interpretación del artículo 233 podrá ser efectiva en la práctica –y no solo en el papel–*". [11]. Por tanto, ante ese vacío constitucional, en virtud de que el citado artículo 233, no contempla esa situación de la inexistencia de un presidente electo al inicio del período presidencial, que afecta la institucionalidad democrática, la Asamblea Nacional, como órgano legitimo de representación popular, para restablecer la vigencia de la Constitución ante ese vacío, en base a su artículo 333, integró el principio de la suplencia de las faltas absolutas por el presidente de la Asamblea Nacional, previsto en el referido artículo 233, con los artículos 5°, que establece que la soberanía reside intransferiblemente en el pueblo; y, 7°, que consagra la Constitución como norma suprema y fundamento del orden jurídico; en concordancia el artículo 201, que establece que los diputados son representantes el pueblo y de los Estados, en su conjunto. Fue, así, entonces, como en el Estatuto de Transición, en comento, igualmente con fundamento en el artículo 187, numeral 1, de la misma Constitución, que faculta a la mencionada Asamblea para regular el funcionamiento de las distintas ramas del Poder Nacional, estableció en el artículo 14, del Estatuto, en comento, que el presidente de dicha Asamblea, es *"el legitimo Presidente encargado de la República Bolivariana de Venezuela"*. Y, ante la imposibilidad de aplicar el segundo párrafo del artículo 233, respecto de la convocatoria a una nueva elección presidencial, dentro de los treinta días consecutivos siguientes después que el Presidente de la Asamblea asumió la Presidencia itineraria, por no tratarse propiamente del supuesto de falta absoluta que prevé dicho párrafo; dicha

---

11 Hernández, José Ignacio, "Y qué dice el artículo 233 de la Constitución" (https://prodavinci.com/y-que-dice-el-articulo-233-de-la-constitucion/).

Asamblea para integrar el orden constitucional inexistente, reguló la continuación de la aplicación del citado artículo 233, estableciendo, en el artículo 25, del Estatuto de Transición, que una vez cesada la usurpación de la Presidencia de la República por Nicolás Maduro y demás personeros del régimen de facto existente, el Presidente de la Asamblea Nacional, continuará como Presidente encargado por treinta días continuos para que conforme un Gobierno provisional de unidad nacional y para que adopte las medidas necesarias para la realización de elecciones presidenciales libres y competitivas. Igualmente, estableció en el artículo 26, del Estatuto, en comento, que de haber cesado la usurpación, conformado el Gobierno provisional y adoptadas las medidas que garanticen democráticamente la elección presidencial: pero de haber imposibilidad técnica para convocar elecciones, dentro del plazo de treinta días señalados, la Asamblea Nacional podrá ratificar como Presidente provisional de la República al Presidente encargado, para que conforme el gobierno de unidad nacional y para que se convoque a elecciones presidenciales , en el menor tiempo posible, tan pronto como las condiciones técnicas los permitan dentro de y en plazo máximo de doce meses.

Juan Guaidó, el *23 de enero, juró asumir* formalmente las competencias del Ejecutivo Nacional como el presidente encargado de Venezuela para lograr el cese de la usurpación, un gobierno de transición y tener elecciones libres, en una concentración o asamblea de ciudadanos o cabildo abierto, previamente convocada y ante la Junta Directiva de la Asamblea Nacional. Unos consideran que se autoproclamó, pero de acuerdo a la Constitución, no es posible hablar de autoproclamación en este caso. Porque autoproclamación es cuando una persona asume determinado cargo por su sola voluntad y sin un acto o motivo previo que lo invista de cargo alguno. Ahora bien, autoproclamación existe cuando una persona asume el poder por sus propias manos y no en virtud de un título jurídico legítimo. Guaidó no asumió el título de presidente encargado por voluntad propia, sino que obró en virtud de título legítimo derivado de la Constitución. En efecto, al inicio del período presidencial 2019-2025, el 10 de enero, no había un presidente electo, por lo que por derecho el presidente de la Asamblea Nacional se encarga de la Presidencia de la República hasta que se convoque a elecciones libres y transparentes, por derivación del principio contenido en el artículo 233 de la Constitución, de que el presidente de la Asamblea Nacional asume la presidencia cuando no hay un presidente que pueda asumirla. No había un presidente electo porque la Asamblea Nacional declaró que el proceso electoral del 20 de mayo no es una elección válida, y que Nicolás Maduro estaba usurpando el cargo de presidente de la República desde el 10 de enero, día en el cual finalizó el período presidencial 2013-2019, e inició el nuevo período presidencial 2019-2025. Por tanto, no existía un presidente electo. Ante esta situación, el artículo 233 de la Constitución otorga a Guaidó, como presidente de la Asamblea Nacional, facultad para encargarse de la Presidencia de la República. Como la Presidencia de la República está siendo usurpada, que no es una situación como de falta absoluta prevista en el citado artículo 233, la Asamblea Nacional puede adoptar las medidas necesarias para restablecer el orden constitucional ante la usurpación de la Presidencia de la República, para hacer cesar la usurpación, con fundamento en los artículos 333 y 350 de la Constitución. Por tanto, Guaidó no se autoproclamó como presidente, sino que por su declaración del 23 de enero ratificó el cumplimiento del deber que le impone el artículo 233 de la Constitución, a saber, encargarse de la Presidencia de la República, dado que no había en Venezuela un presidente electo, y para garantizar el restablecimiento de la vigencia de la Constitución mediante el ejercicio efectivo de la Presidencia, conforme el artículo 333, de la

Constitución. Por otro lado, ¿por qué **Guaidó** prestó juramento en medio de una manifestación? Al respecto puede sostenerse ello se debía a que su investidura como presidente encargado se aplica de pleno Derecho, por lo que no era necesario cumplir ninguna formalidad. En concreto, constitucionalmente, **Guaidó** es titular interino de la Presidencia de la República desde del día 11 de enero, cuando terminó el período 2013-2019. Pero, como el cargo de Presidente está usurpado, la usurpación le impide la plena posesión del cargo, por lo que desde el propio 10 de enero, la Asamblea Nacional asumió el compromiso de dictar todas las medidas necesarias para hacer cesar la usurpación, tal y como fue decidido en los Acuerdos del 15 y del 22 de enero. En ese orden de ideas, la Asamblea Nacional dispuso asumir progresivamente algunas de las competencias de la Presidencia, en el manejo de las relaciones internacionales, especialmente luego de que diversos Estados reconocieran a Guaidó como presidente encargado de Venezuela. Debe entonces concluirse que el 23 de enero, Guaidó ratificó su decisión de dar cumplimiento al mandato que le otorga el artículo 233 de la Constitución, ante un cabildo abierto, figura reconocida en el artículo 70 constitucional como mecanismo del derecho de participación ciudadana en los asuntos públicos a que se contrae el artículo 62, de la misma Constitución, como parte del gobierno de la República, que según el artículo 6°, se define como participativo. El cabildo abierto, ante la ausencia institucional del Poder Ejecutivo, es un medio en que la participación ciudadana se puede llevar a efecto, en los casos de restablecimiento de la vigencia de la Constitución, en concordancia con el artículo 333, que es una fuente derecho constitucional para normar esos casos de vacios institucionales por derogatoria de la Constitución por cualquier otro medio distinto al previsto en ella. El cabildo abierto fue convocado abierta y universalmente para una reunión libre de los ciudadanos, por un órgano legítimo como lo es la Asamblea Nacional, para una fecha determinada para decidir el proceso de transición democrática con una agenda prevista de cese de la usurpación, gobierno de transición y elecciones libres[12].

VIII. *Estado de alarma y estatuto de transición*

El diputado Juan Guaidó, reconocido como presidente encargado por la Asamblea Nacional, decretó, con aprobación de esta Asamblea, el estado de alarma por 30 días en el territorio nacional al calificar como calamidad pública la interrupción del servicio eléctrico desde el 7 de marzo de este año de 2019. Como fundamentos de este decreto señaló su condición de presidente encargado que se le reconoce en el artículo 14 del Estatuto que rige la transición a la democracia del 5 de febrero, de este mismo año, en razón de la ausencia, para el 10 de enero de 2019, de un presidente legítimo para el período 2019-2025, al igual que los artículos 337 y 338, de la Constitución. Decreto este que la referida Asamblea aprobó con base en el citado artículo 14, que somete los actos del presidente encargado al control parlamentario, y en virtud de lo dispuesto en el artículo 333, constitucional, por el cual dicha Asamblea asumió las funciones requeridas para el restablecimiento de la vigencia de la Constitución, en concordancia con su artículo

---

12 Sobre la legitimidad del Estatuto y de la aplicación de los artículos 333 y 233 y la legitimidad de Presidente encargado de Juan Guaidó, puede verse los pronunciamientos de la Academia de Ciencias políticas y sociales de fechas 4 y 29 de enero y 15 de febrero, del 2019, respectivamente: (http://www.acienpol.org.ve/cmacienpol/Resources/Pronunciamientos/Pronunciamiento%20sobre%20Estatuto%20de%20Transición.%20def.pdf). (http://www.acienpol.org.ve/cmacienpol/Resources/Pronunciamientos/30012019095241_Acuerdo%20de-%20Acienpol%20Art.%20333.pdf). Y, (http://www.acienpol.org.ve/cmacienpol/Resources/Pronunciamientos/Pronunciamiento%20sobre%20Estatuto%20de%20Tran-sición.%20def.pdf).

5°, en su condición de órgano legitimo investido de la representación de la soberanía popular. En virtud del señalado decreto, el presidente encargado dictó varias medidas, entre otras, de ordenar a la Fuerza Armada que brinde protección a las instalaciones de la empresa de electricidad, CORPOLEC, y que prohíba a los cuerpos de seguridad impedir las movilizaciones populares, y que se instruya al servicio exterior de coordinar la cooperación técnica internacional y de suspender el suministro de crudo y combustibles a Cuba, para garantizar su ahorro.

El Bloque Constitucional de Venezuela y la Academia de Ciencias Políticas han sostenido la legitimidad de la aplicación del artículo 333, mencionado, por la Asamblea Nacional a los fines de la restitución de su vigencia efectiva, como medio de protección de la Constitución y de su garantía, a que se contrae su Título VIII, en su Capítulo I, que otorga a dicha Asamblea la potestad de dictar un régimen transitorio de gobierno, con control parlamentario y de regular la actuación de las diferentes ramas del poder público, hasta tanto cese la usurpación del poder ejecutivo y se restituya la Constitución, que hubiere sido derogada por cualquier medio distinto al previsto en ella. Al igual que reconocen la condición del diputado Juan Guaidó como presidente interino, a los mismos fines, en razón de la ausencia de un presidente electo y juramentado legítimamente. Por tanto, el mencionado decreto de declaratoria de alarma resulta legítimo, así como válidas las medidas acordadas. Decreto este, que no obstante estatuir un estado de excepción, no restringió ninguna garantía constitucional. Y, que, por otro lado, confirma la necesidad de la ayuda humanitaria, que fue autorizada por la Asamblea Nacional, en su Acuerdo del 19 de febrero de este año y de la cooperación internacional a estos fines[13].

IX. *El Estatuto de Transición democrática de Venezuela y el Ius Constitutionale Comune en América Latina.*

El Estatuto de Transición Democrática aprobado por la Asamblea Nacional de Venezuela el 5 de febrero de 2019, es una materialización del derecho a la democracia y de la obligación de los estados de promoverla y defenderla; por cuanto, la democracia es garantía indispensable para el ejercicio efectivo de las libertades fundamentales y los derechos humanos. Y, además el Estatuto en cuestión es coherente con la obligación de los estados de normalizar la institucionalidad democrática en casos de ruptura del orden democrático o la alteración grave del orden constitucional, para evitar la aplicación de los mecanismos de preservación de la institucionalidad democrática, en el caso de la región latinoamericana, por parte de la Organización de Estados Americanos. Todo ello según los elementos y principios de la Carta Democrática Interamericana, del 11 de septiembre del 2001. Carta esta que por su Preámbulo puede considerarse como Ius Constitutionale Comune en América Latina[14], de donde puede extraerse el principio de que

---

13 Ver Nota 12, anterior.

14 El *Ius Constitutionale Comune* en América Latina es un proyecto de investigación del Instituto Max Planck de Derecho Público Comparado y Derecho Internacional Público, de Heidelberg, Alemania, que dirige su director, profesor Armin Von Bogdandy y coordina, la profesora venezolana, Mariela Morales Antoniazzi. "Este proyecto político, jurídico y cultural, bajo una mirada transformadora del derecho público, se basa en la tríada integrada por sus objetivos, conceptos clave y desafíos. Entre los objetivos centrales se examina la promoción y observancia de los derechos humanos, la democracia y el Estado de Derecho, el desarrollo de la estatalidad abierta y la conforma-

la democracia y su régimen constitucional, es la base del Estado de derecho y del desarrollo social, económico y político de los pueblos latinoamericanos, como se define en los artículos 1º y 2º, de dicha Carta; y que su ejercicio efectivo es parte del derecho interamericano, en atención a la declaración contenida en el artículo 3, literal "d", de la Carta de la OEA. Por esto, el restablecimiento de la gobernabilidad democrática es un derecho irrenunciable de los pueblos y una obligación de los poderes legítimos de los estados. Y cuyo restablecimiento, a tenor de lo dispuesto en el artículo 17, de la citada Carta, corresponde principalmente a los poderes del Estado, puesto que la asistencia internacional para el sostenimiento y preservación de la institucionalidad democrática, rota o alterada, en los casos de los países latinoamericanos, es subsidiaria. Por lo expuesto, el Estatuto que rige la transición a la democracia para restablecer la vigencia de la Constitución de la República Bolivariana de Venezuela, aprobado por la Asamblea Nacional, es conforme con los principios del constitutionale ius comune latinoamericano.

X. *El estatuto de transición democrática de Venezuela como aporte para el contenido del constitucionalismo transformador de la justicia transicional, de migraciones, derechos humanos y el postconflicto.*

El Estatuto, en comento, es un aporte para los temas comprendidos en el constitucionalismo transformador, que, preci-

---

ción de instituciones internacionales eficaces y legítimas. La sistematización de los conceptos clave gira en la órbita del diálogo, la inclusión y el pluralismo normativo. Los rasgos esenciales incluyen una concepción integral del derecho público, la argumentación fundamentada en principios y la mayor relevancia que se asigna al derecho comparado (http://www.mpil.de/de/pub/forschung/nachrechtsgebieten/oeffentliches-recht/ius-constitutionale-commune.cfm).

samente apunta a la transformación de la realidad política y social latinoamericana, por medio del fortalecimiento concertado de la democracia, el Estado de derecho y los derechos humanos. Régimen éste que no solo contempla el mecanismo de transformación, sino también la regulación del postconflicto, en concreto respecto de la justicia transicional y de los derechos humanos. En efecto, el referido Estatuto, contempla decisiones para la defensa de los derechos del pueblo y del Estado venezolanos ante la comunidad internacional; así como medidas para reinsertar el Estado venezolano en concierto de las Naciones libres, conforme la Carta de la OEA, la Carta Democrática Interamericana, la Carta de la ONU y en el sistema interamericano y el sistema universal. E igualmente, leyes que promuevan la transición política para crear incentivos para que los funcionarios civiles y militares actúen bajo la Constitución y no obedezcan órdenes de quien usurpa la Presidencia de la República; al igual que para desarrollar el sistema de justicia transicional; para decretar las amnistías para quienes están privados de libertad por razones políticas y para otorgar garantías de reinserción democrática a las personas que coadyuven al restablecimiento del orden constitucional; y para el efectivo cumplimiento del artículo 328, constitucional; y a la integración constitucional de la fuerza armada en el proceso de transición democrática. Finalmente, el Estatuto, en comento, prevé medidas y leyes para atender la emergencia humanitaria de Venezuela, que ha sido reconocida por organismos internacionales. Es decir, que también el Estatuto que nos ocupa atiende la regulación del postconflicto, en concreto respecto del desarrollo integral de la población venezolana, la justicia transicional, de las migraciones y de los derechos humanos. Y, por cuanto, sigue la orientación de servirse del constitucionalismo para la transformación de la realidad política y social latinoamericana, por medio del fortalecimiento concertado de la democracia, el Estado de derecho y los derechos humanos.

Aparte de lo anterior, por la jerarquía constitucional, de acuerdo con el artículo 23, de la Constitución venezolana, de los tratados, pactos y convenciones relativos a derechos humanos, suscritos y ratificados por Venezuela, por su prevalencia en el orden interno y por su aplicación inmediata y directa no solo por los tribunales sino además por los demás órganos del Poder Público, que son fuente del *Ius Constitutionale Commune en América Latina*; permiten considerar al estatuto que rige la transición democrática en Venezuela conforme con sus principios y reglas del constitucionalismo regional de los derechos con garantías supranacionales. Y del contenido sistemático derivado del uso interno del dialogo jurisprudencial, en la región latinoamericana, de las decisiones de la Corte Interamericana de Derechos Humanos y de la Comisión Interamericana de Derechos Humanos, sobre los derechos fundamentales, la defensa de la democracia y la Constitución, en aplicación del control de dichos tratados o convenciones, o "control de la convencionalidad", que obliga a los estados no solo a tener en cuenta los tratados, sino también la interpretación que de los mismos han hecho las instancias judiciales supranacionales.

Caracas, 19 de abril de 2019.

ANEXO

ACTOS PARLAMENTARIOS QUE CONDUCEN A LA TRANSICIÓN DEMOCRÁTICA EN VENEZUELA

Asdrúbal Aguiar

a) El 6 de diciembre de 2015 es electo un nuevo parlamento con mayoría calificada de 112 diputados opositores. Antes de que asuman sus funciones, la Asamblea Nacional desapoderada por el pueblo instala en su sede, el 16 de diciembre de 2015, un órgano paralelo e inconstitucional que llama Parlamento Comunal Nacional, integrado por militantes del partido de gobierno, el PSUV.

b) El 23 de diciembre de 2015, la misma Asamblea Nacional que ya ha agotado su mandato, sin respetar los procedimientos constitucionales y luego de solicitarle a 13 magistrados del Tribunal Supremo de Justicia (TSJ) requerir su jubilación forzosa, oficializa el nombramiento de sus sustitutos, dentro de quienes se cuentan diputados oficialistas que cesan en sus funciones o han perdido las elecciones.

c) El 31 de diciembre de 2015, la Sala Electoral del TSJ inconstitucionalmente reconstituido, encontrándose de vacaciones judiciales y ante recurso que se le interpone 24 horas antes, suspende la juramentación de tres diputados indígenas electos por el Estado Amazonas, con el evidente propósito de mermar la mayoría calificada opositora (112 diputados frente a los 55 oficialistas) dentro de la Asamblea Nacional que se ha de instalar el 5 de enero del año siguiente.

d)   El 11 de enero de 2016, designada la nueva directiva de la Asamblea Nacional y juramentados los diputados electos, incluidos los diputados indígenas al haber sido proclamados por el Poder Electoral y gozar de investidura, la Sala Electoral del TSJ, incompetente por la materia, denuncia el desacato del parlamento. Declara la nulidad de todas sus actuaciones sucesivas mientras éste se mantenga en dicho estado. Desde entonces, hasta el presente, Nicolás Maduro Moros y su TSJ, que expide sucesivas sentencias al efecto, incluidas las de la Sala Constitucional, desconocen, mediante decreto, las actuaciones de control y legislación del parlamento.

e)   El 11 de febrero de 2016, la Asamblea Nacional de mayoría opositora declara la crisis humanitaria en Venezuela y la inexistencia de seguridad alimentaria para la población.

f)   El 10 de mayo de 2016, la Asamblea Nacional, mediante Acuerdo en el que exhorta al cumplimiento de la Constitución, y sobre la responsabilidad del Poder Ejecutivo Nacional, del Tribunal Supremo de Justicia y del Consejo Nacional Electoral para la preservación de la paz y ante el cambio democrático en Venezuela, denuncia *"la ruptura del orden constitucional y democrático en Venezuela, materializado en la violación a las disposiciones constitucionales por parte del Poder Ejecutivo Nacional, del Tribunal Supremo de Justicia y del Consejo Nacional Electoral"*. Insta "al Poder Ejecutivo, en la persona del presidente de la República, ciudadano Nicolás Maduro Moros, a remover los obstáculos que impiden el dialogo y pretenden reducirlo a una herramienta propagandística, asumiendo una actitud irresponsable al querer permanecer en el poder a costa de la paz del país".

g)   El 24 de mayo de 2016, la Asamblea Nacional aprueba el Acuerdo de emplazamiento al Consejo Nacional Electoral para que asuma responsablemente su obligación constitucional de dar respuesta a la solicitud de promoción del referendo revocatorio del mandato del presidente de la República y para que genere condiciones favorables para el ejercicio del derecho fundamental a la participación política, conforme a lo previsto en el artículo 72 de la Constitución. Le exige la publicación de un cronograma que garantice la realización del referendo revocatorio del mandato del presidente de la República en el año calendario 2016, de conformidad con lo previsto en la misma Constitución y en la normativa vigente para el 3 de mayo de 2016.

h) El 31 de mayo de 2016 se dicta Acuerdo por la Asamblea Nacional, respaldando el interés de la comunidad internacional en la crisis venezolana (G7, OEA, UNASUR, MERCOSUR, y el Vaticano).

i) EL 11 de agosto de 2016, la Asamblea Nacional emplaza al Poder Electoral para que, en cumplimiento de los artículos 72 y 160 de la Constitución, cree las condiciones para el ejercicio del voto y proceda a la publicación de los cronogramas para la elección de gobernadores y la realización del referendo revocatorio en 2016.

j) El 13 de octubre de 2016, la Asamblea Nacional, de conformidad con los artículos 7 y 333 de la Constitución, mediante un *Acuerdo de Rescate de la Democracia y la Constitución*, declara desconocer "los actos del Poder Ejecutivo y las sentencias del Tribunal Supremo de Justicia que contraríen los valores, principios y garantías democráticos y lesionen los derechos fundamentales"; ello, al haberse aprobado el presupuesto nacional sin la intervención parlamentaria. Al efecto, delega en la junta directiva del parlamento la responsabilidad de liderar un proceso de consulta y organización de la sociedad venezolana, a los fines de procurar un gran movimiento cívico nacional en defensa de la Constitución, la democracia y el voto.

k) El 18 de octubre del 2016, el Consejo Nacional Electoral suspende las elecciones de gobernadores previstas, y el 20 de octubre siguiente, ante una acción coludida del Poder Ejecutivo con varios jueces penales subalternos, quienes aprueban investigar la recolección de firmas conducentes a la convocatoria del referendo revocatorio del mandato presidencial, mediante comunicado, anuncia suspender también el ejercicio del señalado derecho a la participación ciudadana.

l) El 23 de octubre de 2016, la Asamblea Nacional, mediante el *Acuerdo para la Restitución del Orden Constitucional en Venezuela*, declara otra vez "la ruptura del orden constitucional y la existencia de un golpe de estado cometido por el régimen de Nicolás Maduro en contra la Constitución de la República Bolivariana de Venezuela y el pueblo de Venezuela"; pidiendo al pueblo venezolano que, conforme al artículo 333 de la Constitución, contribuya al restablecimiento de la vigencia constitucional, y a la comunidad internacional para que disponga los mecanismos que ayuden al restablecimiento del "derecho a la democracia" violentado en el país.

m) El 13 de diciembre de 2016, la Asamblea Nacional aprueba Acuerdo para *declarar la responsabilidad política del presidente de la República por la grave ruptura del orden constitucional y democrático*, la violación de derechos humanos y la devastación de las bases económicas y sociales de la nación; e insta al Poder Ciudadano ejercer las acciones para hacer efectiva dicha responsabilidad.

n) El 9 de enero de 2017, la Asamblea Nacional, la Asamblea Nacional declara "*que Nicolás Maduro Moros, invocando el cargo de presidente de la República, ha incurrido en acciones y omisiones que sitúan su desempeño completamente al margen del diseño y funciones constitucionales de la Presidencia de la República, en virtud de la grave ruptura del orden constitucional y democrático*, la violación de derechos humanos, la devastación de las bases económicas y sociales de la Nación y los atentados a la integridad de la República que ha llevado a cabo; y con fundamento en los artículos 232 y 233 de la Constitución, *declara que éste ha abandonado su cargo"*, desacatado el principio de la supremacía constitucional establecido en el artículo 7 del texto fundamental, el principio del Estado Democrático de Derecho y de Justicia establecido en el artículo 2 de la Constitución, así como las funciones constitucionales inherentes al cargo de Presidente de la República, especialmente la referida a la obligación de cumplir y hacer cumplir el ordenamiento constitucional y las leyes, establecida en el numeral 1 del artículo 236 de la Constitución.

o) El 21 de marzo de 2017, la Asamblea Nacional adopta acuerdo invocando la *aplicación a Venezuela del artículo 20 de la Carta Democrática Interamericana*, para el restablecimiento en paz del orden constitucional.

p) Mediante sentencias de 27 y 28 de marzo de 2017, *la Sala Constitucional del TSJ inconstitucional decide suspender sine die los poderes constitucionales de la Asamblea Nacional electa democráticamente, transferirlos al presidente de la república, Maduro Moros, y elimina la inmunidad de los diputados*, a quienes acusa de traición a la patria por demandar de la Organización de Estados Americanos la aplicación, con vistas a los anteriores hechos, de la Carta Democrática Interamericana.

q) El 5 de abril de 2017, la Asamblea Nacional aprueba Acuerdo en *rechazo a la ruptura del orden constitucional y la permanencia de la situación de golpe de Estado en Venezuela*, a cuyo efecto decide "condenar la violación generalizada y sistemática del orden constitucional y democrático" y denunciar el golpe de estado cometido; lo cual se ha visto confirmado por las más de 50 sentencias inconstitucionales y actos en contra del parlamento, agravado por las sentencias Nos. 155/2017 y 156/2017, que hacen explícita la intención de desmantelar la institucionalidad democrática y asegurar una completa concentración de poderes en Nicolás Maduro Moros y el Ejecutivo Nacional.

r) El 18 de abril de 2017 se aprueba, en la Asamblea Nacional, Acuerdo en rechazo a la ejecución continuada del golpe de Estado y en condena a la represión, persecución, torturas y otras violaciones a los derechos humanos de la población, para denunciar "ante la comunidad nacional e internacional la continuación y agravamiento del golpe de Estado perpetrado por Nicolás Maduro y los órganos judiciales, militares y de seguridad puestos a su servicio".

s) El 27 de abril de 2017, la Asamblea aprueba *Manifiesto como vocera del pueblo venezolano para lograr restituir la democracia en Venezuela*, demandando de la comunidad internacional interponer sus buenos oficios, rechazando diálogos falsos, al objeto de que pueda rescatarse el ejercicio del derecho al voto por los venezolanos y, al haberse negado el derecho al referendo revocatorio, se proceda a una elección presidencial anticipada, y a elecciones de gobernadores y alcaldes en 2017.

t) El 2 de mayo de 2017, la Asamblea Nacional, dicta acuerdo en *rechazo a la fraudulenta convocatoria de una asamblea nacional constituyente no electa democráticamente y en defensa de la soberanía popular que reside intransferiblemente en el pueblo*; reiterando su llamado a los venezolanos para que asuman el artículo 333 de la Constitución, como mecanismo de defensa del orden constitucional.

u) Llegado el 16 de mayo de 2017, Maduro, autorizado por el TSJ y omitiendo el requisito constitucional de la aprobación parlamentaria, dicta un decreto de suspensión de garantías para permitirse la disposición de recursos económico financieros y aplicar medidas contra los órganos del Estado que se opongan a sus medidas; arguye, al efecto, que "sectores nacionales e internacionales adversos a cualquier política pública de protección del pueblo venezolano (…) mantienen el asedio contra la recuperación de la economía venezolana".

v) El 30 de mayo de 2017, la Asamblea Nacional ratifica ante la comunidad internacional las exigencias del pueblo venezolano en cuanto a establecer un nuevo Poder Electoral, convocar elecciones presidenciales anticipadas en 2017, así como de gobernadores y alcaldes, y el respeto a las competencias del parlamento, entre otras.

w) El 5 de julio de 2017, la Asamblea Nacional, aprueba *Acuerdo para el rescate de la democracia y la Constitución*, a cuyo efecto *"se inicia el proceso de nacional de decisión soberana mediante consulta popular al pueblo de Venezuela sobre el rumbo que debe asumir el país,* todo ello conforme a las preguntas indicadas en el acuerda segundo, y en el contexto de las atribuciones constitucionales de esta Asamblea Nacional orientadas a restablecer la vigencia de la Constitución *al amparo del artículo 333 constitucional "*.

x) El 16 de julio de 2017 se realiza una consulta popular, en la que la mayoría del pueblo decide exigir, a Maduro Moros la suspensión del proceso de elección –con desconocimiento del principio del voto universal, directo y secreto– de una Asamblea Nacional Constituyente inconstitucional y corporativa; a la Fuerza Armada Nacional el cumplimiento de sus obligaciones constitucionales de respeto y respaldo la democracia; y la realización de unas elecciones libres y transparentes para la renovación de los poderes públicos y ponerle fin a la fractura del orden constitucional.

y) Electa de modo irregular y fraudulento, el 30 de julio anterior, el 4 de agosto de 2017 se instala la *Asamblea Nacional Constituyente, desconocida por los gobiernos miembros del Grupo de Lima, de Mercosur, y la Unión Europea,* y el siguiente 18 de agosto, mediante Decreto asume para sí todas las competencias legislativas y de control de la Asamblea Nacional.

z) El 7 de agosto de 2017, la Asamblea Nacional adopta Acuerdo mediante el cual *invoca el artículo 333 de la Constitución y desconoce los actos de la Asamblea Nacional Constituyente* orientadas a remover titulares de los poderes públicos, en lo particular a la Fiscal General de la República.

aa) El 19 de octubre de 2017, la Asamblea Nacional declara el proceso fraudulento de elecciones de gobernadores llevado a cabo el 15 de octubre precedente.

bb) El 24 de octubre de 2017, la Asamblea Nacional ratifica, mediante Acuerdo, el fraude constitucional que representa la Asamblea Nacional Constituyente y su usurpación de la soberanía popular, a la vez que condena se le obligue al gobernador electo del Estado Zulia, opositor, juramentarse ante ésta como condición para asumir el cargo.

cc) El 28 de noviembre de 2017, la Asamblea Nacional *declara respaldar el proceso de negociación con el gobierno de Nicolás Maduro Moros, llevado en República Dominicana.*

dd) El 17 de abril de 2018, la Asamblea Nacional acuerda *"declarar que existen méritos suficientes para continuar el proceso judicial que por hechos de corrupción se le sigue al ciudadano Nicolás Maduro Moros"*, a pedido del Tribunal Supremo de Justicia en el exilio.

ee) El 27 de febrero de 2018, la Asamblea Nacional acuerda que la elección presidencial convocada para el 22 de febrero próximo es una parodia electoral y "exige elecciones libres y transparentes".

ff) El 22 de mayo de 2018, *la Asamblea Nacional declara inexistentes los comicios presidenciales realizados el 20 de mayo* convocados por la inconstitucional Asamblea Nacional Constituyente, y desconoce, al efecto, los resultandos electorales anunciados por el Poder Electoral; afirma, así, el carácter írrito de los actos de proclamación y juramentación que de

Maduro Moros como supuesto presidente de la República tuviesen lugar y lo situarían en condición de "usurpador"; e invoca los artículos 333 y 350 de la Constitución, invitando al país al diseño de una estrategia unitaria para promover un cambio político en Venezuela, urgiendo a la comunidad internacional para que interponga sus buenos oficios, y a la Fuerza Armada para que restituya la soberanía al pueblo venezolano.

gg)   El 5 de junio de 2018, la *Asamblea General de la OEA declara que "carece de legitimidad por no cumplir con los estándares internacionales"* la elección de Nicolás Maduro Moros como presidente de la república.

hh)   El 29 de agosto de 2018, la Asamblea Nacional aprueba Acuerdo de extensión de la vigencia de los pasaportes de los venezolanos que se encuentren dentro o fuera del territorio de la república, como consecuencia de la diáspora que sufre el país.

ii)   El 16 de octubre de 2018, la Asamblea Nacional expide Acuerdo de respaldo a las instituciones de la comunidad internacional que están ejecutando investigaciones y acciones para resguardar los derechos humanos de los venezolanos.

jj)   El 13 de noviembre de 2018, la Asamblea Nacional aprueba un *Acuerdo con el objeto de impulsar una solución política a la crisis nacional*, fortaleciendo las fuerzas democráticas del pueblo de Venezuela con el respaldo de la comunidad internacional, constatando la creciente ilegitimidad del régimen y sus consecuencias, y mantener de manera efectiva y progresiva la presión legítima sobre el mismo. Todo ello, con vistas a un proceso que procure una solución a la crisis, "que debemos alcanzar urgente y preferiblemente tras una solución política *que conlleve una transición ordenada*", sin venganza ni persecución, de un gobierno de paz y reconciliación nacional para iniciar la transformación económica y social de Venezuela.

kk) El 11 de diciembre de 2018, la Asamblea Nacional declara la farsa electoral realizada el 9 de diciembre, relativa a la conformación de las Cámaras Municipales.

ll) El 15 de enero de 2019, se aprueba por la Asamblea Nacional un *Acuerdo sobre la necesidad de una ley de amnistía para los civiles y militares* que, apegándose al artículo 333 de la Constitución, colaboren en la restitución del orden democrático; otro sobre la declaratoria de usurpación de la presidencia de la república por parte de Nicolás Maduro Moros y el restablecimiento de la vigencia de la Constitución; y el que autoriza la ayuda humanitaria para atender la crisis social que sufre el pueblo venezolano.

mm) El 21 de enero de 2019, la Sala Constitucional del TSJ ilegítimo, sentencia que la Asamblea Nacional no tiene Junta Directiva válida, incurriendo la írrita "Directiva" elegida el 5 de enero de 2019 (al igual que las "designadas" inconstitucionalmente durante los años 2017 y 2018), en usurpación de autoridad, por lo cual todos sus actos son nulos de nulidad absoluta, de conformidad con lo dispuesto en el artículo 138 constitucional.

nn) El 5 de febrero de 2019, se aprueba un Acuerdo por la Asamblea Nacional por el apoyo a la democracia de parte del Grupo de Lima y la Unión Europea.

oo) El 19 de febrero de 2019, la Asamblea Nacional aprueba un *Acuerdo para el establecimiento de la ruta electoral* para lograr elecciones libres en el marco de la transición democrática, y otro para la autorización del ingreso al país de la ayuda humanitaria.

pp) El 19 de marzo de 2019, la Asamblea Nacional aprueba *Acuerdo para la incorporación, reinstitucionalización y fortalecimiento de la Fuerza Armada Nacional* en el rescate del orden democrático constitucional y en el futuro proceso de desarrollo.

www.ingramcontent.com/pod-product-compliance
Lightning Source LLC
Chambersburg PA
CBHW030637270326
41929CB00007B/105